2026 계리직 공무원시험 대비

북적북적
저절로 암기노트 & 실전문풀

보험일반

2026
계리직
공무원시험 합격을 향한

파죽지세(破竹之勢)

대나무는 두 마디까지만 힘을 주어 쪼개면 손쉽게 끝까지 두 동강을 낼 수 있다고 합니다. 이러한 내용을 담고 있는 사자성어가 바로 '파죽지세'입니다.

공부, 특히 수험공부에는 나름의 효율적인 프로세스가 존재합니다. 이론에 대한 이해 이후에는 정리와 암기의 과정을 반드시 거쳐야 하고, 이 모든 선행 과정들을 다 소화했다면 동형 문제풀이를 통해 적응능력을 배양해야 합니다. '이해 → 정리 → 암기 → 적용'의 프로세스를 반드시 지켜내는 학습 방향이 중요합니다. 하지만 다급한 마음으로 인해 이론 학습 이후에 곧장 문풀로 직행하는 수험생이 적지 않습니다만, 정리와 암기의 과정을 빼먹은 문제 적용은 큰 성과를 거두기가 어렵습니다.

그래서 탄생한 교재가 바로 〈북적북적, 저절로 암기노트 & 실전문풀〉(이하 〈북적북적〉)입니다. 스스로 정리와 암기의 방법을 찾아내서 치밀하게 학습을 전개한다는 것이 생각만큼 수월하지 않음을 잘 알기에 이 과정에 도움을 줄 수 있는 수험서를 기획해야 한다는 일종의 사명감이 있었습니다. 〈북적북적〉은 정리와 암기, 그리고 적용까지 한 번에 해결할 수 있도록 기획된 교재입니다. 단원별로 '개념어 Quiz', '초성 Quiz', '오엑스 Quiz', '기출 & 예상 문풀' 등을 차근차근 풀어봄으로써 실전연습까지 마무리할 수 있도록 구성하였습니다.

'보험일반'은 생명보험과 손해보험의 영역 중 우체국보험이 취급하고 있는 생명보험 영역에 집중합니다. 사람이 보험의 대상인 피보험자가 된다는 점에서 인보험이라는 표현도 등장합니다. 전반부에서는 생명보험에 관련한 전반적인 얘기들을 다루고, 후반부에서는 우체국보험에 관련한 내용으로 채워져 있습니다. 그러다 보니 앞에서 공부한 일반론의 내용이 뒤에서 우체국보험이라는 이름으로 반복되는 경향이 있습니다. 따라서 다른 일반과목들보다는 공부하기가 수월한 측면도 존재합니다. 하지만 정작 보험일반 과목의 난관은 맨 끝에 있습니다. 마지막 단원인 우체국보험 상품으로 돌입하는 순간, 어쩌면 계리직 공무원이라는 꿈을 향한 여정에서 가장 큰 고비를 맞게 될는지도 모릅니다. 우체국보험에서 판매하고 있는 모든 보험상품이 순서대로 열거되어 소개되는데, 상품별 특징과 더불어 주계약과 특약의 구체적인 내용이 줄줄이 등장하기 때문입니다. 그러므로 우체국보험에서 취급하는 보장성 보험, 저축성 보험, 연금 보험의 세세한 내용을 하나씩 하나씩 정복해야만 드디어 계리직 공무원이라는 결실을 거둘 수가 있는 것입니다. 이 거대한 작업을 인내심과 열정으로 이겨내는 것이 무척 중요합니다.

그럴수록 차근차근, 눈에 띄는 내용부터 차곡차곡 머릿속에 정돈하여 기억해 둘 필요가 있습니다. 보험일반의 다른 영역들은 예금일반과 같이 이해 위주로 공부를 해 나가되, 상품에서는 우편일반과 같이 암기에 열과 성을 다하여야 할 것입니다. 따라서 암기에 특화된 〈북적북적〉 교재를 옆에 두고 한발 한발 전진하면서 계리직 공무원시험 합격에 다가가시기를 바랍니다. 〈북적북적〉 교재와 함께 소중한 꿈을 이룰 수 있음을 확신합니다.

편저자 **이종학**

북적북적 저절로 암기노트 & 실전문풀
보험일반

— 차례 —

제1장 보험일반 이론

Step 1 개념어 Quiz

1. 보험

1 피보험자(보험대상자)가 불의의 사고를 당했을 경우 보험회사가 그 손실에 상응하는 금전적 보상을 한다는 계약을 통해 보험회사에게 전가된 피보험자(보험대상자) 위험의 집합체는?

2. 손실의 집단화

2 손실을 한데 모아 개별위험을 집단의 위험으로 전환함으로써 개인이 부담해야할 실제 손실을 위험그룹의 평균손실로 대체하는 것은?

3. 대수의 법칙

3 표본이 클수록 결과가 점점 예측된 확률에 가까워진다는 통계학적인 정리는?

4. 순수위험

4 경우에 따라 불확실성의 결과가 이익 또는 손실의 발생여부로 나뉘는 투기적 위험과 달리 사건의 발생 결과가 손실만 유발하는 위험은?

5. 정태적 위험

5 사회적인 것이 아닌 개인적인 위험으로 개별적 사건 발생은 우연적·불규칙적이나, 집단적으로 관찰 시 일정한 확률을 가지기 때문에 예측이 가능한 위험은?

6. 3층 보장론

6 정부가 최저수준의 국민생활을 보장해주는 사회보장, 기업이 종업원의 퇴직 후 생활을 보장해 주기 위한 기업보장, 그리고 각 개인별 노후를 준비하는 개인보장 등 3대 보장축에 기반하여야 한다는 복지 이론은?

7. 사회보험

7 국민의 경제적 생활을 보장하기 위해 생활에 위협을 가져오는 사고가 발생할 경우 보험의 원리를 응용해 생활을 보장하고자 하는 사회보장 정책은?

8. 공공부조

8 국가 및 지방자치단체의 비용부담으로 생활유지능력이 없거나 생활이 어려운 국민에게 최저생활을 보장하고 자립을 촉진하는 경제적 보호제도는?

9. 사회서비스

9 '삶의 질' 향상을 위해 사회적으로 꼭 필요하지만 저수익성으로 민간 참여가 부진하기 때문에 정부·지자체 등이 함께 제공하는 복지서비스는?

10. 손해보험

10 보험사고로 인하여 발생할 피보험자의 재산상의 손해에 대하여 보험자가 그 손해를 보상하는 보험은?

11. 인보험

11 피보험자의 생명이나 신체를 위협하는 사고가 발생한 경우 보험자가 일정한 금액 또는 기타의 급여를 지급하는 보험은?

12. 상해보험

12 계약자가 우발적 사고로 신체에 상해를 입은 경우 보험금액 및 기타의 급여를 지급하는 보험은?

13 손해보험 중 각종 거래에서 발생하는 신용위험을 감소시키기 위해 보험의 형식으로 하는 보증제도로서 보증보험회사가 일정한 대가(보험료)를 받고 계약상의 채무이행 또는 법령상의 의무이행을 보증하는 특수한 형태의 보험은?

13. 보증보험

14 해상교역 중에 발생하는 선박이나 화물의 손해를 공동으로 부담함은 물론 구성원의 사망, 화재, 도난 등의 재해구제를 목적으로 13~14세기경 독일에서 발달한 상호구제제도는?

14. 길드(Guild)

15 17세기 말 프랑스에서 도입되어 최초로 사망률, 이자계산방법 등 근대식 수리기법의 적용으로 근대적 생명보험 발달에 크게 기여하였으나 타인의 죽음을 기뻐하는 도덕적 폐단과 국고부담 과중으로 폐지된 일종의 종신연금제도는?

15. 톤틴 연금

16 1762년 영국에서 설립되어 최초로 수학적으로 예측한 인간의 예상 수명을 보험에 적용하였고 이에 따라 적절한 보험료를 산출하는 체계화된 시스템과 해약환급금, 신체검사, 가입금액 한도, 배당 등 오늘날 생명보험 운영의 토대가 되는 각종 근대적인 제도를 도입한 세계 최초의 근대적인 생명보험 회사는?

16. 에쿼터블

Step 2 초성 Quiz

1 보험은 장래 어떠한 손실이 발생할 경우 그 손실을 회복하는 데 드는 비용을 같은 위험에 노출되어 있는 여러 사람들이 ㄱㄷ으로 부담하는 제도적 장치이다.

1. 공동

2 보험은 손실이 발생할 경우 손실을 보상하거나, 다른 금전적 대가를 제공 혹은 위험과 관련된 서비스를 제공하기로 약정한 보험자(보험회사)에게 손실발생과 관련된 불확실성을 ㅈㄱ함으로써 계약자의 예기치 못한 손실을 집단화하여 분배하는 것이다.

2. 전가

3 보험의 특징은 예상치 못한 손실의 집단화, 위험의 분산, 위험의 전가, ㅅㅅㅂㅅ의 원리, 대수의 법칙 적용 등이다.

3. 실손보상

4 보험회사가 위험을 예측할 수 있는 이유는 표본이 클수록 결과가 점점 예측된 확률에 가까워진다는 통계학적인 정리인 ㄷㅅ의 법칙 때문이다.

4. 대수

5 적정 보험료 및 준비금 산정을 위해 손실사건 ㅂㅅㅎㄹ을 추정할 수 있는 위험이어야 보험의 대상이 된다.

5. 발생확률

6 유사한 속성(발생빈도 및 손실규모)의 위험이 ㄷㄹㅈ으로 다수 존재해야 하며, 대수의 법칙을 적용하여 손실을 예측할 수 있고 보험료를 계산할 수 있어야 보험의 대상이 된다.

6. 독립적

7. 무작위	**7** 손실사고 발생에 인위적이거나 의도가 개입되지 않으며 미리 예측할 수 없이 ⬚⬚⬚(ㅁㅈㅇ)로 발생하는 손실이어야 보험의 대상이 된다.
8. 손실금액	**8** 피해의 발생원인, 발생시점, 장소, 피해의 정도가 명확히 식별 가능하고 ⬚⬚⬚⬚(ㅅㅅㄱㅇ)을 측정할 수 있어야 하며, 이를 위한 객관적 자료 수집과 처리를 통해 정확한 보험금 지급 및 적정 보험료 산정이 가능해야 보험의 대상이 된다.
9. 자본효율성	**9** 기업이 보험을 이용할 경우 소액의 자본(보험료)을 사용해 사전에 손실을 확정하고 안정적으로 기업을 존속할 수 있어 기업의 ⬚⬚⬚⬚⬚(ㅈㅂㅎㅇㅅ)을 제고할 수 있다.
10. 장기	**10** 보험회사는 보험의 보장기능 외에도 금융기능을 일부 담당하고 있으며 생명보험의 경우 대부분 장기간에 걸친 계약이기 때문에 자산을 ⬚⬚(ㅈㄱ)적·안정적으로 운용할 수 있는 특징이 있다.
11. 유가족	**11** 생명보험은 계약자의 사망 또는 일정 연령까지 생존 시 약정한 보험금을 지급하는 보험으로 노후의 생활비, 사망 후 ⬚⬚⬚(ㅇㄱㅈ)의 생활보호를 위한 자금 등을 마련하기 위해 이용한다.
12. 생사혼합	**12** 생명보험은 보험금 지급사유에 따라 사망보험, 생존보험, ⬚⬚⬚⬚(ㅅㅅㅎㅎ)보험으로 분류된다.
13. 저축	**13** 생사혼합보험은 생존보험의 ⬚⬚(ㅈㅊ)기능과 사망보험의 보장기능을 절충한 보험이다.
14. 우발	**14** 상해보험은 계약자가 ⬚⬚(ㅇㅂ)적 사고로 신체에 상해를 입은 경우 보험금액 및 기타의 급여를 지급하는 보험이다.
15. 우애조합 (Friendly Society)	**15** 자본주의 성립과 함께 영국의 ⬚⬚⬚⬚(ㅇㅇㅈㅎ), 독일의 구제금고(Hilfskasse) 등이 등장하였으며, 이 시기에 생명보험·화재보험의 초기형태가 나타나게 되었다.
16. 조선화재해상	**16** 우리나라 최초의 생명보험사는 1921년에 설립된 '조선생명보험주식회사'이고, 최초의 손해보험회사는 1922년에 설립된 '⬚⬚⬚⬚⬚⬚(ㅈㅅㅎㅈㅎㅅ)보험주식회사'이다.
17. 보험다모아	**17** 2000년 방카슈랑스가 도입되었고, 2015년 온라인 보험 슈퍼마켓인 ⬚⬚⬚⬚⬚(ㅂㅎㄷㅁㅇ) 서비스가 개설되었으며, 2017년 보험가입내역과 숨은보험금을 조회할 수 있는 내보험찾아줌(ZOOM)서비스가 실시되었다.
18. 금융소비자보호	**18** 2021년에는 ⬚⬚⬚⬚⬚⬚⬚(ㄱㅇㅅㅂㅈㅂㅎ)법이 시행되어 금융소비자 보호의 실효성이 확대되었고, 건전한 시장질서 구축을 위한 체계가 마련되었다.

1 원칙적으로 순수위험과 투기적 위험 모두 보험상품의 대상이 되는 위험이다. 　　　　　　　　　　　　　　　　　　　　　　　　O | X

2 정태적 위험은 경제적 손실을 발생시킬 가능성과 동시에 이익을 창출할 기회, 사업기회 등을 제공하며, 보험의 대상이 되기 어려운 특성을 가진다. 　　　　　　　　　　　　　　　　　　　　　　　　O | X

3 보험의 대상이 되는 위험은 보험회사 혹은 인수집단의 능력으로 보상이 가능한 규모의 손실이어야 하지만 위험분산기법 발달, 보험사의 대규모화 등으로 전가 가능 위험의 범위가 확대되는 추세이다. 　　　　O | X

4 위험에 따른 보험료가 매우 높게 산정되어 가입자가 경제적으로 부담이 불가능한 경우 시장성이 없어 계약이 거래되지 않는다. 　　　　O | X

5 보험은 사회보장제도의 보완, 기업의 자본효율성 향상 및 국가경제 발전에 기여한다. 　　　　　　　　　　　　　　　　　　　　　O | X

6 계약자가 타인의 신체(대인)나 재물(대물)에 손해를 끼침으로써 법률상 책임을 졌을 때 그 손해를 배상하는 배상책임보험은 인보험의 상해보험에 속한다. 　　　　　　　　　　　　　　　　　　　　　　　O | X

7 계약자(개인 또는 법인) 소유의 건물, 건축물, 전자기기, 기계, 건설공사 등이 화재 등에 의해 직접손해, 폭발 및 파열손해 등이 발생했을 때 그 손해를 배상하는 재물보험에는 대인배상과 대물배상이 있다. 　　　O | X

8 특종보험에는 상해보험, 건설공사보험, 항공보험, 해상보험, 유리보험, 동물보험, 배상책임보험 및 도난보험 등 기타 보험이 해당된다. 　　O | X

1. 원칙적으로 보험상품의 대상이 되는 위험은 순수위험이다.

2. 정태적 위험 → 동태적 위험

6. 배상책임보험은 손해보험의 한 종류이다.

7. 대인배상과 대물배상은 배상책임보험에 속한다.

8. 해상보험은 제외된다. 특종보험은 해상·화재·자동차·보증·장기보험 등을 제외한 모든 형태의 보험이다.

01 보험의 목적과 특성으로 볼 수 <u>없는</u> 것은?

① 예상치 못한 손실의 집단화   ② 위험의 분산 및 전가

③ 정신적·정서적 고통에 대한 보호   ④ 대수의 법칙 적용

해설 보험은 피보험자(보험대상자)가 불의의 사고를 당했을 경우 보험회사가 그 손실에 상응하는 금전적 보상을 한다는 계약을 통해 보험회사에게 전가된 피보험자(보험대상자) 위험의 집합체이다. 보험은 불확실한 손실에 대한 경제적 결과를 축소하고자 하는 것을 목적으로 하며, 대규모의 불확실한 손실의 위험을 타인에게 전가하거나 타인과 공유하기 위한 수단을 제공한다. 하지만 보험은 손실을 보상 또는 회복할 자금을 제공해 줄 수 있으나 보험 그 자체가 손실발생을 방지해 주는 것은 아니다. 이와 같은 보험의 특징은 예상치 못한 손실의 집단화, 위험의 분산, 위험의 전가, 실제 손실에 대한 보상(실손보상의 원리), 대수의 법칙 적용 등으로 정리할 수 있다.

③ 계약상의 보험금지급 사유 발생 시, 보험사가 보상하는 것은 실제로 발생한 손실을 원상회복하거나 교체할 수 있는 금액으로 한정된다. 따라서 이론적으로 보험보상을 통해 이익을 보는 경우는 없으며, 이를 통해 보험에 수반되는 도덕적 해이를 줄일 수 있다. 실손보상의 원리는 보험으로 보상을 받기 위해서는 손실을 화폐가치로 환산할 수 있어야 함을 의미한다. 그러므로 정서적 가치 훼손, 정신적 괴로움과 같은 경우 대체적으로 보험을 통해 보호받을 수 없다.

오답분석 ① 보험은 손실을 한데 모아 개별위험을 손실집단으로 전환시킴으로써 개인이 부담해야 할 실제 손실을 위험그룹의 평균손실로 대체한다.

② 보험은 개별적으로 감당하기 힘든 손실 위험을 집단화하여 서로 분담(risk sharing)함으로써 손실로부터의 회복을 보다 용이하게 해주며, 손실의 빈도는 적으나, 손실의 규모가 커서 스스로 부담하기 어려운 위험을 보험회사에 보험료납부를 통해 전가함으로써 개인이나 기업이 위험에 대해 보다 효과적으로 대응할 수 있게 해주는 사회적 장치이다.

④ 보험회사는 대수의 법칙을 통해 위험을 예측한다. 대수의 법칙은 표본이 클수록 결과가 점점 예측된 확률에 가까워진다는 통계학적인 정리이다. 표본의 수를 늘리거나 실험횟수를 많이 거칠수록 결과는 예측치에 가까워지며 보험사는 이러한 논리로 동질의 위험에 대한 다수의 보험계약자를 확보함으로써 손실의 예측능력을 확보할 수 있다.

정답 : ③

02 위험관리와 보험의 종류에 대한 설명으로 옳은 것은?

① 위험의 발생 상황에 따라 순수 위험과 투기적 위험으로 분류하며, 사건 발생에 연동되는 결과에 따라 정태적 위험과 동태적 위험으로 분류한다.

② 손해보험에는 화재보험, 운송보험, 해상보험, 책임보험, 자동차보험, 질병보험 등이 있다.

③ 동태적 위험은 사회적인 특정 징후로 예측이 가능한 면도 있으나, 위험의 영향이 광범위하며 발생 확률을 통계적으로 측정하기 어렵다.

④ 보험의 대상이 되는 불확실성(위험)의 조건 중 한정적 측정가능 손실이란 보험회사 또는 인수집단의 능력으로 보상이 가능한 규모의 손실을 의미한다.

해설 보험은 장래 어떠한 손실이 발생할 경우 그 손실을 회복하는 데 드는 비용을 같은 위험에 노출되어 있는 여러 사람들이 공동으로 부담하는 제도적 장치로 손실이 발생할 경우 손실을 보상하거나, 다른 금전적 대가를 제공 혹은 위험과 관련된 서비스를 제공하기로 약정한 보험자(보험회사)에게 손실발생과 관련된 불확실성을 전가함으로써 계약자의 예기치 못한 손실을 집단화하여 분배하는 것이다.

③ 정태적 위험은 사회적인 것이 아닌 개인적인 위험으로 개별적 사건 발생은 우연적·불규칙적이나, 집단적으로 관찰 시 일정한 확률을 가지기 때문에 예측이 가능한 반면, 동태적 위험은 사회적인 특정 징후로 예측이 가능한 면도 있으나 위험의 영향이 광범위하며 발생 확률을 통계적으로 측정하기 어렵다.

오답 분석 ① 위험은 사건발생에 연동되는 결과에 따라 순수위험과 투기적 위험으로 분류하며, 위험의 발생 상황에 따라 정태적 위험(개인적 위험)과 동태적 위험(사회적 위험)으로 분류한다. 순수위험은 조기사망, 화재, 자연재해, 교통사고 등과 같이 사건의 발생 결과 손실만 발생하는 위험(Loss Only Risk)이고, 투기적 위험은 주식투자, 복권, 도박 등과 같이 경우에 따라 불확실성의 결과가 이익 또는 손실의 발생여부로 나뉜다. 원칙적으로 보험상품의 대상이 되는 위험은 순수위험에 국한된다. 그리고 정태적 위험은 시간에 따른 사회·경제적 변화와 관계없이 발생할 수 있는 위험이고, 동태적 위험은 시간경과에 따른 사회·경제적 변화와 관계가 있는 위험이다. 손실만 발생시키는 순수위험적 성격을 지니는 정태적 위험은 대부분 보험의 대상이 되지만, 동태적 위험은 투기성 위험과 함께 보험의 대상이 되기가 어렵다.

② 손해보험에는 화재보험, 운송보험, 해상보험, 책임보험, 자동차보험, 보증보험 등이 있으며, 질병보험은 인보험에 해당한다.

④ 보험의 대상이 되는 불확실성(위험)의 조건에는 다수의 동질적 위험단위, 우연적이고 고의성 없는 위험, 한정적 측정가능 손실, 측정 가능한 손실확률, 비재난적 손실, 경제적으로 부담 가능한 보험료 수준 등을 꼽을 수 있다. 이중 한정적 측정가능 손실(Determinable and Measurable Loss)은 피해의 발생원인, 발생시점, 장소, 피해의 정도가 명확히 식별 가능하고 손실금액을 측정할 수 있어야 하며, 이를 위한 객관적 자료 수집과 처리를 통해 정확한 보험금 지급 및 적정 보험료 산정이 가능해야 한다는 것이다. 보험회사 또는 인수집단의 능력으로 보상이 가능한 규모의 손실을 의미하는 것은 비재난적 손실에 해당한다.

정답 : ③

03 위험에 대한 설명으로 옳지 <u>않은</u> 것은?

① 순수위험과 투기적 위험 모두 보험상품의 대상이 되는 위험이다.
② 동태적 위험은 보험의 대상이 되기 어려운 특성을 가진다.
③ 위험에 따른 보험료가 매우 높게 산정될 경우 계약이 거래되지 않는다.
④ 보험회사에 전가 가능한 위험의 범위가 확대되는 추세이다.

해설 순수위험은 조기사망, 화재, 자연재해, 교통사고 등과 같이 사건의 발생 결과 손실만 발생하는 위험(Loss Only Risk)이고, 투기적 위험은 주식투자, 복권, 도박 등과 같이 경우에 따라 불확실성의 결과가 이익 또는 손실의 발생여부로 나뉜다. 원칙적으로 보험상품의 대상이 되는 위험은 순수위험에 국한된다.

오답 분석 ② 동태적 위험은 경제적 손실을 발생시킬 가능성과 동시에 이익을 창출할 기회, 사업기회 등을 제공하며, 보험의 대상이 되기 어려운 특성을 가진다.

③ 위험에 따른 보험료가 매우 높게 산정되어 가입자가 경제적으로 부담이 불가능한 경우 시장성이 없어 계약이 거래되지 않는다.

④ 보험의 대상이 되는 위험은 보험회사 혹은 인수집단의 능력으로 보상이 가능한 규모의 손실이어야 하지만 위험 분산기법 발달, 보험사의 대규모화 등으로 전가 가능 위험의 범위가 확대되는 추세이다.

제1장 보험일반 이론 **9**

정답 : ①

04 보험의 긍정적 기능으로 볼 수 <u>없는</u> 것은?

① 사회보장제도의 보완
② 손해 감소의 동기부여
③ 기업의 자본효율성 향상
④ 안정적인 단기자금의 확보

> **해설** 보험은 사회보장제도의 보완, 손해 감소의 동기부여, 기업의 자본효율성 향상, 국가경제 발전에의 기여 등과 같은 긍정적 기능을 수행한다. 하지만 보험회사가 피보험자(보험대상자)의 사행성을 자극하여 도박과 같은 보험계약을 유발시키거나 보험금 지급을 위한 책임준비금을 적립하는 대신 자금을 부당하게 사용함으로써 피보험자에게 손해를 끼치고 사회에 악영향을 줄 수도 있다. 또한, 보험가입자가 사고 예방 노력을 게을리하거나 보험금을 사취하기 위해 고의적 사고를 일으키는 경우도 있다.
> ④ 보험회사는 보험의 보장기능 외에도 금융기능을 일부 담당하고 있으며 생명보험의 경우 대부분 장기간에 걸친 계약이기 때문에 자산을 장기적, 그리고 안정적으로 운용할 수 있는 특징이 있다.
>
> **오답분석** ① 사회보장, 기업보장, 개인보장이라는 3층 보장론의 측면에서 볼 때 정부의 사회보험과 민영보험은 상호보완적이면서도 경쟁관계라는 양면성을 가진다.
> ② 보험회사는 사고 발생에 따른 보상책임 부담을 줄이기 위해 직·간접적인 노력을 기울이는데, 이 과정에서 손해 감소의 동기가 자극되는 측면이 있다.
> ③ 기업은 보험이 없을 경우 우발적 사고에 대비하기 위한 거액의 자금을 준비금으로 적립해야 한다. 기업이 보험을 통해 소액의 자본(보험료)으로 사전에 손실을 확정하고 안정적으로 기업을 존속할 수 있다. 따라서 보험은 기업의 자본효율성 제고에 기여한다고 볼 수 있다.
>
> 정답 : ④

05 〈보기〉의 사회보장제도에 대한 설명으로 옳은 것은?

〈 보 기 〉

우리나라의 대표적인 사회보장제도에는 크게 두 가지가 있다. 이 중 (가)는 보험료 납부능력이 있는 국민을 대상으로 사회생활에서 발생할 수 있는 위험으로부터 보호하기 위한 것이며, (나)는 생활무능력자의 최저 생활을 보장하기 위한 것이다.

① (가)의 사례로는 기초생활보장제도, 기초연금제도 등이 있다.
② (나)는 보험료 부담 능력이 없는 이를 대상으로 한다.
③ (가)가 (나)보다 소득재분배의 효과가 크다.
④ (가)보다는 (나)가 수혜자의 경제적 부담이 크다.

해설 사회보장제도는 사회보험제도와 공공부조제도 등 금전적 지원을 위한 방식과 사회서비스와 같이 비금전적 지원을 위한 방식으로 나누어진다. 그중 〈보기〉의 (가)는 사회보험제도, (나)는 공공부조제도이다. 사회보험은 보험료 부담 능력이 있는 이들을 대상으로 강제 가입을 원칙으로 하며, 가입자 간 상호부조의 효과가 있다. 반면, 공공부조는 보험료 부담능력이 없는 약자를 대상으로 하며 소득재분배 효과가 뛰어나다.

오답 분석 ① 사회보험제도에는 국민건강보험, 고용보험, 국민연금 및 특수직역연금, 산업재해보상보험, 노인장기요양보험 등이 포함되고, 공공부조에는 국민기초생활보장제도, 기초연금제도 등이 포함된다. 국민기초생활보장제도는 저소득층을 대상으로 생계급여, 주거급여, 의료급여, 교육급여, 해산급여, 장제급여, 자활급여 등을 제공한다.
③ 모든 사회보장제도는 소득재분배 효과를 갖는다. 다만, 가입자 간 상호부조의 원리를 따르는 사회보험제도에 비해 부담능력이 있는 이들이 납부한 조세를 바탕으로 부담능력이 낮거나 없는 이들을 위해 도입된 공공부조제도가 더 큰 소득재분배 효과를 가져온다.
④ 사회보험제도는 가입자와 가입자를 고용한 기업 및 정부가 부담을 지지만, 공공부조제도는 정부가 전액 부담한다. 따라서 공공부조제도보다 사회보험제도의 경우에 수혜자(가입자)의 경제적 부담이 크다.

정답 : ②

06 〈보기〉의 내용에 부합하는 보험의 종류는 무엇인가?

〈 보 기 〉

• 노후의 생활비, 사망 후 유가족의 생활보호를 위한 자금 등을 마련하기 위해 이용한다.
• 보험금 지급사유에 따라 보험기간 중 계약자가 장해 또는 사망 시 보험금을 지급하는 사망보험, 계약자가 보험기간 종료일까지 생존하는 경우에만 지급하는 생존보험, 생존보험의 저축기능과 사망보험의 보장기능을 절충한 생사혼합보험으로 세분화할 수 있다.

① 손해보험   ② 책임보험
③ 생명보험   ④ 상해보험

해설 보험은 상법상으로 손해보험과 인보험으로 분류된다. 그리고 손해보험은 배상책임보험과 재물보험으로 나뉘고, 인보험은 상해보험과 생명보험으로 구분할 수 있다. 이중 〈보기〉의 내용은 생명보험에 관한 것이다.

오답 분석 ①② 손해보험은 보험사고로 인하여 발생할 피보험자의 재산상의 손해에 대하여 보험자가 그 손해를 보상한다. 손해보험은 화재보험, 운송보험, 해상보험, 책임보험, 자동차보험, 보증보험 등으로 나뉜다. 이 중 책임보험은 피보험자가 보험기간 중의 사고로 인하여 제3자에게 배상할 책임을 질 경우에 보험자가 이로 인한 손해를 보상할 것을 목적으로하는 보험이다.
④ 피보험자의 생명이나 신체를 위협하는 사고가 발생한 경우 보험자가 일정한 금액 또는 기타의 급여를 지급하는 인보험은 생명보험과 상해보험, 질병보험으로 구분된다. 이중 상해보험은 계약자가 우발적 사고로 신체에 상해를 입은 경우 보험금액 및 기타의 급여를 지급하는 보험이다. 상해보험은 보험사고 발생으로 인한 상해의 정도에 따라 일정한 보험금을 지급하는 정액보험인 경우와 비정액보험인 경우가 있다.

정답 : ③

07 생명보험의 전개 과정을 시대순으로 바르게 나열한 것은?

─────────〈 보 기 〉─────────

(ㄱ) '에쿼터블' 생명보험회사가 설립
(ㄴ) 톤틴연금의 시행
(ㄷ) 콜레기아(Collegia Tenuiorum)의 결성
(ㄹ) 고타(Gotha) 생명보험회사 설립

① (ㄱ) → (ㄴ) → (ㄷ) → (ㄹ)
② (ㄴ) → (ㄱ) → (ㄹ) → (ㄷ)
③ (ㄷ) → (ㄴ) → (ㄱ) → (ㄹ)
④ (ㄹ) → (ㄱ) → (ㄴ) → (ㄷ)

> **해설** 고대에는 생명보험과 유사하게 집단 구성원이 사망하거나 천재지변으로 손해가 발생할 경우 다른 구성원들이 손실비용을 부담하기도 하였는데, 그 대표적인 제도로 기원전 3세기경의 에라노이(Eranoi)와 로마 제정시대의 콜레기아(Collegia Tenuiorum)를 들 수 있다. 근대시대에는 17세기 말 프랑스 루이 14세가 이탈리아 은행가 톤티(Lorenzo Tonti)가 고안한 연금제도인 톤틴연금을 시행하였고, 1787년 프랑스 제국보험회사(Compaie Royale d'Assurance), 1762년 영국 에쿼터블 생명보험회사, 1828년 독일 고타(Gotha) 생명보험회사, 1812년 미국 펜실베니아생명보험회사 등이 설립되었다.
>
> 정답 : ③

08 톤틴연금에 대한 내용으로 가장 적절한 것은?

① 집단 구성원이 사망하거나 어려운 일이 생길 때를 대비하여 서로 도움을 주는 종교적 공제단체였다.
② 사회적 약자나 소외계층 등 하층민들이 서로 돕기 위해 조직했던 상호부조조합이다.
③ 최초로 사망률, 이자계산방법 등 근대식 수리기법이 적용된 제도로 이후 근대적 생명보험 발달에 크게 기여하였다.
④ 최초로 수학적으로 예측한 인간의 예상 수명을 보험에 적용하여 적절한 보험료를 산출하는 체계화된 시스템을 구축하였다.

> **해설** 이탈리아 은행가 톤티(Lorenzo Tonti)가 고안한 연금제도인 톤틴연금은 17세기 말 프랑스 루이 14세가 시행하였다. 톤틴연금은 대중의 출자로 대량의 자금을 만드는 방법으로 출자자를 연령별 그룹으로 구분하고 그룹별로 결정된 일정금액을 매년 국가에 납부하고 이를 그룹의 생존자 간에 분배하는 일종의 종신연금과 같은 제도였다. 톤틴연금은 최초로 사망률, 이자계산방법 등 근대식 수리기법이 적용된 제도로 이후 근대적 생명보험 발달에 크게 기여하는 역할을 하였다. 그러나 타인의 죽음을 기뻐하는 도덕적 폐단과 국고부담 과중으로 루이 15세에 의해 1763년 폐지되었다.
>
> **오답분석**
> ① 기원전 3세기경의 에라노이(Eranoi)에 관한 내용이다.
> ② 로마 제정시대의 콜레기아(Collegia Tenuiorum)에 관한 내용이다.
> ④ 1762년 영국에서 설립된 세계 최초의 근대적 생명보험회사인 '에쿼터블'에 관한 내용이다.
>
> 정답 : ③

09 〈보기〉의 내용에 해당하는 보험회사는 무엇인가?

> ───────〈 보 기 〉───────
> - 세계 최초의 근대적인 생명보험 회사이다.
> - 최초로 수학적으로 예측한 인간의 예상 수명을 보험에 적용하였다.
> - 해약환급금, 신체검사, 가입금액 한도, 배당 등 오늘날 생명보험 운영의 토대가 되는 각종 근대적인 제
>   도를 도입하였다.

① 제국보험회사   ② 에쿼터블 생명보험회사
③ 고타 생명보험회사   ④ 펜실베니아 생명보험회사

> **해설** 세계 최초의 근대적인 생명보험회사는 1762년에 영국에서 설립된 에쿼터블 생명보험회사이다.
>
> **오답 분석** ① 제국보험회사(Compaie Royale d'Assurance)는 1787년에 프랑스에서 설립되었으나, 프랑스 대혁명으로 해체되었다.
> ③ 독일에서는 자본주의 경제가 성숙됨에 따라 1828년 고타(Gotha) 생명보험회사가 설립되었다.
> ④ 미국은 1812년 펜실베니아생명보험회사 설립 이후 메사추세츠생명, 뉴욕생명, 뉴잉글랜드생명 등이 설립되면서 본격적으로 생명보험이 보급되었다.
>
> 정답 : ②

10 우리나라 생명보험 역사에 관한 설명으로 옳지 <u>않은</u> 것은?

① 삼한시대부터 시작되었던 '계(契)'는 공통된 이해를 가진 사람들 간의 상호협동조직이었고, 신라·고려 시대의 '보'는 일종의 재단과 같은 성격을 지녔다.
② 1891년 일본의 테이코쿠생명이 부산에 대리점을 내며 쿄사이생명, 니혼생명, 치요타생명 등이 인천·목포 등 항구도시를 중심으로 대리점을 개설하였다.
③ 1921년 최초의 손해보험회사인 '조선화재해상 보험주식회사'가 설립된 이듬해인 1922년에 최초의 생명보험사인 '조선생명보험주식회사'가 설립되었다.
④ 1990년대 보험시장 개방, 금융자율화 정책 등으로 생명보험 시장 내에서도 본격적인 경쟁이 시작되었으나, 1997년 IMF 외환위기가 발생하고 1998년 4개 생명보험회사의 허가가 취소되는 등 생명보험업계의 대규모 구조조정이 이루어졌다.

> **해설** 우리나라 최초의 생명보험사는 1921년 한상룡씨가 설립한 '조선생명보험주식회사'이다. 그리고 이듬해 1922년 최초의 손해보험회사인 '조선화재해상 보험주식회사'가 설립되었다.

① 공통된 이해를 가신 사림들 간의 상호협동조직인 '계(契)'는 '상호부조'라는 목적으로 시작되었으나, 조선시대에 와서는 친목 도모, 관혼상제 공동부담 등 다양한 계가 등장하게 되며 지금까지도 목돈 미련을 위해 대중적으로 활용되는 수단이다. 신라시대 불교의 '삼보'에서 비롯된 '보(寶)'는 특정 공공사업을 수행할 목적으로 일정한 기본자산을 마련한 뒤 그 기금을 대출해 생기는 이자로 경비를 충당하거나, 자선에 활용하는 일종의 재단과 같은 성격을 가지고 있었다. 고려시대에는 국가의 공공목적 수행을 위한 재원의 확보책으로 많이 활용되었으나, 시간이 지날수록 고리대(高利貸)의 성격이 짙어져 사회 문제를 일으키기도 하였다.

정답 : ③

제2장 생명보험이론

Step 1 개념어 Quiz

1 대수의 법칙에 각 연령대별 생사잔존상태(생존자수, 사망자수, 생존률, 평균여명)를 나타낸 표를 무엇이라고 하는가?

1. 생명표

2 보험계약자가 납입하는 보험료 총액과 보험회사가 지급하는 보험금 및 사업비 등 지출비용의 총액이 동일한 금액이 되도록 하는 것은?

2. 수지상등(收支相等)의 원칙

3 기대수익을 사전에 예상하여 일정 비율로 보험료를 할인해주는 할인율은?

3. 예정이율

4 보험계약 및 유지에 필요한 모든 보험료를 한번에 납입하는 방식으로 일시납방식 보험계약에서는 미래 예상되는 모든 보험금지급비용 충당에 필요한 금액을 한꺼번에 납입하는 보험료 산정 방식은?

4. 일시납보험료

5 동일한 보험료를 납입함으로써 계약 후반기에 늘어나는 보험금 지급에 대비하여 전반기에 미리 기금을 조성해 놓는 보험료 산정 방식은?

5. 평준보험료

6 보험료 산출 시 사용되는 기초율인 예정률은 적정수준의 안전성을 가정하고 있으므로 수지계산에 있어서 과잉분을 낳는 것이 일반적이므로 보험료의 과잉분에 따른 잉여금을 보험회사의 경영형태 여하에 불구하고 대부분 계약자에게 정산환원 되도록 하는 것은?

6. 계약자배당

7 보험회사 입장에서 보험가입을 원하는 피보험자(보험대상자)의 위험을 각 위험집단으로 분류하여 보험가입 여부를 결정(계약인수·계약거절·조건부인수 등)하는 일련의 과정은?

7. 언더라이팅(계약심사)

8 언더라이팅, 즉 보험계약의 위험을 평가하고 선택하며 위험인수기준과 처리절차(계약인수·계약거절·조건부인수)를 결정하는 직무를 수행하는 사람은?

8. 언더라이터 (Underwriter)

9 보험계약자 스스로 위험도가 매우 높은 상황임을 알고 있으나, 보험금 등의 수령을 목적으로 위험 사실을 의도적으로 은폐하여 보험을 가입하는 행위는?

9. 역선택 위험

10 계약인수 과정에서 보험회사가 보다 객관적인 입장에서 피보험자의 중요 고지 내용에 대한 확인 또는 중요 고지내용의 추가 등을 수행하기 위한 선택과정으로 병원진단, 서류진단, 방문진단 등을 실시하는 언더라이팅 단계는?

10. (2단계) 건강진단에 의한 선택

11 건강진단 절차를 생략함으로써 추가 보험금 지급이 발생할 수 있으나 이를 건강검진 비용과 상계처리하는 계약인수 방식은?

11. 무진단 계약인수

12 언더라이터가 수집한 정보를 토대로 피보험자의 위험을 종합적으로 평가·분류하여 위험 수준에 따라 인수, 거절 또는 조건부 인수 등의 최종 결정을 내리는 언더라이팅 단계는?

13 언더라이팅 평가 결과가 표준체 기준 위험보다 높은 경우로 보험료 할증, 보험금 삭감, 부담보 등의 형태로 계약인수를 해야 하는 대상을 지칭하는 용어는?

14 표준미달체로 분류된 경우 보험 가입 기간 중 특정 신체 부위 및 특정 질환에 대해 일정 기간 또는 전 기간 동안 질병으로 인한 수술 및 입원 등의 각종 보장을 제외하는 조건부 계약의 형태는?

Step 2 초성 Quiz

1 위험을 인수하는 보험회사인 ㅂㅎㅈ는 보험계약 당사자로서 보험계약자와 보험계약을 체결하고 유지된 계약에 대하여 보험금 지급사유가 발생하였을 경우 보험금을 지급할 의무가 있다.

2 보험사업은 공공의 이익과 밀접한 관련이 있으며 다수의 보험계약자로부터 위험을 인수하여 효율적으로 관리해야 하므로 보험사업을 영위하기 위해서는 ㄱㅇㅇㅇㅎ의 사업허가를 득해야 한다.

3 보험회사와 보험계약을 체결하는 보험계약당사자인 보험계약자는 보험계약에 대한 ㅂㅎㄹ납부 등의 의무와 보험금 청구 권리를 갖는다.

4 보험계약에서 정의한 보험사고가 발생함으로써 손해를 입는 사람인 ㅍㅂㅎㅈ와 보험계약자가 동일할 경우 '자기의 생명보험', 양자가 각각 다른 사람일 경우 '타인의 생명보험'이라고 한다.

5 피보험자에게 보험사고가 발생 시 보험자에게 보험금지급을 청구·수령할 수 있는 권리를 가진 사람인 ㅂㅎㅅㅇㅈ와 보험계약자가 동일한 경우 '자기를 위한 보험', 양자가 각각 다른 사람일 경우 '타인을 위한 보험'이라 한다.

6 보험수익자가 여러 명일 경우 대표자를 지정해야 하며 보험수익자의 지정과 변경권은 ㅂㅎㄱㅇㅈ에게 있다.

7 보험계약자와 피보험자가 다른 '타인의 생명보험'일 경우 보험수익자 지정 또는 변경 시 ㅍㅂㅎㅈ의 동의가 필요하다.

8 계약자가 보험계약 시 보험수익자를 지정하지 않은 경우 보험사고에 따라 보험수익자가 결정되는데, 사망보험금의 보험수익자는 피보험자의 ㅅㅅㅇ이 된다.

9 계약자와 보험자간의 계약 체결을 위해 중간에서 도와주는 보조자 중 보험 ⬚ᄉᄀᄉ는 보험회사, 대리점, 중개사에 소속되어 보험계약의 체결을 중계하는 자이다.

10 보험계약의 요소에는 ⬚ᄇᄒᄆᄌᄆ(보험대상), 보험사고(보험금지급사유), 보험기간, 보험금, 보험료, 보험료 납입기간 등이 포함된다.

11 보험료 납입을 보험기간(보장기간)의 전 기간에 걸쳐서 납부하는 보험을 ⬚ᄌᄀᄂ보험이라 하며, 보험료의 납입기간이 보험기간보다 짧은 기간에 종료되는 보험을 단기납(短期納)보험이라 한다.

12 ⬚ᄋᄎᄀᄇᄒ생명표는 우체국보험 가입자의 실제 사망현황을 감안하여 작성한 생명표이다.

13 보험료를 수지상등의 원칙에 의거하여 예정사망률, 예정이율, 예정사업비율의 3대 예정률을 기초로 계산하는 방식을 ⬚⬚ᄋᄋ방식이라고 한다.

14 ⬚ᄒᄀᄒᄅ방식은 기존의 3이원방식 가격요소와 함께 계약유지율, 판매량, 투자수익률 등 다양한 가격요소를 반영하여 보험료를 산출하는 방식이다.

15 3이원방식은 보수적 ⬚ᄑᄌᄀᄎᄋ을 일괄 가정하는 반면, 현금흐름방식은 각 보험회사별로 최적가정을 한다.

16 영업보험료(총보험료)는 위험보험료와 저축보험료 등의 ⬚ᄉᄇᄒᄅ와 계약체결비용(신계약비), 계약관리비용(유지비), 기타비용(수금비) 등의 부가보험료로 구성된다.

17 위험보험료는 사망보험금, 장해급여금 등 보험사고 발생시 보험금 지급 재원이 되는 보험료이고 ⬚ᄌᄎᄇᄒᄅ는 만기보험금, 중도급부금 등의 지급 재원이 되는 보험료이다.

18 부가보험료는 보험회사가 보험계약을 체결, 유지 및 관리하기 위한 경비에 사용되는 보험료로 ⬚ᄋᄌᄉᄋᄇᄋ을 기초로 계산되며 신계약비, 유지비, 수금비로 구분된다.

19 ⬚ᄋᄃᄌ보험료는 기본적으로 보험계약자는 보험기간 중에 보험회사가 정한 납입보험료의 최저·최고치 규정에 따라 본인이 원하는 만큼의 보험료를 납입할 수 있는 보험료 산정 방식이다.

20 유배당보험의 경우 보험회사는 계약에 대해 잉여금이 발생할 경우 잉여금의 일정비율을 ⬚ᄀᄋᄌᄇᄃ준비금으로 적립하여 이를 보험계약자에게 배당금으로 지급한다.

21 유배당보험의 배당금은 현금지급, ㅂㅎㄹ ㅅㄱ, 보험금 또는 제환급금 지급 시 가산 등의 방식으로 계약자에게 배당된다.

22 언더라이팅은 언더라이터(계약심사업무담당자) 뿐 아니라 보험고객 모집조직, 상품개발 및 보험계리 조직, 보험금 지급조사 조직, 경영진에 이르는 모든 관계 자들이 ㅈㅅㅈ·유기적으로 연계된 종합적인 의사결정 과정이다.

23 보험회사는 합리적인 사업운영을 위해 보험계약관계자를 ㄱㅍ하게 대우해야 하며, 이를 위해 언더라이팅이 필요하다.

24 언더라이팅의 대상에는 환경적 언더라이팅, 신체적 언더라이팅, 도덕적 언더 라이팅, ㅈㅈㅈ 언더라이팅 등이 있다.

25 언더라이팅의 절차는 1단계 모집조직에 의한 선택, 2단계 건강진단에 의한 선택, 3단계 언더라이팅부서에 의한 선택, 4단계 ㄱㅇㅈㅂ확인으로 단계가 구성되어 있다.

26 계약인수 과정에서의 ㄱㄱㅈㄷ은 보험회사가 보다 객관적인 입장에서 피보험 자의 중요 고지내용에 대한 확인 또는 중요 고지내용의 추가 등을 수행하기 위 한 선택과정이다.

27 무진단 계약인수는 건강진단 절차를 생략함으로써 일부 표준미달체 계약인수 에 따른 사망 및 발병률이 증가하여 추가 보험금 지급이 발생할 수 있으나 이러 한 추가보험금 지급비용과 건강검진 비용을 ㅅㄱ처리한다.

28 언더라이터는 청약서 상의 계약 전 알릴 의무사항과 보험설계사의 ㅁㅈㅂㄱㅅ, 병원진단 또는 서류 등 의적진단보고서, 계약적부확인에 의한 조사보고서 등 의 수집정보를 활용한다.

29 계약적부조사 과정에서 고객의 ㄱㅈㅇㅁ사항 위반 수준에 따라 해당 계약을 해지하거나 보장을 제한할 수 있다.

30 표준약관에서는 피보험자의 고지의무 위반사실을 안 날로부터 1개월 이내, 계 약체결일로부터 □년 이내에 해지할 수 있도록 규정하고 있다.

31 4가지 언더라이팅 대상에 대한 평가 결과가 표준체 기준 위험보다 높은 경우 ㅍㅈㅁㄷ체, 위험이 낮은 경우 우량체로 분류된다.

32 표준미달체로 분류된 경우 보험료 할증, ㅂㅎㄱ ㅅㄱ, 부담보 등의 형태로 계 약을 인수한다.

33 보험업에서 ㅋㄹㅇ이란 보험금 청구에서 지급까지 일련의 업무를 뜻하며 보험금 청구 접수, 사고조사, 조사건 심사, 수익자 확정, 보험금 지급 등의 업무가 포함된다.

33. 클레임(Claim)

34 클레임 업무 담당자에게는 조사 경험 및 조사 기법, ㅂㄹ 지식, 의학 지식 등이 요구된다.

34. 법률

35 일반 보장성보험은 만기 환급되는 금액이 ㄴㅇㅂㅎㄹ를 초과하지 않는 보험으로 보험계약 또는 보험료 납입영수증에 보험료 공제대상임이 표시된 보험계약이다.

35. 납입보험료

36 일용근로자를 제외한 근로소득자가 기본공제대상자를 피보험자로 하는 일반 보장성보험에 가입한 경우 과세 기간에 납입한 보험료(100만원 한도)의 ☐☐%에 해당되는 금액을 종합소득산출세액에서 공제받을 수 있다.

36. 12

37 근로소득자가 기본공제대상자 중 장애인을 피보험자 또는 수익자로 하는 장애인전용보험 및 장애인전용보험전환특약을 부가한 보장성 보험의 경우 과세기간 납입 보험료(1년 100만원 한도)의 ☐☐%에 해당되는 금액을 종합소득산출세액에서 공제받을 수 있다.

37. 15

38 연금저축계좌는 금융회사와 체결한 계약에 따라 '연금저축'이라는 명칭으로 설정하는 계좌이며 연금저축보험, 연금저축신탁, 연금저축ㅍㄷ가 이에 해당한다.

38. 펀드

39 퇴직연금계좌는 퇴직연금을 지급받기 위해 가입하는 계좌로 ㅎㅈㄱㅇ형(DB형), 확정기여형(DC형) 및 개인형 퇴직연금(IRP) 등이 있다.

39. 확정급여

40 종합소득자가 과세기간 중 연금저축계좌에 납입한 금액(600만원 한도)의 12%를 해당 과세기간 종합소득산출세액에서 공제하되, 종합소득금액 4천 500만원 이하(근로소득만 있는 경우 총급여액 5천 500만원 이하)인 거주자는 ☐☐%를 공제한다.

40. 15

41 저축성보험의 ㅂㅎㅊㅇ은 보험계약에 따라 만기 또는 해지환급금(피해자 사망, 질병, 부상, 상해 등에 따른 보험금은 제외) 등에서 납입보험료 총액을 뺀 금액을 뜻한다.

41. 보험차익

42 월적립식 저축성 보험과 종신형 연금보험을 제외한 저축성 보험은 최초 보험료 납입 시점부터 만기일 또는 중도해지일까지 기간이 10년 이상으로 계약자 1인당 납입 보험료 합계액이 '17년 3월 31일까지 가입한 경우 2억원 이하, '17년 4월 1일부터 가입한 경우 ☐억원 이하인 계약의 보험차익에 대해 비과세한다.

42. 1

1. 피보험자 → 보험계약자

1 보험금을 받는 자를 지정하지 않은 경우 생존보험금은 피보험자가 보험
수익자이다.   ○│×

2. 보험대리점에는 권한이 주어지지만 보험중개사에는 권한이 주어지지 않는다.

2 보험대리점과 보험중개사는 계약체결권, 고지 수령권, 보험료 수령권
등의 권한을 갖는다.   ○│×

3. 경험생명표에 대한 옳은 설명이다. 참고로 국민생명표는 국민 또는 특정지역의 인구를 대상으로 그 인구 통계에 의해 사망상황을 작성한 생명표이다.

3 경험생명표는 생명보험회사, 공제조합 등의 가입자에 대해 실제 사망 경
험을 근거로 작성한 생명표이다.   ○│×

4 예정사망률이 낮아지면 사망보험(피보험자 사망 시 보험금이 지급되는 보
험)의 보험료는 내려가고, 생존보험(일정시점까지 피보험자 생존시에만
보험금 지급되는 보험)의 보험료는 올라간다.   ○│×

5. 예정이율이 낮아지면 보험료는 올라가고 예정이율이 높아지면 보험료는 내려간다.

5 예정이율이 낮아지면 보험료는 내려가고 예정이율이 높아지면 보험료는
올라간다.   ○│×

6 예정사업비율이 낮아지면 보험료는 내려가고 예정사업비율이 높아지면
보험료는 올라간다.   ○│×

7. 현금흐름방식은 산출방법이 복잡하고 전산시스템 관련 비용이 많이 든다.

7 현금흐름방식은 3이원방식에 비해 산출방법이 간단하고 전산시스템 관련
비용이 적게 소요된다..   ○│×

8. 나이가 들수록 사망률(위험률)이 높아짐에 따라 보험금지급이 증가하므로 매년 보험료가 높아지게 된다.

8 매년 납입 순보험료 전액이 그 해 지급되는 보험금 총액과 일치하도록 계
산하는 방식인 자연보험료는 보험료가 매년 낮아지게 된다.   ○│×
보험금을 받는 자를 지정하지 않은 경우 생존보험금은 피보험자가 보험
수익자이다.   ○│×

9 평준보험료는 정해진 시기에 매번 납입하는 보험료의 액수가 동일한 산
정방식이며, 사망률(위험률)이 낮은 계약 전반기 동안에 납입된 평준보
험료는 보험금 및 비용 지급분 대비 크다.   ○│×

10. 생명보험회사는 계약자배당금을 계약자가 선택하는 방법에 따라 지급하여야 한다.

10 생명보험회사는 계약자배당금을 현금지급·납입할 보험료와 상계·보험
금 또는 제환급금 지급 시 가산방법 중 계약자에게 유리한 방식을 직접
선택하여 지급하여야 한다.   ○│×

정답 │ 1. × 2. × 3. ○ 4. ○ 5. × 6. ○ 7. × 8. × 9. ○ 10. ×

11 보험안내자료에는 보험회사의 장래의 이익 배당 또는 잉여금 분배에 대한 예상에 관한 사항을 적지 못하지만, 계약자 배당이 있는 연금보험은 그러하지 아니하다. ○ | ×

12 언더라이팅을 통해 역선택 위험 등 보험사기 가능성이 높은 계약을 사전에 차단함으로써 위험률차손익을 관리할 수 있으며 선의의 계약자를 보호할 수 있다. ○ | ×

13 신체적 위험의 대표적인 항목으로는 피보험자의 직업, 운전, 흡연, 음주, 취미, 거주지 위험 등이 있다. ○ | ×

14 무진단 계약인수는 언더라이팅 비용 절감액이 사고보험금 증가액을 상쇄할 수 있는 경우에 한하여 재무적 유용성이 확보된다. ○ | ×

15 무진단 계약인수는 재무적 관점에서의 비용절감 측면보다는 편의성 제고측면에서 도입되었다. ○ | ×

16 무진단 계약인수 보험은 건강진단 절차만을 생략할 수 있는 보험으로 고지의무 등에서 일반보험과 동일하므로 고지의무가 없는 무심사 보험과 차이가 있다. ○ | ×

17 언더라이터는 피보험자의 타사 계약사항 및 보험금 지급사항에 대한 정보에 접근할 수 없다. ○ | ×

18 과세 기간 중 보장성보험을 해지할 경우 해지 시점까지 납입한 보험료에 대해 세액공제가 가능하지만, 이미 세액공제 받은 보험료는 추징한다. ○ | ×

19 퇴직연금계좌 중 확정기여형(DC형) 퇴직연금은 세액공제 대상에서 제외된다. ○ | ×

20 보장성보험료 세액공제가 근로소득자에 한해 가능한 것과 달리 연금계좌의 세액공제는 근로소득 외의 종합소득이 있는 경우에도 가능하다. ○ | ×

21 일반적으로 저축성보험의 보험차익은 이자소득으로 「소득세법」상 과세 대상이다. ○ | ×

11. 계약자 배당이 있는 연금보험의 경우 보험계약자의 이해를 돕기 위하여 금융위원회가 필요하다고 인정하여 정하는 경우이므로 예외가 인정된다.

13. 신체적 위험 → 환경적 위험, 신체적 위험에는 피보험자(보험대상자)의 연령, 성별, 체격, 과거 및 현재 병력, 가족력 등에 따른 사망 또는 발병 가능성 등이 포함된다.

15. 편의성 제고 측면보다 비용절감 측면에서 도입되었다. 무진단 계약인수에 따른 언더라이팅 비용 절감액이 사고보험금 증가액을 상쇄할 수 있는 경우에 한해 재무적 유용성이 확보된다.

17. 언더라이터는 신용정보원을 통해서 조회되는 피보험자의 타사(자사) 계약사항 및 보험금 지급사항을 수집하여 활용할 수 있다.

18. 이미 세액공제 받은 보험료에 대한 추징 또한 없다.

19. 확정기여형(DC형) → 확정급여형(DB형)

01 〈보기〉에서 생명보험계약 관계자에 대한 설명으로 옳은 것을 모두 고른 것은? (2022 기출)

〈 보 기 〉

ㄱ. 보험계약자와 피보험자는 1인 또는 다수 모두 가능하다.

ㄴ. 피보험자와 보험계약자가 각각 다른 사람일 경우 '타인을 위한 보험'이라고 한다.

ㄷ. 보험계약자가 보험계약 시 보험수익자를 지정하지 않은 경우 생존보험금 발생 시 보험수익자는 피보험자이다.

ㄹ. 보험중개사는 독립적으로 보험계약 체결을 중개하는 자로 계약체결권, 고지수령권, 보험료 수령권에 대한 권한이 없다.

① (ㄱ), (ㄴ) 　　　　　　　　　② (ㄱ), (ㄹ)

③ (ㄴ), (ㄷ) 　　　　　　　　　④ (ㄷ), (ㄹ)

> **해설** 생명보험계약 관계자에는 보험자, 보험계약자, 피보험자, 보험수익자, 모집 보조자 등이 포함된다. 모집 보조자는 계약자와 보험자 간의 계약체결을 위해 중간에서 도와주는 보험설계사, 보험대리점, 보험중개사 등을 말한다.
> ㄱ. 보험계약자의 자격에는 제한이 없어 자연인·법인 또는 1인·다수 등 상관없이 보험계약자가 될 수 있다. 피보험자의 경우에도 1인 또는 다수이든 상관이 없다.
> ㄹ. 보험중개사는 독립적으로 보험계약 체결을 중개하는 자로, 보험대리점과 달리 계약체결권, 고지수령권, 보험료 수령권에 대한 권한이 없다.
>
> **오답분석** ㄴ. 생명보험에서 피보험자와 보험계약자가 동일할 경우 '자기의 생명보험', 양자가 각각 다른 사람일 경우 '타인의 생명보험'이라고 한다. 한편, 보험수익자와 보험계약자가 동일한 경우 '자기를 위한 보험', 양자가 각각 다른 사람일 경우 '타인을 위한 보험'이라 한다.
> ㄷ. 계약자가 보험계약 시 보험수익자를 지정하지 않은 경우 보험사고에 따라 보험수익자가 결정된다. 사망보험금은 피보험자의 상속인, 생존보험금은 보험계약자, 장해·입원·수술·통원급부금 등은 피보험자가 보험수익자가 된다.
>
> 정답 : ②

02 생명보험 계약에 관한 설명으로 옳지 않은 것은?

① 보험자(보험회사)는 보험계약 당사자로서 보험계약자와 보험계약을 체결하고 유지된 계약에 대하여 보험금 지급사유가 발생하였을 경우 보험금을 지급할 의무가 있다.

② 보험수익자는 피보험자에게 보험사고가 발생한 경우 보험자에게 보험금지급을 청구·수령할 수 있는 권리를 가진 사람으로 그 수나 자격에 대한 제한이 있다.

③ 보험기간은 보험에 의한 보장이 제공되는 기간으로 상법에서는 보험자의 책임을 최초의 보험료를 지급 받은 때로부터 개시한다고 규정하고 있다.

④ 보험료는 보험계약자가 보험사고에 의한 보장을 받기 위하여 보험자에게 지급하여야 할 금액으로 만약 보험료를 납부하지 않는다면 그 계약은 해제 혹은 해지된다.

생명보험계약의 관계자에는 보험자, 보험계약자, 피보험자, 보험수익자 등이 있다. 이중 보험수익자는 그 수나 자격에 대한 제한이 없다.

① 보험사업은 공공의 이익과 밀접한 관련이 있으며 다수의 보험계약자로부터 위험을 인수하여 효율적으로 관리해야 하므로 보험자가 보험사업을 영위하기 위해서는 금융위원회의 사업허가를 득해야 하는 등의 제한이 있다.
③ 보험기간은 보험에 의한 보장이 제공되는 기간으로 위험기간 또는 책임기간이라고도 하며 보험료 납입기간과 구분하여야 한다.
④ 보험료는 보험기간 내 보험사고가 발생하였을 때 보험자가 지급해야 하는 금액인 보험금과 달리 보험계약자가 보험자에게 지급하여야 할 금액이다.

정답 : ②

03   생명보험 계약에 대한 내용으로 옳은 것은?

① 보험계약자의 의무에는 보험금 지급의무, 보험계약시 고지의무, 주소변경 통지의무, 보험금 지급사유 발생 통지의무 등이 있다.
② 보험계약자의 자격에는 제한이 없으나 미성년자, 피한정후견인, 피성년후견인 등 제한능력자의 경우에는 법정대리인의 동의를 필요로 한다.
③ 타인의 생명보험일 경우 보험계약자가 타인의 동의와 무관하게 피보험자를 지정할 수 있다.
④ 독립적으로 보험계약 체결을 중개할 수 있는 보험중개사는 계약체결권, 고지수령권, 보험료 수령권에 대한 권한을 갖는다.

보험계약자의 자격에는 제한이 없어 자연인·법인 또는 1인·다수 등 상관없이 보험계약자가 될 수 있다. 다만, 만 19세 미만자(미성년자)의 경우 친권자 또는 법정대리인의 동의가 필요하다. 또한 피한정후견인, 피성년후견인 등의 제한능력자도 법정대리인의 동의를 필요로 한다.

① 보험계약자의 주된 의무에는 보험료 납입의무, 보험계약시 고지의무, 주소변경 통지의무, 보험금 지급사유 발생 통지의무가 있다. 보험금 지급의 의무는 보험자의 의무에 해당한다.
③ 보험계약에서 정의한 보험사고가 발생함으로써 손해를 입는 사람을 말하며, 피보험자는 1인 또는 다수이든 상관이 없으며 생명보험에서 피보험자와 보험계약자가 동일할 경우 '자기의 생명보험', 양자가 각각 다른 사람일 경우 '타인의 생명보험'이라고 한다. 다만, 타인의 생명보험일 경우 반드시 그 타인의 서면동의(또는 전자서명, 공인전자서명 등)를 받아야 하는 제한이 있다.
④ 계약자와 보험자간의 계약체결을 위해 중간에서 지원하는 모집 보조자에는 보험설계사, 보험대리점, 보험중개사 등이 있다. 보험설계사는 보험회사, 대리점, 중개사에 소속되어 보험계약의 체결을 중개하는 자이고, 보험대리점은 보험자를 위해 보험계약의 체결을 대리하는 자이며, 보험중개사는 독립적으로 보험계약 체결을 중개하는 자이다. 보험대리점은 계약체결권, 고지수령권, 보험료 수령권의 권한을 갖지만, 보험중개사는 보험대리점과 달리 이러한 권한을 갖지 못한다.

정답 : ②

04 생명보험 계약에 대한 설명으로 옳지 않은 것은?

① 보험계약에서 그 사람의 사망, 장해, 질병 또는 생존 등의 조건에 관해 보험계약이 체결된 대상자를 피보험자라 한다.

② 보험계약자가 보험에 의한 보장을 받기 위하여 보험자에게 지급하여야 할 금액을 보험료라 한다.

③ 보험에 담보된 생명이나 신체에 관하여 불확정한 사고, 즉 위험이 발생하는 것을 보험사고라 한다.

④ 보험기간에 대하여 상법에서는 보험자의 책임을 최초의 보험료 납입 여부와 상관없이 청약일로부터 개시된다고 규정하고 있다.

> **해설** 보험기간은 보험에 의한 보장이 제공되는 기간으로 상법에서는 보험자의 책임을 최초의 보험료를 지급받은 때로부터 개시한다고 규정되어 있다.
>
> **오답분석** ① 피보험자란 그 사람의 사망, 장해, 질병 또는 생존 등의 조건에 관해 보험계약이 체결된 대상자를 말하며 피보험자는 1인일 수도 있으며 보험의 목적이나 계약에 따라 2인 이상일 수도 있다.
> ② 보험료는 보험계약자가 보험사고에 의한 보장을 받기 위하여 보험자에게 지급하여야 할 금액으로 만약 보험료를 납부하지 않는다면 그 계약은 해제 혹은 해지된다.
> ③ 보험사고란 보험에 담보된 재산 또는 생명이나 신체에 관하여 보험자가 보험금 지급을 약속한 사고(위험)가 발생하는 것으로 생명보험의 경우 피보험자의 사망 · 생존, 장해, 입원, 진단 및 수술, 만기 등이 보험금 지급사유로 규정된다.
>
> 정답 : ④

05 〈보기〉의 내용에 해당하는 생명보험의 원리는?

> ─────〈 보 기 〉─────
>
> 측정대상의 숫자 또는 측정횟수가 많아지면 많아질수록 예상치가 실제치에 근접한다는 원칙으로, 관찰의 횟수를 늘려 가면 일정한 발생확률이 산출되고 관찰대상이 많을수록 확률의정확성은 커지게 된다.

① 상부상조의 정신   ② 대수의 법칙
③ 생명표   ④ 수지상등의 원칙

> **해설** 생명보험은 상부상조의 정신을 바탕에 두고 성립한다. 상부상조 정신을 과학적이고 합리적인 방법으로 제도화한 것이 생명보험이다. 이러한 생명보험의 기초가 되는 원리로는 대수의 법칙, 생명표, 수지상등의 원칙 등이 있다. 이 중에서 〈보기〉의 내용에 부합하는 것은 대수 즉, '큰 수의 법칙'이다. 이러한 대수의 법칙에 따라 특정인의 우연한 사고 발생가능성 및 발생시기 등은 불확실하지만 많은 사람들을 대상으로 관찰해보면 통계적인 사고 발생확률을 산출할 수 있다.
>
> **오답분석** ③ 생명표(사망표)는 대수의 법칙에 각 연령대별 생사잔존상태(생존자수, 사망자수, 생존률, 평균여명)를 나타낸 것이다.
> ④ 수지상등(收支相等)의 원칙은 보험계약자가 납입하는 보험료 총액과 보험회사가 지급하는 보험금 및 사업비 등 지출비용의 총액이 동일한 금액이 되도록 하는 것이다.
>
> 정답 : ②

06 생명표에 관한 내용으로 옳지 않은 것은?

① 국민생명표는 특정지역이 아닌 국민 전체를 대상으로 그 인구 통계에 의해 사망상황을 작성한 생명표이다.

② 경험생명표는 생명보험회사, 공제조합 등의 가입자에 대해 실제 사망 경험을 근거로 작성한 생명표이다.

③ 우체국보험생명표는 우체국보험 가입자의 실제 사망현황을 감안하여 작성한 생명표이다.

④ 생명표를 사망상황을 측정하는 방법 및 연도에 따라 분류하기도 한다.

> **해설** 대수의 법칙에 각 연령대별 생사잔존상태를 나타낸 표를 생명표 또는 사망표라고 한다. 생사잔존상태는 생존자 수, 사망자 수, 생존률, 평균여명 등으로 파악한다. 생명표는 국민생명표와 경험생명표 등으로 분류할 수 있는데, 이중 국민생명표는 국민 또는 특정지역의 인구를 대상으로 그 인구 통계에 의해 사망상황을 작성한 생명표이다.
>
> **오답분석** ④ 사람의 사망률은 일반적으로 의료기술 발달, 생활수준 향상 등에 따라 낮아지는 특성을 가지고 있어 사망상황을 측정하는 방법 및 연도에 따라 생명표를 분류하기도 한다.
>
> 정답 : ①

07 보험료를 계산하는 현금흐름방식에 대한 설명으로 옳은 것은? (2021 기출)

① 보수적 표준기초율을 일괄적으로 가정하여 적용한다.

② 보험료 산출이 비교적 간단하고 기초율 예측 부담이 경감되는 장점이 있다.

③ 상품개발 시 수익성 분석을 동시에 할 수 있으며 상품개발 후 리스크 관리가 용이한 방식이다.

④ 3이원(利原)을 포함한 다양한 기초율을 가정하며, 계리적 가정에는 위험률, 해지율, 손해율, 적립이율 등이 있다.

> **해설** 현금흐름방식은 기존의 3이원방식(보험료를 수지상등의 원칙에 의거하여 예정사망률, 예정이율, 예정사업비율의 3대 예정률을 기초로 계산하는 방식) 가격요소와 함께 계약유지율, 판매량, 투자수익률 등 다양한 가격요소를 반영하여 보험료를 산출하는 방식이다. 기존의 3이원을 조합하여 정해진 수식으로 보험료를 산출하는 방식이 아닌 다양한 기초율을 가정하여 미래 현금흐름을 예측하고, 이에 따른 목표 수익률을 만족시키는 영업보험료를 역으로 산출하는 방식을 통해 보험회사는 상품개발의 유연성을 제고할 수 있고 보험소비자는 상품선택의 폭을 확대할 수 있다. ③ 현금흐름방식의 장점은 상품개발 시 수익성 분석을 동시에 할 수 있으며 상품개발 후 리스크 관리가 용이하고, 새로운 가격요소 적용으로 정교한 보험료의 산출이 가능하다는 점 등이다.
>
> **오답분석** ① 기초율 가정적용 시 3이원방식은 보수적 표준기초율을 일괄 가정하는 반면, 현금흐름방식은 각 보험회사별로 최적가정을 한다. 3이원방식에는 기대이익이 내재되지만, 현금흐름방식은 기대이익이 별도로 구분된다.
> ② 보험료 산출이 비교적 간단하고 기초율 예측 부담이 경감되는 방식은 3이원방식이다.
> ④ 현금흐름방식은 3이원을 포함하여 다양한 기초율을 가정한다. 경제적 가정에는 투자수익률, 할인율, 적립이율 등이 포함되고, 계리적 가정에는 위험률, 해지율, 손해율, 사업비용 등이 포함된다.
>
> 정답 : ③

08 보험료에 대한 설명으로 옳은 것은?

① 생존보험의 보험료는 예정사망률이 높아지면 내려가고, 예정사망률이 낮아지면 올라간다.
② 사망보험의 보험료는 예정사망률이 낮아지면 올라가고, 예정사망률이 높아지면 내려간다.
③ 예정사업비율이 낮아지면 보험료는 올라가고 예정사업비율이 높아지면 보험료는 내려간다.
④ 예정이율이 낮아지면 보험료는 내려가고 예정이율이 높아지면 보험료는 올라간다.

> **해설** 보험료는 보험계약자가 보험사고에 의한 보장을 받기 위하여 보험자(보험회사)에게 지급하여야 할 금액으로 만약 보험료를 납부하지 않는다면 그 계약은 해제 혹은 해지된다. 보험료 계산의 방식으로는 3이원방식과 현금흐름방식이 있다. 3이원방식은 보험료를 수지상등의 원칙에 의거하여 예정사망률(예정위험률), 예정이율, 예정사업비율의 3대 예정률을 기초로 계산하는 방식이고, 현금흐름방식은 기존의 3이원방식 가격요소와 함께 계약유지율, 판매량, 투자수익률 등 다양한 가격요소를 반영하여 보험료를 산출하는 방식이다.
> ① 예정사망률(예정위험률)은 특정 개인의 수명을 예측하기 힘들기 때문에 대다수 사람의 일정한 사망비율을 관찰하여 사망, 질병, 장해 등 보험사고가 발생할 확률을 대수의 법칙에 의해 미리 예측하여 보험료 계산에 적용하는 것이다. 예정사망률이 낮아지면 사망보험(피보험자 사망 시 보험금이 지급되는 보험)의 보험료는 내려가고, 생존보험(일정시점까지 피보험자 생존시에만 보험금 지급되는 보험)의 보험료는 올라간다. 이와 반대로 예정사망률이 높아지면 사망보험의 보험료는 올라가고 생존보험의 보험료는 내려간다.
>
> **오답 분석** ③ 보험자(보험회사)가 보험계약을 유지·관리해나가기 위해 수반되는 여러 필요한 경비를 미리 예상하고 계산해 보험료에 포함시키는데, 이러한 경비의 비율을 예정사업비율이라고 한다. 예정사업비율이 낮아지면 보험료는 내려가고 예정사업비율이 높아지면 보험료는 올라간다.
> ④ 보험자(보험회사)는 장래의 보험금 지급에 대비하여 보험계약자가 납입한 보험료를 적립·운용(運用)하게 되며 이에 따라 적립 보험료는 시간이 흐르면서 이자와 운용 수익이 발생하게 된다. 이러한 기대수익을 사전에 예상하여 일정 비율로 보험료를 할인해주는 할인율을 예정이율이라고 한다. 예정이율이 낮아지면 보험료는 올라가고 예정이율이 높아지면 보험료는 내려간다.
>
> 정답 : ①

09 보험료 계산에 대한 내용으로 옳은 것은?

① 현금흐름방식은 보험료를 수지상등의 원칙에 의거하여 예정사망률(예정위험률), 예정이율, 예정사업비율의 3대 예정률을 기초로 계산하는 방식이다.
② 3이원방식은 가격요소와 함께 계약유지율, 판매량, 투자수익률 등 다양한 가격요소를 반영하여 보험료를 산출하는 방식이다.
③ 총보험료는 위험보험료와 저축보험료 등으로 구성되는 순보험료와 신계약비, 유지비, 수금비등으로 구성되는 부가보험료로 구성된다.
④ 평준보험료는 매년 납입 순보험료 전액이 그 해 지급되는 보험금 총액과 일치하도록 계산하는 방식으로, 나이가 들수록 사망률(위험률)이 높아짐에 따라 보험금지급이 증가하므로 보험료가 매년 높아지게 된다.

영업보험료(총보험료)는 다음과 같이 구성된다.

구분	내용		비고
순보험료	위험보험료		사망보험금, 장해급여금 등 보험사고 발생시 보험금 지급 재원이 되는 보험료이다.
	저축보험료		만기보험금, 중도급부금 등의 지급 재원이 되는 보험료이다.
부가보험료	계약체결비용	신계약비	보상금 및 수당, 보험증서 발행 등 신계약과 관련한 비용에 사용되는 보험료로 계약체결비용에 해당한다.
	계약관리비용	유지관련비용 (유지비)	보험계약의 유지 및 자산운용 등에 필요한 경비로 사용되는 보험료로 계약관리비용에 해당한다.
		기타비용(수금비)	보험료 수금에 필요한 경비로 사용되는 보험료이다.

오답분석 ① 보험료를 수지상등의 원칙에 의거하여 예정사망률(예정위험률), 예정이율, 예정사업비율의 3대 예정률을 기초로 계산하는 방식은 3이원방식이다. 최근에는 일부 상품에 예정해지율까지 반영하고 있다.
② 기존의 3이원방식 가격요소와 함께 계약유지율, 판매량, 투자수익률 등 다양한 가격요소를 반영하여 보험료를 산출하는 방식은 현금흐름방식이다.
④ 보험료의 산정유형에는 일시납보험료, 자연보험료, 평준보험료, 유동적보험료 등이 있다. 이중 매년 납입 순보험료 전액이 그 해 지급되는 보험금 총액과 일치하도록 계산하는 방식으로 나이가 들수록 사망률(위험률)이 높아짐에 따라 보험금지급이 증가하므로 보험료가 매년 높아지게 되는 것은 자연보험료이다.

정답 : ③

10 영업보험료의 구성에 대한 설명으로 옳지 <u>않은</u> 것은?

① 위험보험료는 사망보험금, 장해급여금 등 보험사고 발생시 보험금 지급 재원이 되는 보험료이다.
② 저축보험료는 만기보험금, 중도급부금 등의 지급 재원이 되는 보험료이다.
③ 계약체결비용(신계약비)은 보상금 및 수당, 보험증서 발행 등 신계약과 관련한 비용에 사용되는 보험료이다.
④ 계약관리비용 중 유지관련 비용(유지비)은 보험료 수금에 필요한 경비로 사용되는 보험료이다.

해설 영업보험료(총보험료)는 보험계약자가 실제로 보험회사에 납입하는 보험료를 뜻하며, 이는 순보험료와 부가보험료로 구성된다. 순보험료는 장래의 보험금 지급의 재원(財源)이 되는 보험료로 위험보험료와 저축보험료로 분리할 수 있다. 그리고 부가보험료는 보험회사가 보험계약을 체결, 유지 및 관리하기 위한 경비에 사용되는 보험료로 예정사업비율을 기초로 계산되며 신계약비, 유지비, 수금비로 구분된다.
④ 계약관리비용 중 유지관련 비용(유지비)은 보험계약의 유지 및 자산운용 등에 필요한 경비로 사용되는 보험료이고, 수금에 필요한 경비로 사용되는 보험료는 계약관리비용 중 기타비용(수금비)이다.

정답 : ④

11 보험료 구성에 대한 설명으로 옳지 않은 것은?

① 보험계약자가 보험자에게 내는 보험료를 '영업보험료'라고 하며 순보험료와 부가보험료로 구분한다.

② 만기보험금의 지급재원이 되는 보험료를 '저축보험료'라고 하며 예정이율에 기초하여 계산한다.

③ 위험보험료는 보험사고에 따른 지급재원으로 순보험료에 해당하며 예정위험률에 기초하여 계산한다.

④ 부가보험료는 신계약비, 유지비 및 전산비로 구분하며 예정사업비율에 기초하여 계산한다.

> **해설** 보험회사가 보험계약을 체결, 유지 및 관리하기 위한 경비에 사용되는 보험료로 예정사업비율을 기초로 계산되며 신계약비, 유지비, 수금비로 구분된다.
>
> **오답분석** ① 영업보험료(총보험료)는 보험계약자가 실제로 보험회사에 납입하는 보험료를 뜻하며, 이는 순보험료와 부가보험료로 구성된다.
> ② 저축보험료는 만기보험금, 중도급부금 등의 지급 재원이 되는 보험료이다.
> ③ 위험보험료는 사망보험금, 장해급여금 등 보험사고 발생 시 보험금 지급 재원이 되는 보험료이다.
>
> 정답 : ④

12 유배당보험의 배당과 배당금에 대한 설명으로 옳은 것은?

① 계약자배당은 보험료의 과잉분에 따른 잉여금을 보험계약자에게 정산환원하는 것이다.

② 생명보험회사는 계약자배당금을 현금지급·납입할 보험료와 상계·보험금 또는 제환급금 지급시 가산방법 중 편리한 방법으로 지급한다.

③ 모든 보험상품의 보험안내자료에는 예외 없이 보험회사의 장래의 이익 배당 또는 잉여금 분배에 대한 예상에 관한 사항을 적지 못한다.

④ 예정률은 수지계산에 있어서 과잉분을 낳지 않는 것이 일반적이다.

> **해설** 유배당보험의 경우 보험회사는 계약에 대해 잉여금이 발생할 경우 잉여금의 일정비율을 계약자배당준비금으로 적립하여 이를 보험계약자에게 배당금으로 지급한다. 보험료의 과잉분에 따른 잉여금은 보험회사의 경영형태 여하에 불구하고 대부분 계약자에게 정산환원 되어야 한다. 이를 계약자배당이라 하고, 주식회사의 주주 배당과는 그 성질이 상이하다고 볼 수 있다.

② 배당금은 현금지급, 보험료 상계, 보험금 또는 제환급금 지급 시 가산 등의 방식으로 배당된다. 생명보험회사는 계약자가 선택하는 방법에 따라 배당금을 지급하여야 한다. 현금지급방식은 배당금 발생 시 계약자에게 현금으로 지급하는 것이고, 보험료 상계방식은 계약자가 납입해야 하는 보험료를 배당금으로 대납하는 것이다. 그리고 보험금 또는 제환급금 지급 시 가산방식은 계약이 소멸할 때까지 혹은 보험계약자의 청구가 있을 때까지 발생한 배당금을 보험회사가 적립하여 보험금 또는 각종 환급금 지급 시 가산하여 지급하는 것이다.

③ 「보험업법」은 보험모집에 사용되는 보험안내자료 상 보험회사의 장래 이익배당 또는 잉여금 분배에 대한 추정내용을 기재하지 못하도록 규제하고 있다. 다만, 보험계약자의 이해를 돕기 위하여 금융위원회가 필요하다고 인정하는 경우에는 예외를 두고 있다. 이에 따라 배당이 있는 연금보험의 경우 직전 5개년도 실적을 근거로 장래 계약자배당을 예시할 수 있으나, 보험계약자가 오해하지 않도록 장래의 배당금은 추정에 따른 금액으로 실제 배당금액과 차이가 발생할 수 있음을 명시해야 한다.

④ 보험료 산출 시 사용되는 기초율인 예정이율, 예정사망률(예정위험률), 예정사업비율 등의 예정률은 적정수준의 안전성을 가정하고 있으므로 수지계산에 있어서 과잉분을 낳는 것이 일반적이다.

정답 : ①

13 언더라이팅에 대한 설명으로 옳지 <u>못한</u> 것은?

① 보험회사는 언더라이팅을 거쳐 보험계약 청약에 대한 승낙 여부와 보험료 및 보험금의 한도를 설정할 수 있다.

② 보험회사는 '위험평가'의 과정을 통한 언더라이팅을 거쳐 우량 피보험자를 선별하고 역선택 위험을 방지한다.

③ 언더라이팅은 전문성을 가진 계약심사업무 담당자인 언더라이터에게 전적으로 맡겨 두는것이 바람직하다.

④ 언더라이팅을 통해 보험계약자가 자신의 위험도에 상응하는 적절한 보험료를 납부하도록 할 수 있다.

언더라이팅(계약심사)은 보험회사 입장에서 보험가입을 원하는 피보험자(보험대상자)의 위험을 각 위험집단으로 분류하여 계약 인수·계약 거절·조건부 인수 등 보험 가입 여부를 결정하는 일련의 과정이다.

③ 언더라이팅은 언더라이터(계약심사업무담당자) 뿐 아니라 보험고객 모집조직, 상품개발 및 보험계리 조직, 보험금 지급조사 조직, 경영진에 이르는 모든 관계자들이 전사적·유기적으로 연계된 종합적인 의사결정 과정이다.

① 언더라이팅은 피보험자의 환경·신체·재정·도덕적 위험 등 전반에 걸친 위험평가가 이루어지며, 언더라이팅 과정 및 결과에 따라 보험회사는 보험계약청약에 대한 승낙여부와 보험료 및 보험금의 한도를 설정할 수 있다.

② '위험평가'의 과정을 통한 언더라이팅은 우량 피보험자 선택, 보험사기와 같은 역선택 위험 방지 등 보험사업의 핵심적인 업무에 해당한다. 역선택은 보험계약자 스스로 위험도가 매우 높은 상황임을 알고 있음에도 보험금 등의 수령을 목적으로 위험 사실을 의도적으로 은폐하여 보험에 가입하는 행위를 가리킨다.

④ 보험계약자가 피보험자의 위험도에 따라 산정된 적절한 보험료를 납부하도록 함으로써 보험회사와의 계약 관계에서 공평성과 합리성을 유지하기 위하여 언더라이팅이 필요하다. 언더라이팅이 발달된 보험회사는 영업적인 측면에서의 경쟁력 우위와 함께 보다 적절하고 효율적인 보험리스크 관리를 통해 장단기적으로 안정적인 수익을 창출할 수 있으며 선의의 고객 보호에도 기여할 수있다.

정답 : ④

14 청약심사(언더라이팅)에 관한 내용으로 옳지 못한 것은?

① 언더라이팅 결과 표준미달체로 분류된 경우 보험료 할증, 보험금 삭감, 부담보 등의 형태로 계약을 인수한다.
② 언더라이터는 청약서 상의 계약 전 알릴 의무사항 등의 수집정보를 활용한다.
③ 언더라이팅을 통해 역선택 위험 등 보험사기 가능성이 높은 계약을 사전에 차단함으로써 선의의 계약자를 보호할 수 있다.
④ 계약적부확인은 계약 성립 이후에는 실시할 수 없으므로 언더라이터에 의한 선택과정에 만전을 기하여야 한다.

해설 계약적부확인은 언더라이터가 3단계 선택 과정에서 보험가입금액이 과도하게 크거나 피보험자의 잠재적 위험이 높은 것으로 의심되는 경우 또는 계약 성립 이후라도 역선택 가능성이 높다고 의심되거나 사후분쟁의 여지가 있는 계약에 대해 보험회사 직원이나 계약적부확인 전문회사 직원이 피보험자의 체질 및 환경 등 계약선택상 필요한 모든 사항을 직접 면담·확인하는 것이다.

오답분석 ① 언더라이팅의 대상에는 환경적 언더라이팅, 신체적 언더라이팅, 도덕적 언더라이팅, 재정적 언더라이팅 등이 있다. 4가지 언더라이팅 대상에 대한 평가 결과가 표준체 기준 위험보다 높은 경우 표준미달체, 위험이 낮은 경우 우량체로 분류된다. 표준미달체로 분류된 경우 보험료 할증, 보험금 삭감, 부담보 등의 형태로 계약을 인수한다.
② 언더라이터는 청약서 상의 계약 전 알릴 의무사항과 보험설계사의 모집보고서, 병원진단 또는 서류 등 의적진단보고서, 신용정보원을 통해 조회되는 피보험자의 타사(자사) 계약사항 및 보험금 지급사항, 계약적부확인에 의한 조사보고서 등의 수집정보를 활용한다.
③ 언더라이팅을 통해 역선택 위험 등 보험사기 가능성이 높은 계약을 사전에 차단함으로써 위험률차손익을 관리할 수 있으며 선의의 계약자를 보호할 수 있다.

정답 : ④

15 언더라이팅의 대상별 분류에서 그 성격이 다른 것은?

① 연령, 성별, 체격
② 과거 및 현재 병력
③ 가족병력
④ 직업, 취미, 운전 및 생활습관

해설 언더라이팅이 필요한 위험 대상은 크게 환경적·신체적·재정적·도덕적 위험으로 분류할 수 있다. 신체적 언더라이팅에는 연령, 성별, 체격, 과거 및 현재 병력, 가족병력 등이 포함되고 환경적 언더라이팅에는 직업, 운전, 흡연, 음주, 취미, 거주지 위험 등이 포함된다. 한편 도덕적 언더라이팅에는 보험사기, 보험범죄, 태만, 과실 또는 부주의가 포함되고, 재정적 언더라이팅에는 생활환경 및 소득수준, 보장의 적정 여부 등이 포함된다.
④ 환경적 언더라이팅의 대상이다.

오답분석 ①, ②, ③ 모두 신체적 언더라이팅의 대상이다.

정답 : ④

16 언더라이팅의 절차 중 〈보기〉의 내용에 부합하는 단계는?

─────〈 보 기 〉─────

언더라이터가 수집된 정보를 토대로 피보험자의 위험을 종합적으로 평가·분류하여 위험 수준에 따라 인수, 거절 또는 조건부 인수 등의 최종 결정하는 언더라이팅 과정이다.

① 모집조직에 의한 선택   ② 건강진단에 의한 선택
③ 언더라이터에 의한 선택   ④ 계약적부확인

> **해설** 현재 국내 대부분의 생명보험회사에서는 (1) 모집조직에 의한 선택, (2) 건강진단에 의한 선택, (3) 언더라이터에 의한 선택, (4) 계약적부확인으로 언더라이팅 절차를 구성하고 있다. 이중 〈보기〉의 내용은 '언더라이터에 의한 선택'에 해당한다.
>
> 정답 : ③

17 언더라이팅 과정 중 모집조직에 의한 선택 시 보험설계사의 역할로 적절하지 못한 것은?

① 보험설계사는 피보험자의 건강상태, 생활환경 등에 대해 파악하고 1차 위험 선택의 기능을 수행한다.
② 보험설계사는 계약자와 피보험자에게 상품에 대한 충분한 설명과 계약상의 중요한 사실을 알려야 한다.
③ 보험설계사는 언더라이팅을 위해 다소간 갈등을 감내하더라도 피보험자에 관련한 기초정보를 철저히 수집하여야 한다.
④ 보험설계사는 계약자와 피보험자에게 계약체결 시 계약적부확인 등 추가조사가 있을 수 있으며 경우에 따라서는 계약조건이 변경될 수 있음을 충분히 설명해야 한다.

> **해설** 보험설계사는 언더라이팅을 위한 기초정보를 수집하는 과정에서 피보험자와의 불만을 야기하지 않고 정보를 수집할 수 있어야 한다.
>
> **오답분석** ① 보험설계사는 고객과 가장 먼저 접촉하여 피보험자의 건강상태, 생활환경 등에 대해 파악하고 1차 위험 선택의 기능을 수행한다.
> ② 보험설계자는 피보험자와 계약자에게 위험정보 수집을 위한 청약서상 언더라이팅 판단자료를 사실에 입각해 알리도록 해야 하며, 계약조건 결정에 필수적인 기본 정보를 고객에게 정확히 고지·안내해야 한다. 또한 모집단계에서 향후 보험분쟁의 발생을 예방하기 위해 상품에 대한 충분한 설명과 계약상의 중요한 사실을 계약자와 피보험자에게 알려야 한다.
> ④ 보험설계사는 계약체결 시 보험회사의 언더라이팅 절차를 설명하면서 계약적부확인 등 추가조사가 있을 수 있으며 경우에 따라서는 계약조건이 변경될 수 있음을 계약자와 피보험자에게 충분히 설명해야 한다.
>
> 정답 : ③

18 언더라이팅 과정 중 건강진단에 의한 선택에서 무진단 계약인수의 특징에 해당하지 <u>않는</u> 것은?

① 재무적 관점보다 편의성 제고 측면에서 도입되었다.
② 추가보험금 지급비용과 건강검진 비용을 상계처리한다.
③ 언더라이팅 비용 절감액이 사고보험금 증가액을 상쇄할 수 있는 경우 재무적 유용성을 확보할 수 있다.
④ 고지의무 등에 있어서는 일반보험과 동일하다는 점에서 무심사 보험과 차이가 있다.

> **해설** 편의성 제고 측면보다는 재무적 관점에서의 비용절감 측면에서 도입되었다. 무진단 계약인수에 따른 언더라이팅 비용절감액이 사고보험금 증가액을 상쇄할 수 있는 경우에 한해 재무적 유용성이 확보된다.
>
> **오답 분석** ② 건강진단 절차를 생략함으로써 일부 표준미달체 계약인수에 따른 사망 및 발병률이 증가하여 추가 보험금 지급이 발생할 수 있으나 이러한 추가보험금 지급비용과 건강검진 비용을 상계처리하는 개념이다.
> ④ 무진단 보험은 건강진단 절차만을 생략할 수 있는 보험으로 고지의무 등에서 일반보험과 동일하므로 고지의무가 없는 무심사 보험과 차이가 있다.
>
> 정답 : ①

19 언더라이팅 절차 중 계약적부확인을 통해 계약을 해지하거나 보장을 제한 할 수 있는 경우에 해당 하지 <u>않는</u> 것은?

① 피보험자가 보험가입에 동의하지 않은 경우
② 청약서에 보험수익자의 자필서명이 누락된 경우
③ 피보험자가 병력을 축소 고지한 경우
④ 피보험자의 직업적 위험성이 고지된 내용보다 높은 경우

> **해설** 계약적부확인은 언더라이터가 3단계 선택 과정에서 보험금액이 과도하게 크거나 피보험자의 잠재적 위험이 높은 것으로 의심되는 경우 또는 계약 성립 이후라도 역선택 가능성이 높다고 의심되거나 사후분쟁의 여지가 있는 계약에 대해 보험회사 직원이나 계약적부확인 전문회사 직원이 피보험자의 체질 및 환경 등 계약선택상 필요한 모든 사항을 직접 면담·확인하는 것을 말한다. 계약적부조사 과정에서 △청약서에 피보험자의 자필서명이 누락된 경우, △피보험자가 보험가입에 동의하지 않은 경우, △피보험자가 청약서상 고지사항에 대해 고지하지 않거나 병력을 축소 고지한 경우, △피보험자의 직업·운전·취미 등의 위험이 청약서에 고지한 내용보다 높은 경우 등 고객의 고지의무사항 위반 수준에 따라 해당 계약을 해지하거나 보장을 제한할 수 있다. 표준약관에서는 피보험자의 고지의무 위반사실을 안 날로부터 1개월 이내, 계약체결일로부터 3년 이내에 해지할 수 있도록 규정하고 있다.
> ② 올바른 내용이 되려면 보험수익자를 피보험자로 바꾸어야 한다.
>
> 정답 : ②

20 언더라이팅 결과 표준미달체에 해당하는 경우 계약 인수 방식에 해당하는 것으로 볼 수 없는 것은?

① 보험료 할증　　　　　　　　　　　② 보험금 삭감
③ 부담보 계약　　　　　　　　　　　④ 보험기간 축소

> **해설**　환경적·신체적·도덕적·재정적 언더라이팅을 실시한 결과 표준체 기준 위험보다 높은 경우 표준미달체, 위험이 낮은 경우 우량체로 분류된다. 표준미달체로 분류된 경우 보험료 할증, 보험금 삭감, 부담보 등의 형태로 계약을 인수한다. 체격과 혈압 등 신체이상 여부와 흡연·음주 등에 대한 평가 결과 우량체로 분류되는 경우 보험료 할인혜택이 부여된다.

> **오답분석**　① 보험료 할증은 표준미달체의 위험 수준이 시간 흐름에 따라 증가하는 체증성의 경우와 일정한 상태를 유지하는 항상성의 경우에 주로 적용된다.
> ② 보험금 삭감은 보험가입 후 시간 흐름에 따라 위험 수준이 감소하는 체감성 위험에 대해 적용하며 보험가입 후 일정기간 내 보험사고 발생 시 미리 정해진 비율로 보험금을 감액하여 지급한다.
> ③ 부담보는 보험 가입 기간 중 특정 신체 부위 및 특정 질환에 대해 일정 기간 또는 전 기간 동안 질병으로 인한 수술 및 입원 등의 각종 보장을 제외하는 조건부 계약의 형태이다.
>
> 　　정답 : ④

21 클레임 업무에 관한 〈보기〉의 내용 중 옳은 것을 모두 고른 것은?

〈 보 기 〉
ㄱ) 클레임은 보험가입 청약에서 보험금 지급까지의 일련의 업무를 의미한다.
ㄴ) 클레임은 발생 원인이 사고 혹은 질병인지에 따라 상해와 질병으로 구분할 수 있다.
ㄷ) 선의의 가입자를 보호하고 보험경영의 건전성을 도모하기 위해 클레임 업무의 전문성이 요구된다.
ㄹ) 클레임 업무 담당자는 조사 기법을 터득하고 법률 지식과 의학 지식을 갖추어야 한다.

① (ㄱ), (ㄴ)　　　　　　　　　　　② (ㄱ), (ㄹ)
③ (ㄴ), (ㄷ)　　　　　　　　　　　④ (ㄷ), (ㄹ)

> **해설**　선의의 가입자를 보호하고 보험경영의 건전성을 도모하기 위해서는 보험계약 체결단계의 언더라이팅업무와 함께 보험금지급 단계의 클레임 업무 또한 매우 중요하며, 업무의 전문성이 요구된다. 이를 위해 클레임 업무 담당자에게는 아래와 같은 요건들이 요구된다.
>
> > □ 조사 경험 및 조사 기법 : 사고조사 및 현장조사 등 다양한 조사 업무를 경험해야 하며 이를 통한 조사 기법을 터득하고 현실적으로 적용할 수 있어야 한다.
> > □ 법률 지식 : 보험관련 법규와 약관을 올바르게 해석하고 적용할 수 있어야 한다. 적절한 클레임 심사를 위해서는 보험관련 법률지식을 숙지하고 해당 보험 사고와 관련된 약관 및 법규정을 조사업무에 적용할 수 있어야 하며 이를 통해 법원 소송 및 민원발생에도 효율적으로 대응할 수 있다.
> > □ 의학 지식 : 사고 및 현장 조사와 관련하여 의사와 면담이 필요할 경우 해당 건과 관련된 중요한 질문을 통해 업무처리에 필요한 답변을 얻어낼 수 있으며, 보험계약자 또는 피보험자가 계약 전 알릴 의무 위반 시 인과관계 여부 판단 및 각종 검사결과를 통한 환자의 이상 여부를 파악할 수 있다.

㉠ 클레임(Claim)이란 보험금 청구에서 지급까지 일련의 업무를 뜻하며 보험금 청구 접수, 사고조사, 조사건심사, 수익자 확정, 보험금 지급 등의 업무가 포함된다.

㉡ 클레임은 보험사고의 분류와 동일하게 생존, 사망, 장해, 진단, 수술, 입원, 통원 등으로 구분할 수 있으며, 발생 원인이 사고 혹은 질병인지에 따라 재해와 질병으로 구분할 수 있다.

정답 : ④

22 생명보험에 대하여 세제혜택을 부여하는 목적으로 옳지 않은 것은?

① 경제개발에 필요한 산업자금의 조달 및 경제활성화 촉진
② 생명보험 가입 확대를 통한 국민의 안정적인 경제생활 지원
③ 사회보장 기능의 강화를 통한 국민 개개인의 미래보장 보완
④ 수익성이 낮은 저축과 안정성이 낮은 주식투자의 보험 전환 유도

해설 국가가 국민의 생활 및 경제적 안정성을 보장할 수 있는 수준에는 한계가 있으며, 이러한 한계를 보험을 통해 보완할 수 있다. 따라서 민영보험의 육성과 발전을 통한 위험 및 사회보장 기능 강화와 국민 개인의 3층 보장(사회보장, 기업보장, 개인보장) 완성에 기반한 복지국가 실현 및 경제개발에 필요한 산업자금 조달을 위한 저축 유인책 기능을 수행하기위해 생명보험에 대한 세제혜택을 도입하였다.

④ 보험가입을 활성화하려는 이유가 저축이나 투자를 대체하기 위한 목적은 아니다. 안정성이 높은 저축과 수익성이 높은 주식투자도 함께 활성화되어야 할 필요가 있기 때문에 정부는 저축상품이나 주식투자의 양도소득에 대해서도 세제상 혜택을 부여해 왔다.

오답분석 ① 대부분의 생명보험계약은 만기가 10년 이상으로 적립금 자산을 활용해 장기간에 걸쳐 안정적으로 유가증권 투자 및 대출 운용이 가능하다. 따라서 △사회간접자본 및 국가경제발전에 필요한 산업자금 지원역할 수행, △투자확대를 통한 경제활성화, △일자리 창출 등 국가경제발전에 필요한 역할을 수행할 수 있다. 그러므로 생명보험에 대한 세제혜택을 통해 생명보험 가입을 활성화할 필요가 있다.

③ 국가에서 책임지고 시행하고 있는 사회보장제도는 국민 개개인의 다양한 위험 보장을 감당하기에 재정적 한계 등 현실적 어려움이 존재하기 때문에 보험의 순기능을 활용하여 이를 보완하고 있다. 이에 따라 국가는 국민 개개인의 미래보장을 보완하기 위한 수단 중 하나로써 생명보험의 긍정적 기능을 인정하여 다양한 세제혜택을 부여하고 있다.

정답 : ④

23 보장성보험에 대한 설명으로 옳지 않은 것은? (2018 기출)

① 만기 시 환급되는 금액이 없거나 이미 납입한 보험료보다 적거나 같다.
② 주계약뿐만 아니라 특약으로 가입한 보장성보험도 세액공제를 받을 수 있다.
③ 보장성 보험료를 산출할 때에 예정이율, 예정위험률, 예정사업비율이 필요하다.
④ 근로소득자와 사업소득자는 연간 납입보험료의 일정액을 세액공제 받을 수 있다.

해설 근로소득자(일용근로자 제외)가 보장성보험에 가입한 경우 납입한 보험료(연간 100만원 한도)의 12%(장애인전용보험은 15%)에 해당하는 금액을 해당 과세기간의 종합소득산출세액에서 공제해 준다. 보장성보험 세액공제의 대상자는 근로소득자이며 사업소득자, 연금소득자, 일용근로자 등은 제외된다.

오답분석 ① 보장성보험은 주로 사망, 질병, 재해 등 각종 위험보장에 중점을 둔 보험으로, 생존 시 지급되는 보험금의 합계액이 이미 납입한 보험료를 초과하지 않는다. 반면, 저축성보험은 생존 시 지급되는 보험금의 합계액이 이미 납입한 보험료를 초과하는 보험이다.
② 세액공제 대상 보험계약은 보험계약 또는 보험료 납입 영수증에 보장성보험으로 표시된 보험을 대상으로 한다. 따라서 주계약뿐만 아니라 특약으로 가입한 보장성보험도 세액공제를 받을 수 있다.
③ 보험료 계산의 방식 중 3이원방식은 보험료는 수지상등의 원칙에 의거하여 예정사망률(예정위험률), 예정이율, 예정사업비율의 3대 예정률을 기초로 계산한다. 그리고 현금흐름방식은 기존의 3이원방식 가격요소와 함께 계약유지율, 판매량, 투자수익률 등 다양한 가격요소를 반영하여 보험료를 산출하는 방식이다. 따라서 보장성 보험료를 산출할 때에 예정이율, 예정위험률, 예정사업비율이 필요하다.

정답 : ④

24 보험계약의 세제와 관련한 내용으로 옳지 않은 것은?

① 일용근로자를 제외한 근로소득자가 기본공제대상자를 피보험자로 하는 일반 보장성보험에 가입한 경우 과세 기간에 납입한 보험료(100만원 한도)의 12%에 해당되는 금액을 종합소득산출세액에서 공제받을 수 있다.
② 근로소득자가 기본공제대상자 중 장애인을 피보험자 또는 수익자로 하는 장애인전용보험(보험계약 또는 보험료 납입영수증에 장애인전용보험으로 표시) 및 장애인전용보험전환특약을 부가한 보장성보험의 경우 과세기간 납입 보험료(1년 100만원 한도)의 15%에 해당되는 금액을 종합소득산출세액에서 공제받을 수 있다.
③ 자영업을 영위하는 사람(장애인)이 본인 명의로 보장성보험에 가입한 경우 자영업자를 근로소득자와 동등하게 취급하여 세액공제 대상에 포함한다.
④ 종합소득자가 과세기간 중 연금저축계좌에 납입한 금액(600만원 한도)의 12%를 세액공제한다.

해설 일용근로자를 제외한 근로소득자가 기본공제대상자를 피보험자로 하는 일반 보장성보험에 가입한 경우 과세 기간에 납입한 보험료(100만원 한도)의 12%에 해당되는 금액을 종합소득산출세액에서 공제받을 수 있다. 근로소득자란 사장·임원·직원 등이며, 개인사업자에게 고용된 직원이 근로소득자일 경우에는 세액공제가 가능하다. 하지만 일용근로자는 근로소득자의 범위에서 제외된다.
③ 보장성보험료에 대하여 자영업을 영위하는 사람(장애인)이 본인 명의로 보장성보험에 가입한 경우 자영업자는 근로 소득자에 해당하지 않으므로 세액공제 대상에서 제외한다.

④ 종합소득자가 과세기간 중 연금저축계좌에 납입한 금액(600만원 한도)의 12%에 대하여 세액공제를 한다. 단, 종합소득금액 4천 500만원 이하(근로소득만 있는 경우 총급여액 5천 500만원 이하)인 거주자는 15%를 해당 과세기간종합소득산출세액에서 공제한다. 연금계좌 세액공제 납입한도 및 공제율은 다음과 같다.

종합소득금액 (근로소득만 있는 경우 총급여액)	세액공제 대상 납입한도(퇴직연금 합산 시)		공제율 (지방소득세 미포함)
4천 500만 원 이하 (5천 500만 원 이하)	연간 600만 원(900만 원)		15%
4천 500만 원 초과 (5천 500만 원 초과)			15%

정답 : ③

25 〈보기〉에서 월적립식 저축성보험의 보험차익 비과세 요건에 대한 설명으로 옳은 것은 모두 몇 개인가? (2022 기출)

―――――――――〈 보 기 〉―――――――――

㉠ 최초 납입일로부터 납입기간이 5년 이상인 월적립식 보험계약

㉡ 최초로 보험료를 납입한 날부터 만기일 또는 중도해지일까지의 기간이 10년 이상

㉢ 2017년 4월 1일 이후 가입한 보험계약에 한하여 보험계약자 1명당 매월 납입하는 보험료 합계액이 250만 원 이하

㉣ 최초 납입일로부터 매월 납입하는 기본보험료가 균등(최초 계약 기본보험료의 1배 이내로 기본보험료를 증액하는 경우 포함)하고 기본보험료의 선납기간이 6개월 이내

① 1개　　　　　　　　　　　　　② 2개
③ 3개　　　　　　　　　　　　　④ 4개

(월적립식 저축성 보험) 최초 보험료 납입 시점부터 만기일 또는 중도해지일까지 기간이 10년 이상으로 아래 각 요건을 모두 충족하는 계약에 대해 보험차익을 비과세한다.

• 최초 납입일로부터 납입기간이 5년 이상인 월적립식 보험계약
• 최초 납입일로부터 매월 납입 기본보험료가 균등(최초 계약 기본보험료의 1배 이내로 기본보험료를 증액하는 경우 포함)하고 기본보험료 선납기간이 6개월 이내
• 계약자 1명당 매월 납입 보험료 합계액이 150만원 이하('17년 4월 1일부터 가입한 보험계약에 한해 적용)

정답 : ③

제3장 보험윤리와 소비자보호

Step 1 개념어 Quiz

1 보험계약을 악용하여 보험 원리상 지급받을 수 없는 보험금을 수령하거나 실제 손해액 대비 많은 보험금을 청구하는 행위 또는 보험 가입 시 실제 위험수준 대비 낮은 보험료를 납입할 목적으로 행하는 일체의 불법행위는?

1. 보험사기

2 경우에 따라서 보험범죄로 규정하기는 어려우나, 보험사고의 발생가능성을 높이거나 손해를 증대시킬 수 있는 보험계약자 또는 피보험자의 고의 또는 불성실에 의한 행동을 무엇이라고 하는가?

2. 도덕적 해이

3 소비자를 대상으로 보험상품을 판매하는 행위로 보험회사와 보험에 가입하려는 소비자 사이에서 보험계약의 체결을 중개·대리하는 것은?

3. 보험모집

4 보험금 수령을 위해서는 본인이 직접 보험금을 청구해야 하지만 본인이 의식불명상태 등 스스로 보험금 청구가 현실적으로 어려운 상황이 발생할 경우를 방지하고자 보험금 청구를 대리할 사람을 미리 정해두도록 하는 제도는?

4. 보험금 대리청구인 지정제도

Step 2 초성 Quiz

1 국내 보험업계는 2018년 6월 보험회사 영업행위 ⓞⓡⓙⓒ을 제정하고 보험소비자의 권익제고를 위한 기본지침으로 활용하고 있다.

1. 윤리준칙

2 보험회사 영업행위 윤리준칙상 영업활동 기본원칙에는 보험소비자 권익 제고를 위해 ⓢⓞⓢⓢ, 공정한 영업풍토 조성, 보험관계 법규 준수 등 보험상품 판매 과정에서 준수해야 할 기본 원칙이 포함되어 있다.

2. 신의성실

3 보험회사는 보험소비자의 권익 침해를 방지하기 위해 평가 및 보상체계에 판매실적 외 불완전판매건수, 고객수익률, 소비자만족도, 계약관련 서류 충실성 등 판매관련 요소들을 충분히 반영하여 보상체계의 ⓙⓙⓢ을 제고하여야 한다.

3. 적정성

4 보험회사 및 보험모집자는 보험소비자의 연령, 보험가입목적, 보험상품 가입경험 및 이해수준 등에 대한 충분한 정보를 파악하고, 보험상품에 대한 합리적 정보를 제공함으로써 ⓑⓞⓙⓟⓜ가 발생하지 않도록 노력해야 한다.

4. 불완전판매

5. 불균형	**5** 보험회사는 충실한 설명의무 이행, 계약체결 및 유지단계에서 필요한 정보 제공 등을 통하여 보험소비자와의 정보 ⃞ㅂㄱㅎ⃞을 해소하여야 한다.
6. 분기별	**6** 보험회사는 1년 이상 유지된 계약에 대해 보험계약관리내용을 연 1회 이상 보험소비자에게 제공해야 하며, 변액보험에 대해서는 ⃞ㅂㄱㅂ⃞ 1회 이상 제공해야 한다.
7. 의무보험	**7** 보험회사는 미가입 시 과태료 부과 등 행정조치가 취해지는 ⃞ㅇㅁㅂㅎ⃞에 대해서는 보험기간이 만료되기 일정 기간 이전에 보험만기 도래 사실 및 계약 갱신 절차 등을 보험소비자에게 안내해야 한다.
8. 의사	**8** 보험회사는 보험소비자 등에게 '금융소비자의 ⃞ㅇㅅ⃞'에 반하여 보험계약 체결을 강요하여서는 안 된다.
9. 환수	**9** 보험소비자들이 판매담당 직원의 불건전영업행위, 불완전판매 등으로 금융거래를 철회·해지하는 경우 보험회사는 판매담당 직원에게 이미 제공된 금전적 보상을 ⃞ㅎㅅ⃞할 수 있으며, 이를 위해 보상의 일정부분은 소비자에게 상품 및 서비스가 제공되는 기간에 걸쳐 분할 또는 연기하여 제공할 수 있다.
10. 연성사기(Soft fraud)	**10** 보험사기 중 ⃞ㅇㅅㅅㄱ⃞는 우연히 발생한 보험사고의 피해를 부풀려 실제 발생한 손해 이상의 과다한 보험금을 청구하는 행위이고, 경성사기(Hard fraud)는 보험계약에서 담보하는 재해, 상해, 도난, 방화, 기타의 손실을 의도적으로 각색 또는 조작하는 행위이다.
11. 역선택	**11** 보험계약에 있어 ⃞ㅇㅅㅌ⃞이란 특정군의 특성에 기초하여 계산된 위험보다 높은 위험을 가진 집단이 동일 위험군으로 분류되어 보험계약을 체결함으로써 그 동일 위험군의 사고발생률을 증가시키는 현상이다.
12. 사기적	**12** 보험범죄의 유형 중 보험계약자가 보험계약 시 자신의 건강·직업 등의 정보를 허위로 알리거나 타인에게 자신을 대신해 건강진단을 받게 하는 행위 등을 통해 중요한 사실을 숨기는 행위는 ⃞ㅅㄱㅈ⃞ 보험계약 체결에 해당한다.
13. 보험사기방지	**13** 2016년 「⃞ㅂㅎㅅㄱㅂㅈ⃞ 특별법」을 제정, 보험사기행위에 대한 정의 및 처벌 강화 등을 통해 보험범죄에 대한 사회적 경각심을 제고하고 실질적인 보험범죄 예방에 기여할 수 있는 제도적 기반이 마련되었다.
14. 경유	**14** 보험회사는 보험모집자 본인이 모집한 계약을 타인의 명의로 처리하는 ⃞ㄱㅇ⃞계약을 하지 못하도록 하여야 한다.
15. 허위사실	**15** 보험회사는 보험모집자가 다른 회사를 모함하거나 ⃞ㅎㅇㅅㅅ⃞을 유포하는 행위를 하지 못하도록 하여야 하며, 회사 또한 동일한 행위를 하여서는 아니된다.

16 '금융소비자 보호에 관한 법률' 상 금융상품판매업자는 일반금융소비자에게 계약 체결을 권유하는 경우 및 일반금융소비자가 요청하는 경우 금융상품에 관한 중요한 사항을 이해할 수 있도록 ⬚⬚하여야 한다.

16. 설명

17 금융상품판매업자 등은 설명에 필요한 ⬚⬚⬚를 일반금융소비자에게 제공하여야 한다.

17. 설명서

18 금융상품판매업자 등은 설명한 내용을 일반금융소비자가 이해하였음을 ⬚⬚, 기명날인, 녹취 또는 그 밖에 대통령령으로 정하는 방법으로 확인을 받아야 한다.

18. 서명

19 '금융소비자 보호에 관한 법률' 상 설명의무에 따라 금융상품판매업자 등은 일반금융소비자에게 투자성 상품에 대하여 상품의 내용은 물론 투자에 따른 ⬚⬚ 등을 설명하여야 한다.

19. 위험

20 보험금 지급정지, 보험회사의 인가취소·해산·파산·제3자 계약이전 시 계약이전에서 제외된 경우에 보험계약자 등은 「예금자보호법」에 따라 ⬚⬚⬚⬚⬚⬚로부터 보험금을 지급받을 수 있다.

20. 예금보험공사

21 분쟁조정 신청일 이후 30일 이내로 합의가 이루어지지 않는 경우 금융감독원장은 지체없이 이를 ⬚⬚⬚⬚⬚⬚위원회로 회부해야 한다.

21. 금융분쟁조정

22 금융분쟁조정위원회는 조정 회부로부터 ⬚⬚일 이내에 이를 심의하여 조정안을 마련해야 하며 금융감독원장은 신청인과 관계당사자에게 이를 제시하고 수락을 권고할 수 있다.

22. 60

23 금융분쟁조정위원회의 조정안을 관계당사자가 수락한 경우 해당 조정안은 ⬚⬚⬚ ⬚⬚와 동일한 효력을 갖는다.

23. 재판상 화해

24 보험계약자와 피보험자, 그리고 보험수익자가 동일한 본인을 위한 보험상품 가입 시 보험금을 수령하기 위해서는 ⬚⬚이 보험금을 청구해야 한다.

24. 본인

25 본인이 스스로 직접 보험금 청구가 현실적으로 어려운 상황이 발생할 수 있으므로 보험금 ⬚⬚⬚⬚⬚을 미리 지정해두어 계약자를 대신하여 보험금을 청구할 수 있다.

25. 대리청구인

26 생명보험업계는 보험소비자 보호 및 보험업 이미지 제고를 위해 2005년 「생명보험광고·선전에 관한 규정」을 제정하고 생명보험 광고에 대한 ⬚⬚제도를 운영하고 있다.

26. 심의

27. 한국언론진흥재단

27 우체국보험을 포함한 우정사업본부의 광고는 정부광고 업무를 수탁한 ⬚ㅎㄱㅇㄹㅈㅎㅈㄷ의 정부광고통합시스템에 의뢰하며 해당 시스템을 통해 소요경비를 지출한다.

28. 보험민원

28 불완전판매, 부당행위, 보험금지급, 계약인수 등과 관련하여 고객이 보험회사에 대한 이의신청·진정·건의·질의 및 기타 특정한 행위를 요하는 의사표시를 ⬚ㅂㅎㅁㅇ이라고 한다.

1 보험회사는 윤리준칙 준수 여부에 대한 주기적 점검 및 위법·부당행위 내부 신고제도 운영 등을 통해 영업행위에 대한 외부통제를 강화하였다.　　　　○ | ✕

2 보험회사 영업행위 윤리준칙을 통해 독립적이고 공정한 민원처리를 위한 민원관리 시스템 구축, 분쟁방지 및 효율적 처리방안 마련 등 합리적 분쟁해결 프로세스를 구축하였다.　　　　○ | ✕

3 보험소비자에게 보다 양질의 서비스를 이용할 수 있도록 도움을 주기 위하여 기존 가입 상품을 해지하고 새로운 보험상품에 가입할 것을 적극 권유하여야 한다.　　　　○ | ✕

4 경미한 질병·상해에도 장기간 입원하는 행위, 보험료 절감을 위해 보험가입 시 보험회사에 허위 정보를 제공(고지의무 위반)하는 행위 등은 경성사기에 해당한다.　　　　○ | ✕

5 내적 도덕적 해이는 피보험자와 관계있는 의사, 병원, 변호사 등이 간접적으로 보험을 악용·남용하는 행위에 의해 위험을 야기하는 것이다.　　　　○ | ✕

6 보험사고를 조작하여 병원 또는 의원으로부터 허위진단서를 발급받아 보험금을 청구하는 행위는 보험금 과다청구의 사례이다.　　　　○ | ✕

7 보험설계사, 보험대리점, 보험중개사, 보험회사의 임직원은 보험모집을 할 수 있지만 대표이사, 사외이사, 감사 및 감사위원은 보험모집을 할 수 없다.　　　　○ | ✕

8 전화·우편·컴퓨터통신 등 통신수단을 이용하여 모집을 하는 자는 보험업법 상 보험모집을 할 수 있는 자이어야 하며, 사전에 통신수단을 이용한 모집에 동의한 자를 대상으로 해야 한다.　　　　○ | ✕

1. 외부통제 → 내부통제

3. 새로운 보험상품을 판매하기 위해 보험소비자가 가입한 기존 상품을 해지하도록 유도하는 행위를 부당한 영업행위로 보아 이를 금지한다.

4. 경성사기 → 연성사기, 경성사기의 유형으로는 피보험자의 신체에 상해를 입히거나 방화·살인 등 피보험자를 해치는 행위 또는 생존자를 사망한 것으로 위장함으로써 보험금을 받으려는 행위 등이 포함된다.

5. 내적 도덕적 해이 → 외적 도덕적 해이, 내적 도덕적 해이는 보험계약자 또는 피보험자가 직접적으로 보험제도를 악용·남용하는 행위에 의해 야기된다.

6. 보험사고 위장 또는 허위사고에 해당한다. 보험금 과다청구는 일반질병을 특정질병으로 허위진단서를 발급받아 보험금을 과다 청구하거나, 정상적 사회활동을 하였음에도 입원한 것처럼 진단서를 발급받는 등의 행위이다.

9. 통신수단을 이용해 보험계약을 청약한 경우 청약의 내용 확인 및 정정, 청약 철회 및 계약 해지도 통신수단을 이용할 수 있도록 해야 하며, 계약을 해지하고자 하는 경우에는 보험계약자가 계약을 해지하기 전에 안전성 및 신뢰성이 확보되는 방법을 이용하여 보험계약자 본임임을 확인받은 경우로 한정한다.

12. 금융소비자로부터 계약의 체결권유를 해줄 것을 요청받지 아니하고 방문·전화 등 실시간 대화의 방법을 이용하는 행위도 '부당권유행위'로 간주되어 금지대상이다.

13. 변액보험계약 주계약 → 변액보험계약 특약 및 최저보증금, 변액보험계약 주계약은 보험계약자 및 보험료납부자가 법인인 보험계약, 보증보험계약, 재보험계약 등과 함께 비보호상품에 속한다.

16. 우체국·새마을금고 등 공제보험의 가입내역은 조회할 수 없으며, 우체국보험의 경우 우체국보험 홈페이지의 보험간편서비스를 통해 확인할 수 있다.

9 통신수단을 이용해 보험계약을 청약한 경우라 할지라도 청약의 내용 확인 및 정정, 청약 철회 및 계약 해지는 보험회사 영업점을 방문하여야 한다. O|×

10 금융상품판매업자 등은 설명의무에 따라 대출성 상품인 경우 금리 및 변동 여부, 중도상환수수료 부과 여부, 상환방법에 따른 상환금액·이자율·시기, 저당권 등 담보권 설정에 관한 사항 등을 설명하여야 한다. O|×

11 금융상품판매업자 등은 보장성 상품의 계약 체결을 권유할 때 금융소비자가 중요한 사항을 금융상품직접판매업자에게 알리는 것을 방해하거나 알리지 아니할 것을 권유하는 행위 및 부실하게 알릴 것을 권유하는 행위를 해서는 안된다. O|×

12 금융상품판매업자 등은 투자성 상품의 계약 체결을 권유할 때 금융소비자로부터 계약의 체결권유를 해줄 것에 대한 요청 여부와 상관없이 방문·전화 등 실시간 대화의 방법을 활용할 수 있으나, 계약의 체결권유를 받은 금융소비자가 이를 거부하는 취지의 의사를 표시한 경우에는 계약의 체결권유를 계속해서는 안 된다. O|×

13 예금자보호법에 따른 보호가 가능한 보험계약상품에는 개인이 가입한 보험계약, 퇴직보험, 변액보험계약 주계약, 예금자보호대상 금융상품으로 운용되는 확정기여형 퇴직연금제도 및 개인형 퇴직연금제도의 적립금 등이 있다. O|×

14 예금자보호법에 따라 원본이 보전되는 금전신탁은 예금자보호의 대상이지만, 확정급여형 퇴직연금제도의 적립금은 비보호대상이다. O|×

15 분쟁조정신청을 받은 금융감독원은 분쟁 관계당사자에게 내용을 통지하고 합의를 권고할 수 있다. O|×

16 생명보험협회의 보험가입조회제도를 통해 생명보험, 손해보험, 우체국과 새마을금고 등의 공제보험 가입내역을 확인할 수 있다. O|×

01 보험회사 영업행위 윤리준칙의 내용으로 옳지 <u>않은</u> 것은?

① 공정한 영업풍토를 조성하여 보험소비자의 권익을 제고하여야 한다.

② 평가 및 보상체계에 판매실적, 고객수익률 등을 반영하되 불완전판매 건수는 고려하지 않는다.

③ 윤리준칙의 준수를 위해 주기적인 점검은 물론 내부 신고제도를 운영하여야 한다.

④ 보험소비자에게 충실한 설명의무를 이행함으로써 정보 불균형 문제를 해소하여야 한다.

해설 국내 보험업계는 2018년 6월 '보험회사 영업행위 윤리준칙'을 제정하여 보험소비자의 권익을 제고하기 위한 기본 지침으로 활용하고 있다. '보험회사 영업행위 윤리준칙'의 주요 내용은 다음과 같다.

- 영업활동 기본원칙 : 보험소비자 권익 제고를 위해 신의성실, 공정한 영업풍토 조성, 보험관계 법규 준수 등 보험상품 판매 과정에서 준수해야 할 기본 원칙
- 판매관련 보상체계의 적정성 제고 : 보험소비자의 권익 침해를 방지하기 위해 평가 및 보상체계에 판매실적 외 불완 전판매건수, 고객수익률, 소비자만족도, 계약관련 서류 충실성 등 관련 요소들을 충분히 반영하여 운영
- 영업행위 내부통제 강화 : 윤리준칙 준수 여부에 대한 주기적 점검 및 위법·부당행위 내부 신고제도 운영 등
- 보험소비자와의 정보 불균형 해소 : 충실한 설명의무 이행, 계약체결 및 유지단계에서 필요한 정보 제공 등
- 합리적 분쟁해결 프로세스 구축 : 독립적이고 공정한 민원처리를 위한 민원관리 시스템 구축, 분쟁방지 및 효율적 처리방안 마련 등

② 보험소비자의 권익 침해를 방지하기 위해 평가 및 보상체계에 판매실적 외에도 불완전판매 건수, 고객수익률, 소비자만족도, 계약관련 서류 충실성 등 관련 요소들을 충분히 반영하여 운영하는 등 판매 관련 보상체계의 적정성을 제고하여야 한다.

오답분석 ① 보험상품 판매 과정에서 준수해야 할 영업활동의 기본 원칙으로 보험소비자 권익 제고를 위해 신의성실, 공정한 영업풍토 조성, 보험관계 법규 준수 등을 규정하였다.

③ 영업행위에 대한 내부통제를 강화하기 위하여 윤리준칙 준수 여부에 대한 주기적 점검 및 위법·부당행위 내부 신고 제도를 운영하여야 한다.

④ 충실한 설명의무 이행, 계약체결 및 유지단계에서 필요한 정보 제공 등을 통해 보험소비자와의 정보 불균형을 해소하여야 한다.

정답 : ②

---

02 보험상품 판매 시 부당한 영업행위로서 금지되는 것으로 볼 수 <u>없는</u> 것은?

① 보험소비자의 구매 의사에 반하는 다른 보험상품의 구매 강요

② 새로운 보험상품 판매를 위해 기존 상품에 대한 해지 유도

③ 보험회사로부터 승인받지 않은 보험안내자료의 활용

④ 보험소비자가 보험상품의 중요한 사항을 보험회사에 알리는 행위

보험상품의 판매를 전후하여 보험소비자와의 정보 불균형을 해소하기 위해 신의성실의 원칙을 준수하고 보험소비자에게 적합한 상품을 권유하여야 한다. 또한, 부당한 영업행위를 금지하고 보험상품 권유 시 설명의무를 충실하게 이행하며 보험계약에 대한 유지관리를 강화하여야 한다. 이중 금지되는 부당한 영업행위에는 다음과 같은 내용이 포함된다.

- 보험소비자의 보험가입 니즈와 구매 의사에 반하는 다른 보험상품의 구매를 강요하는 행위를 금지한다.
- 새로운 보험상품을 판매하기 위해 보험소비자가 가입한 기존 상품을 해지하도록 유도하는 행위를 금지한다.
- 보험회사로부터 승인을 받지 않은 보험안내자료나 상품광고 등을 영업에 활용하는 행위를 금지한다.
- 보험소비자에게 객관적이고 올바른 정보를 제공하지 않아 보험소비자가 합리적인 선택을 불가능하게 하는 행위를 금지한다.
- 보험회사의 대출, 용역 등 서비스 제공과 관련하여 보험소비자의 의사에 반하는 보험상품의 구매를 강요하는 행위를 금지한다.
- 보험소비자가 보험상품의 중요한 사항을 보험회사에 알리는 것을 방해하거나 알리지 아니할 것을 권유하는 행위를 금지한다.
- 실제 명의인이 아닌 자의 보험계약을 모집하거나 실제 명의인의 동의가 없는 보험계약을 모집하는 행위를 금지한다.
- 보험소비자의 자필서명을 받지 아니하고 서명을 대신하는 행위를 금지한다.

④ 보험소비자가 보험상품의 중요한 사항을 보험회사에 알리는 것을 방해하거나 알리지 아니할 것을 권유하는 행위가 금지되는 것이므로 보험소비자가 보험상품의 중요한 사항을 보험회사에 알리는 행위가 금지되는 것은 아니다.

정답 : ④

03 보험소비자에게 계약의 체결 및 유지 단계에서 제공해야 할 정보에 관한 내용으로 옳은 것은?

① 보험모집자는 보험소비자에게 보험계약의 성립 시에 상품설명서를 제공한다.
② 보험모집자는 보험소비자가 보험안내자료 상의 예상수치를 신뢰할 수 있도록 명확하게 설명해야 한다.
③ 보험회사는 1년 이상 유지된 모든 계약에 대해 보험계약관리 내용을 분기별로 제공해야 한다.
④ 보험회사는 의무보험에 대해 보험소비자에게 보험기간 만료 이전에 만기 도래 사실 및 계약갱신 절차 등을 안내하여야 한다.

보험소비자에게 제공하는 정보는 적정성과 시의성이 확보되어야 한다. 또한, 계약체결 및 유지 단계에서도 정보 제공이 충실하게 이루어져야 한다.
④ 보험회사는 미가입 시 과태료 부과 등 행정조치가 취해지는 의무보험에 대해서는 보험기간이 만료되기 일정 기간 이전에 보험의 만기 도래 사실 및 계약 갱신 절차 등을 보험소비자에게 안내해야 한다.

① 보험모집자는 보험소비자에게 보험계약 체결 권유 단계에 상품설명서를 제공해야 하며, 보험계약 청약 단계에 보험계약청약서 부본 및 보험약관을 제공해야 한다.
② 보험모집자는 보험소비자에게 제공하는 보험안내자료 상의 예상수치는 실제 적용되는 이율이나 수익률 등과 다를 수 있다는 점을 분명하게 설명해야 한다.
③ 보험회사는 1년 이상 유지된 계약에 대해 보험계약관리 내용을 연 1회 이상 보험소비자에게 제공해야 하며, 변액보험에 대해서는 분기별 1회 이상 제공해야 한다.

정답 : ④

04 보험상품의 모집질서를 개선하기 위한 노력으로 보기 어려운 것은?

① 보험회사는 보험모집자의 모집관리지표를 측정하고 관리하여야 한다.

② 보험모집자는 위탁계약서에 명시된 것 이외의 항목에 대해 부당한 요구를 하지 않아야 한다.

③ 보험회사는 어떠한 경우에도 보험모집자에게 지급된 수수료를 환수해서는 안 된다.

④ 보험회사는 협회에서 시행하는 우수인증설계사에 대한 우대방안을 마련하여야 한다.

> **해설** 보험회사는 완전판매 문화의 정착 및 보험시장의 건전한 질서를 확립하기 위하여 노력해야 하며 보험모집자의 전문성을 제고하여야 한다. 또한, 보험회사와 보험모집자는 불공정행위를 하지 않도록 노력하여야 한다.
> ③ 보험회사는 정당한 사유 없이 보험모집자에게 지급되어야 할 수수료의 일부 또는 전부를 지급하지 않거나 지급을 지연해서는 안 된다. 또한, 기지급된 수수료에 대해 정당한 사유 없이 환수해서는 안 된다. 따라서 정당한 사유가 있을 경우에는 기지급된 수수료라 할지라도 환수가 가능하다. 보험소비자들이 판매담당 직원의 불건전영업행위, 불완전판매 등으로 금융거래를 철회·해지하는 경우 보험회사는 판매담당 직원에게 이미 제공된 금전적 보상을 환수할 수 있다.
>
> **오답분석** ① 보험회사는 보험소비자 보호 강화를 위해 완전판매 문화가 정착되도록 노력해야 하며 보험모집자의 모집관리지표를 측정·관리하고 그 결과에 따라 완전판매 교육체계를 마련해야 한다.
> ② 보험회사 및 보험모집자는 위탁계약서의 내용을 충실히 이행해야 하며, 위탁계약서에 명시된 것 이외의 항목에 대해서는 부당하게 지원 및 요구를 하지 않아야 한다.
> ④ 보험회사는 협회에서 시행하는 우수인증설계사에 대한 우대방안을 마련하여 불완전판매가 없는 장기근속 우수한 설계사 양성을 도모해야 한다.
>
> 정답 : ③

05 판매담당 직원 등에 대한 보상체계에 관한 내용으로 옳지 않은 것은?

① 보험회사는 평가결과에 실질적인 차별화가 있도록 운영해야 한다.

② 보험회사는 판매담당 직원에 대한 금전적 보상의 일정 부분은 분할하여 제공할 수 없다.

③ 보험회사의 관련 부서는 판매담당 직원에 대한 정보를 수집하여 공유하여야 한다.

④ 보험회사는 특정 보험상품에 대한 판매 목표량 등에 대해 정기적으로 협의하여야 한다.

> **해설** 보험회사는 보험상품을 판매하는 과정에서 판매담당 직원과 보험소비자의 이해상충이 발생하지 않도록 판매담당 직원 및 단위조직(보험설계사와 보험대리점은 '판매담당 직원 등'에서 제외)에 대한 평가 및 보상체계를 설계해야 한다.
> ② 보험소비자들이 판매담당 직원의 불건전영업행위, 불완전판매 등으로 금융거래를 철회·해지하는 경우 보험회사는 판매담당 직원에게 이미 제공된 금전적 보상을 환수할 수 있으며, 이를 위해 보상의 일정부분은 소비자에게 상품 및 서비스가 제공되는 기간에 걸쳐 분할 또는 연기하여 제공할 수 있다.

① 보험회사는 판매담당 직원 등에 대한 평가 및 보상체계에 판매실적 이외에도 불완전판매건수, 고객수익률, 소비자만족도 조사결과, 계약관련 서류의 충실성, 판매프로세스 적정성 점검결과 등 관련 요소들을 충분히 반영하여 평가결과에 실질적인 차별화가 있도록 운영해야 한다. 다만, 구체적인 반영항목 및 기준은 각 보험회사가 합리적으로 마련하여 운영할 수 있다.
③ 판매담당 직원 등에 대한 성과·보상 체계 설정 부서, 성과평가 부서, 상품개발·영업 관련 부서, 준법감시 부서 등이 불완전판매 등 관련 정보를 수집·공유하도록 한다.
④ 특정 보험상품에 대한 판매 목표량과 판매실적 가중치 부여의 적정 여부, 부가상품 판매에 따른 불완전판매 발생 사례 및 발생 가능성 등에 대해 정기적으로 협의·검토해야 한다.

정답 : ②

06 보험회사의 영업행위 시 분쟁 방지 및 민원 처리에 대한 설명으로 옳지 <u>못한</u> 것은?

① 보험회사는 보험상품 판매 과정에서 불완전판매가 발생하지 않도록 지속적으로 관리해야 한다.
② 보험회사는 보험소비자가 민원을 One-Stop으로 처리할 수 있도록 전산화된 시스템을 구축해야 한다.
③ 보험회사는 민원관리시스템을 통한 민원처리 시 접수사실 및 사실관계 조사현황 등을 보험소비자에게 고지해야 한다.
④ 보험회사는 분쟁 발생 시 보험소비자에게 분쟁 해결에 관한 내부 절차를 알려야 하지만, 제3자를 통한 분쟁해결 방법까지 안내할 의무는 없다.

해설 보험회사는 분쟁 발생 시 보험소비자에게 분쟁 해결에 관한 내부 절차를 알려야 한다. 그리고 보험소비자가 분쟁 처리 결과에 대해 이의를 제기하는 방법과 객관적인 제3자를 통한 분쟁해결 방법에 대해서도 안내해야 한다.

① 보험회사는 보험상품 판매 과정에서 불완전판매가 발생하지 않도록 보험소비자보호 관점에서 지속적으로 관리해야 한다.
② 보험회사는 보험소비자가 다양한 민원접수 채널을 통해 민원을 제기할 수 있도록 해야 하고, 해당 민원을 One-Stop으로 처리할 수 있도록 전산화된 시스템을 구축해야 한다.
③ 보험회사는 민원관리시스템을 통한 민원처리 시 접수사실 및 사실관계 조사현황 등을 보험소비자에게 고지해야 하며, 민원인의 의견을 검토하여 민원예방에 노력해야 한다.

정답 : ④

07 보험사기에 대한 내용으로 옳지 <u>않은</u> 것은?

① 경미한 질병·상해에도 장기간 입원하는 행위, 보험료 절감을 위해 보험가입 시 보험회사에 허위 정보를 제공(고지의무 위반)하는 행위 등은 연성 사기에 해당한다.
② 특정군의 특성에 기초하여 계산된 위험보다 높은 위험을 가진 집단이 동일 위험군으로 분류되어 보험계약을 체결함으로써 그 동일 위험군의 사고발생률을 증가시키는 현상을 역선택이라고 한다.
③ 보험범죄의 유형에는 사기적 보험계약의 체결, 보험사고 위장 또는 허위사고, 보험금 과다청구, 고의적인 보험사고의 유발 등이 있다.
④ 도덕적 해이 중 피보험자와 관계있는 의사, 병원, 변호사 등이 간접적으로 보험을 악용·남용하는 행위에 의해 위험을 야기하는 것은 내적 도덕적 해이에 해당한다.

08 다음 글은 생명보험의 역선택에 대한 설명이다. ㉠~㉢에 들어갈 용어로 옳은 것은? (2014 기출)

보험계약의 승낙 여부를 결정하는 것을 (㉠)이라 한다. 이는 (㉡)가 행하는 것인데 반해 보험금 지급사유 발생확률이 높은 위험을 갖고 있는 사람이 자진하여 보험금 수령을 목적으로 가입함으로써 (㉢)가 불리해지는 경우를 역선택이라고 한다.

	㉠	㉡	㉢
①	보험청약	보험계약자	보험계약자
②	보험청약	피보험자	보험수익자
③	계약선택	체신관서	체신관서
④	계약선택	보험계약자	체신관서

09 보험사기의 특성에 대한 설명으로 가장 옳은 것은?

① 관련 범죄 또는 후속 범죄가 유발될 우려가 낮다.
② 다른 범죄에 비해 비교적 입증이 용이하다.
③ 범죄의 수법이 단순화되는 경향이 있다.
④ 조직적·계획적 보험사기가 증가하는 추세이다.

보험계약을 악용하여 보험 원리상 지급받을 수 없는 보험금을 수령하거나 실제 손해액 대비 많은 보험금을 청구하는 행위 또는 보험 가입 시 실제 위험수준 대비 낮은 보험료를 납입할 목적으로 행하는 일체의 불법행위를 보험사기라고 한다. 보험사기는 관련 범죄 및 후속 범죄를 유발할 우려가 높고 비교적 범죄입증이 어려우며 수법이 다양화·지능화·조직화되고 있다는 특성이 있다.
④ 최근 개인의 단독 범행뿐 아니라 가족, 조직폭력배, 전문 브로커 등에 의한 조직적·계획적 보험사기가 증가하고 있는 추세이다.

① 보험금을 부정적으로 편취하기 위해 피보험자인 가족 또는 제3자를 해하거나 살해하는 경우 또는 진단서 등의 문서 위조, 건물 방화 등 다른 범죄가 함께 발생하는 경우가 많다.
② 보험범죄가 성립되기 위해서는 고액의 보험금을 편취하기 위해 다수의 보험에 계약한 사실이나 보험사고가 고의·허위에 의한 것임을 입증해야 하나, 보험사고의 과실이나 고의를 구분하는 것이 어렵다. 특히 생명보험의 경우 사고 발생 후 상당기간이 경과한 후 보험금을 청구하는 경우가 많아 입증이 더욱 어려울 수 있다.
③ 보험사기 조사 등 보험회사의 보험범죄 대처가 강화되면서 보험사고를 고의로 일으키거나 보험금 편취 목적의 보험가입 사실을 숨기기 위해 치밀하고 다양한 형태의 수법이 사용되고 있다.

정답 : ④

10 보험범죄의 유형 중 〈보기〉의 내용과 관련이 있는 것은?

─〈 보 기 〉─

• 고위험군 질병을 진단받은 자가 진단사실을 은폐하였다.
• 이미 사망한 자를 피보험자로 보험에 가입하였다.
• 피보험자가 제3자를 통한 대리진단으로 다수의 보험에 가입하였다.
• 보험사고의 일자 등을 조작·변경하여 보험에 가입하였다.

① 사기적 보험계약의 체결
② 보험사고의 위장
③ 보험금의 과다 청구
④ 고의적인 보험사고의 유발

보험범죄의 유형에는 사기적 보험계약의 체결, 보험사고의 위장 또는 허위사고, 보험금의 과다 청구, 고의적인 보험사고의 유발 등이 있다. 이중 진단사실의 은폐, 대리진단을 통한 보험 가입, 보험사고에 대한 조작·변경, 사망자에 대한 보험가입 등은 사기적 보험계약 체결에 해당한다.

② 보험사고의 위장 또는 허위사고의 사례로는 피보험자가 생존 중임에도 사망보험금 편취를 위해 사망한 것처럼 위장하는 행위, 보험사고를 조작하여 병원 또는 의원으로부터 허위진단서를 발급받아 보험금을 청구하는 행위, 기존다른 사고로 인한 부상을 경미한 사고로 인해 발생한 것처럼 조작하여 보험금을 청구하는 행위 등이 있다.
③ 보험금의 과다 청구 사례로는 보험가입자가 피보험자와 병원에 내원하여 '일반질병'을 보험계약에서 정한 '특정질병'으로 허위진단서를 발급받아 보험금을 과다 청구하는 경우, 병원 입원 기간 동안 외출·외박 등을 통해 정상적인 사회활동을 하였음에도 입원한 것처럼 진단서를 발급받는 행위 등이 있다.
④ 고의적인 보험사고 유발 사례로는 피보험자 본인이 신체 일부를 절단 또는 고층에서 뛰어내리거나 운행 중인 차량에 고의로 충돌하는 행위, 보험수익자가 보험금을 노리고 피보험자의 신체에 고의로 상해를 입히거나 살해하는 행위 등이 있다.

정답 : ①

11 보험사기 방지 활동에 관한 내용으로 옳지 않은 것은?

① 보험협회 등 유관기관은 보험사기 적발 및 예방을 위한 대책과 방지활동을 강화하고 있다.
② 검찰청은 기획수사 및 특별단속을 지속적으로 실시하고 있다.
③ 보험회사에서는 자체적으로 보험심사시스템을 구축하고 보험사기특별조사반을 설치하여 운영한다.
④ 보험모집자는 보험계약 모집 시 보험범죄의 유발 가능성 등을 파악하여야 한다.

경찰청은 기획수사 및 특별단속을 지속적으로 실시하고 있다. 또한 유관기관이 함께 참여하는 '보험범죄전담합동대책반'을 구성·운영하고 있다.

① 보험범죄가 급증함에 따라 정부 및 금융감독원, 보험협회 등 유관기관은 보험사기 적발 및 예방을 위한 대책과 방지 활동을 강화하고 있다.
③ 보험회사에서는 자체적으로 보험심사시스템을 구축하는 등 언더라이팅을 강화하여 역선택을 방지하고 보험사기특별조사반을 설치하여 금융감독원의 보험사기대응단 및 생·손보협회의 보험범죄방지부서와 유기적인 협조체제를 갖추고 보험범죄에 대처하고 있다.
④ 보험설계사 등 보험모집자는 업무특성상 보험계약자 등과 1차적 접점관계에 있으며 보험계약자 또는 피보험자의 건강상태 및 재산상황 등을 가장 먼저 인지할 수 있는 위치에 있어 보험계약 모집이나 보험금지급 신청 시 보험계약자의 보험범죄 유발 가능성 등을 파악하고 모방범죄 등을 예방하기 위한 활동에 참여해야 한다.

정답 : ②

12 보험을 모집할 수 있는 자격이 부여된 보험모집자에 속하지 않는 것은?

① 보험회사의 대표이사
② 보험설계사
③ 보험대리점
④ 보험중개사

「보험업법」상 보험을 모집할 수 있는 자격은 보험설계사, 보험대리점, 보험중개사, 보험회사의 임직원으로 제한된다. 다만, 보험회사의 대표이사, 사외이사, 감사 및 감사위원은 보험모집을 할 수 없다.

정답 : ①

13 「보험업법」에서 보험안내자료에 수록하도록 규정하고 있는 내용에 해당하지 <u>않는</u> 것은?

① 보험약관에서 정하지 않은 보장에 관한 사항
② 보험중개사의 이름·상호나 명칭
③ 보험금 지급제한 조건에 관한 사항
④ 예금자보호와 관련된 사항

해설 「보험업법」 제95조는 보험모집을 위해 사용하는 보험안내자료에 △보험회사의 상호나 명칭 또는 보험설계사, 보험 대리점 또는 보험중개사의 이름·상호나 명칭, △보험 가입에 따른 권리·의무에 관한 주요 사항, △보험약관으로 정하 는 보장에 관한 사항, △보험금 지급제한 조건에 관한 사항, △해약환급금에 관한 사항, △「예금자보호법」에 따른 예 금자보호와 관련된 사항 등을 명백하고 알기 쉽게 적어야 함을 규정하고 있다.

정답 : ①

14 보험모집과 관련한 「보험업법」 상의 준수사항으로 옳은 것은?

① 보험회사는 일반보험계약자가 설명을 거부하더라도 보험계약의 체결 시부터 보험금 지급시까지의 주 요 과정을 반드시 설명하여야 한다.
② 사전 동의 여부와 상관 없이 통신수단을 이용하여 보험을 모집할 수 있다.
③ 이전에 성립된 보험계약을 소멸하고 새로운 보험상품으로 계약을 대체하도록 유도하는 것이 바람직 하다.
④ 보험계약의 체결 또는 모집에 종사하는 자는 모집을 위해 보험료의 대납을 약속할 수 없다.

해설 보험계약의 체결 또는 모집에 종사하는 자는 그 체결 또는 모집과 관련하여 보험계약자나 피보험자에게 금품, 기초 서류에서 정한 사유에 근거하지 아니한 보험료의 할인 또는 수수료의 지급, 기초서류에서 정한 보험금액보다 많은 보험금액의 지급 약속, 보험료 대납, 보험회사로부터 받은 대출금에 대한 이자의 대납, 보험료로 받은 수표 또는 어음 에 대한 이자 상당액의 대납, 「상법」 제682조에 따른 제3자에 대한 청구권대위행사의 포기 등의 특별이익을 제공하 거나 제공하기로 약속하여서는 안 된다.

① 보험회사는 보험계약의 체결 시부터 보험금 지급 시까지의 주요 과정을 대통령령으로 정하는 바에 따라 일반보험계약자에게 설명하여야 한다. 다만, 일반보험계약자가 설명을 거부하는 경우에는 설명하지 않아도 된다.

② 전화·우편·컴퓨터통신 등 통신수단을 이용하여 모집을 하는 자는 보험업법상 보험모집을 할 수 있는 자이어야 하며, 사전에 통신수단을 이용한 모집에 동의한 자를 대상으로 해야 한다.

③ 보험계약자 또는 피보험자로 하여금 이미 성립된 보험계약을 부당하게 소멸시킴으로써 기존보험계약과 보장내용이 비슷한 새로운 보험계약을 청약하게 하는 행위는 금지된다. 또한, 새로운 보험계약을 청약하게 함으로써 기존보험계약을 부당하게 소멸시키거나 그 밖에 부당하게 보험계약을 청약하게 하거나 이러한 것을 권유하는 행위도 금지된다.

정답 : ④

---

15 보험모집과 관련한 「생명보험 공정경쟁질서 유지에 관한 협정」 상의 준수사항에 관한 내용으로 옳지 않은 것은?

① 보험회사는 보험모집 등에 관한 부당한 행위로 보험모집을 할 수 없게 된 자에게 보험모집을 위탁할 수 없다.

② 보험회사는 보험모집자가 보험계약자에게 보험료의 할인 기타 특별한 이익을 약속하는 행위를 하지 못하도록 하여야 한다.

③ 보험모집자가 사정에 따라 보험계약 청약서를 임의로 작성하여 성립시키는 계약을 할 수 있다.

④ 보험회사는 보험모집자가 다른 회사를 모함하거나 허위사실을 유포하는 행위를 하지 못하도록 하여야 한다.

해설 「생명보험 공정경쟁질서 유지에 관한 협정」은 무자격자 모집 금지, 특별이익제공 금지, 작성계약 금지, 경유계약 금지, 허위사실 유포 금지 등을 규정하고 있다.

③ 보험회사는 보험계약자의 청약이 없음에도 보험모집자가 계약자 또는 피보험자의 명의를 가명·도명·차명으로 보험계약 청약서를 임의로 작성하여 성립시키는 계약을 하지 못하도록 하여야 한다.

① 보험회사는 보험업법상 보험모집을 할 수 없거나 보험모집 등에 관한 부당한 행위로 보험모집을 할 수 없게 된 자에게 보험모집을 위탁하여서는 아니된다.

② 보험회사는 보험모집자가 보험계약자에게 보험료의 할인 기타 특별한 이익을 제공하거나 이를 약속하는 행위를 하지 못하도록 하여야 하며 회사 또한 동일한 행위를 하여서는 아니된다.

④ 보험회사는 보험모집자가 다른 회사를 모함하거나 허위사실을 유포하는 행위를 하지 못하도록 하여야 하며, 회사 또한 동일한 행위를 하여서는 아니된다.

정답 : ③

16 「금융소비자 보호에 관한 법률」 상 금지되는 부당권유행위에 해당하는 것으로 볼 수 <u>없는</u> 것은?

① 불확실한 사항에 대하여 단정적 판단을 제공하거나 확실하다고 오인하게 할 소지가 있는 내용을 알리는 행위

② 금융상품의 가치에 중대한 영향을 미치는 사항을 미리 알고 있으면서 금융소비자에게 알리지 아니하는 행위

③ 금융소비자가 보장성 상품 계약의 중요한 사항에 대하여 부실하게 금융상품직접판매업자에게 알릴 것을 권유하는 행위

④ 금융소비자로부터 계약의 체결권유를 해줄 것을 요청받아 방문·전화 등 실시간 대화의 방법을 이용하는 행위

해설 방문·전화 등 실시간 대화의 방법을 이용하여 금융상품을 권유하기 위해서는 금융소비자로부터 계약의 체결권유를 해줄 것을 사전에 요청받은 경우여야 한다. 따라서 부당권유행위로서 금지되는 것은 금융소비자로부터 체결권유 해줄 것을 요청받지 않고 방문·전화 등 실시간 대화의 방법을 이용하는 행위이다.

오답분석 금융소비자로부터 금융소비자 보호에 관한 법률(금소법) 제21조는 금융소비자에 대한 부당권유행위를 금지하고 있다.
1. 불확실한 사항에 대하여 단정적 판단을 제공하거나 확실하다고 오인하게 할 소지가 있는 내용을 알리는 행위
2. 금융상품의 내용을 사실과 다르게 알리는 행위
3. 금융상품의 가치에 중대한 영향을 미치는 사항을 미리 알고 있으면서 금융소비자에게 알리지 아니하는 행위
4. 금융상품 내용의 일부에 대하여 비교대상 및 기준을 밝히지 아니하거나 객관적인 근거 없이 다른 금융상품과 비교하여 해당 금융상품이 우수하거나 유리하다고 알리는 행위
5. 보장성 상품의 경우 다음 각 목의 어느 하나에 해당하는 행위
   가. 금융소비자(이해관계인으로서 대통령령으로 정하는 자를 포함한다. 이하 이 호에서 같다)가 보장성 상품 계약의 중요한 사항을 금융상품직접판매업자에게 알리는 것을 방해하거나 알리지 아니할 것을 권유하는 행위
   나. 금융소비자가 보장성 상품 계약의 중요한 사항에 대하여 부실하게 금융상품직접판매업자에게 알릴 것을 권유하는 행위
6. 투자성 상품의 경우 다음 각 목의 어느 하나에 해당하는 행위
   가. 금융소비자로부터 계약의 체결권유를 해줄 것을 요청받지 아니하고 방문·전화 등 실시간 대화의 방법을 이용하는 행위
   나. 계약의 체결권유를 받은 금융소비자가 이를 거부하는 취지의 의사를 표시하였는데도 계약의 체결권유를 계속하는 행위
7. 그 밖에 금융소비자 보호 또는 건전한 거래질서를 해칠 우려가 있는 행위로서 대통령령으로 정하는 행위

정답 : ④

17 「예금자보호법」에 의한 보험계약 보장과 관련한 내용으로 옳은 것은?

① 개인은 보호 대상이지만, 법인의 보험계약은 보호의 대상에서 제외된다.
② 보장금액은 1인당 최고 1억 원으로, 이자를 제외한 원금만 보호된다.
③ 보장금액은 동일한 금융기관 내에서 보호받을 수 있는 총합산 금액이다.
④ 대출 채무가 있더라도 이와 무관하게 보장금액을 보호받을 수 있다.

> **해설** 보험회사의 인가취소나 해산 또는 파산 시 보험계약자 등은 「예금자보호법」에 따라 예금보험공사로부터 보험금을 지급 받을 수 있다. 동일한 금융기관 내에서 보호받을 수 있는 합산액으로 1인당 최고 1억 원까지 보장된다.
>
> **오답분석** ① 보호대상은 개인 및 법인을 포함한 예금자이다.
> ② 원금 및 소정의 이자를 합산하여 1인당 최고 1억 원까지 보장된다.
> ④ 대출 채무가 있는 경우 이를 먼저 상환하고 남은 금액만 보호대상이 된다.
>
> 정답 : ③

18 금융분쟁조정제도에 관한 내용으로 옳지 <u>않은</u> 것은?

① 금융수요자는 금융 관련 분쟁 발생 시 금융위원회에 분쟁의 조정을 신청할 수 있다.
② 분쟁조정 신청일 이후 30일 이내로 합의가 이루어지지 않는 경우 금융감독원장은 지체없이 이를 금융분쟁조정위원회로 회부해야 한다.
③ 금융분쟁조정위원회는 조정 회부로부터 60일 이내 이를 심의하여 조정안을 마련해야 한다.
④ 관계당사자가 조정안을 수락한 경우 해당 조정안은 재판상 화해와 동일한 효력을 갖는다.

> **해설** 금융회사, 예금자 등 금융수요자 및 기타 이해관계자는 금융 관련 분쟁 발생 시 금융감독원에 분쟁의 조정을 신청할 수 있다.
>
> **오답분석** ② 금융감독원은 분쟁 관계당사자에게 내용을 통지하고 합의를 권고할 수 있으며, 분쟁조정 신청일 이후 30일 이내로 합의가 이루어지지 않는 경우 금융감독원장은 지체없이 이를 금융분쟁조정위원회로 회부해야 한다.
> ③ 금융분쟁조정위원회는 조정 회부로부터 60일 이내 이를 심의하여 조정안을 마련해야 하며 금융감독원장은 신청인과 관계당사자에게 이를 제시하고 수락을 권고할 수 있다.
> ④ 관계당사자가 조정안을 수락한 경우 해당 조정안은 재판상 화해와 동일한 효력을 갖는다.
>
> 정답 : ①

19 보험민원의 특징으로 볼 수 없는 것은?

① 보험은 상품 특성상 어느 정도의 민원을 내포할 수밖에 없다.

② 불완전판매 등의 민원이 상당 비중을 차지한다.

③ 민원평가 및 평판 등을 고려하여 모든 민원에 대해 능동적으로 대응하여야 한다.

④ 보험회사는 정확한 사실관계의 확인을 바탕으로 민원을 합리적으로 처리해야 한다.

> **해설** 보험민원은 보험회사가 민원평가 및 평판 등을 의식하여 원칙적으로 수용할 수 없는 민원까지 수용할 경우 악성 민원인에 의해 남용될 소지가 크다. 이러한 경우 보험회사와 감독당국의 민원·분쟁처리 효율성을 크게 저하시켜 결국 선량한 소비자의 정당한 민원·분쟁 처리가 지연될 수도 있으므로 민원처리에 관한 법규 및 기준을 마련하고 이에 근거하여 처리하여야 한다.
>
> **오답 분석** ① 일반적으로 보험은 상품 특성상 어느 정도의 민원을 내포할 수밖에 없다.
> ② 보험금의 지급책임이 장래의 우연한 보험사고의 발생 여부에 달려있으며 보험계약 시 보험회사와 계약자를 연결하는 판매 채널이 존재하므로 불완전판매 등의 민원도 상당 비중을 차지한다.
> ④ 보험회사는 정확한 사실관계 확인을 바탕으로 관련 법규 및 기준에 근거하여 민원을 객관적·합리적으로 처리해야 한다.
>
> 정답 : ①

20 〈보기〉에 해당하는 보험민원의 유형은?

〈보기〉
- 약관 및 청약서 부본 미교부
- 고객불만 야기 및 부적절한 고객불만 처리
- 고객의 니즈에 부합하지 않는 상품을 변칙 판매

① 불완전판매

② 부당행위

③ 보험금 지급

④ 계약 인수

> **해설** 실제 보험영업 및 관리과정에서 많이 발생하는 민원유형은 불완전판매, 부당행위, 보험금 지급, 계약 인수 등의 유형으로 분류할 수 있다. 이중 〈보기〉의 내용은 불완전판매와 관련이 있다.

현장에서 접하게 되는 보험민원의 주요 유형은 다음과 같다.

주요 유형	세부 유형
불완전판매	• 약관 및 청약서 부본 미교부 • 고객불만 야기 및 부적절한 고객불만 처리 • 고객의 니즈에 부합하지 않는 상품을 변칙 판매
부당행위	• 자필서명 미이행 • 적합성원칙 등 계약권유준칙 미이행 • 약관상 중요 내용에 대한 설명 불충분 및 설명의무 위반 • 고객의 계약 전 알릴 의무 방해 및 위반 유도 • 대리진단 유도 및 묵인 • 약관과 다른 내용의 보험안내자료 제작 및 사용 • 특별이익 제공 또는 제공을 약속 • 보험료, 보험금 등을 횡령 및 유용 • 개인신용정보관리 및 보호 관련 중요사항 위반 • 보험료 대납, 무자격자 모집 또는 경유계약
보험금지급	• 보험금 지급처리 지연 • 보험금 부지급 또는 지급 처리과정에서의 불친절 • 최초 안내(기대)된 보험금 대비 적은 금액을 지급
계약인수	• 계약인수 과정에서 조건부 가입에 대한 불만 • 계약적부심사 이후 계약해지 처리 불만 • 장애인 계약 인수과정에서 차별로 오인함에 따른 불만 • 계약 전 알릴 의무 위반사항과 인과관계 여부에 대한 불만

정답 : ①

제4장 생명보험과 제3보험

1. 생명보험

1 사람의 생사(生死)에 관련된 불의의 사고에 대한 경제적 손실을 보전하며 많은 사람이 모여 합리적으로 계산된 소액의 분담금(보험료)을 모아서 공동준비재산을 조성하고 불의의 사고가 발생했을 경우에 약정된 금액(보험금)을 지급하는 것은?

2. 생사혼합보험

2 사망보험의 보장기능과 생존보험의 저축기능을 결합하여 암 관련, 성인병 관련, 어린이 관련 등 고객의 성향에 맞춰 특화하는 보험은?

3. 저축성보험

3 위험보장 기능보다는 만기생존시 보험금이나 연금이 지급되는 저축기능을 강화한 보험상품은?

4. 연금보험

4 소득의 일부를 일정기간 적립했다가 노후에 연금을 수령하여 일정수준의 소득을 계속 유지함으로써 노후의 생활능력을 보호하기 위한 보험은?

5. CI(Critical Illness)보험

5 중대한 질병이며 치료비가 고액인 암, 심근경색, 뇌출혈 등에 대한 급부를 중점적으로 보장하여 주는 보험으로 생존시 고액의 치료비, 장해에 따른 간병비, 사망시 유족들에게 사망보험금 등을 지급해주는 상품은?

6. 질병보험

6 제3보험 중 사람의 질병 또는 질병으로 인한 입원 · 수술 등의 위험(질병으로 인한 사망 제외)에 관하여 금전 및 그 밖의 급여를 지급할 것을 약속하고 대가를 수수하는 보험(계약)은?

7. 상해보험

7 교통재해 및 각종 사고 발생 등 갑작스럽고 우연한 외래 사고로 인해 사람의 신체에 입은 상해에 대하여 발생한 비용을 보상하는 상품은?

8. 실손의료보험

8 피보험자가 질병·상해로 입원(또는 통원) 치료를 하게 될 경우 실제 부담하게 되는 의료비의 일부를 보험회사가 보상하는 상품은?

9. 간병보험

9 피보험자가 보험기간 중 상해 또는 질병으로 장기요양상태가 되거나 중증치매 등으로 일상생활이 어려워졌을 때 간병을 필요로 하게 되면 이를 약관에 의거 보험금을 지급하는 상품은?

1 생명보험은 보험계약에 있어서 기본이 되는 중심적인 보장내용 부분인 주계약과 다수의 보험계약자들의 다양한 보장필요를 모두 충족시키기 위하여 부가하는 ㅌㅇ으로 구성된다.

1. 특약

2 생명보험의 특약은 독립성에 따라 별도의 독립된 상품으로 개발되어 어떤 상품에든지 부가될 수 있는 독립특약과 특정상품에만 부가할 목적으로 개발되어 다른 상품에는 부가하지 못하는 ㅈㅅ특약으로 구분된다.

2. 종속

3 생명보험의 특약은 필수가입 여부에 따라 계약자의 선택과 무관하게 주계약에 고정시켜 판매되는 ㄱㅈㅂㄱ특약과 계약자가 선택하는 경우에만 부가되는 선택부가특약으로 구분된다.

3. 고정부가

4 사망보험 중 ㅈㄱ보험은 보험기간을 미리 정해놓고 피보험자가 그 기간 내에 사망했을 때 보험금이 지급되는 보험이다.

4. 정기

5 사망보험 중 ㅈㅅ보험은 보험기간을 정하지 않고 피보험자가 일생을 통하여 언제든지 사망했을 때 보험금을 지급하는 보험이다.

5. 종신

6 저축성보험은 위험보험료를 예정이율로 부리하여 피보험자가 사망 또는 장해를 당했을 때 보험금을 지급하는 부분인 보장부분과 저축보험료를 일정 이율로 부리하여 만기 또는 중도 생존시 적립된 금액을 지급하는 부분인 ㅈㄹ부분으로 구성된다.

6. 적립

7 교육보험은 일정시점에서 계약자와 피보험자가 동시에 생존했을 때 ㅅㅈㄱㅇㄱ을 지급하고, 계약자가 사망하고 피보험자가 생존하였을 때 유자녀 학자금을 지급하는 형태를 가진다.

7. 생존급여금

8 변액보험은 계약자가 납입한 보험료를 특별계정을 통하여 기금을 조성한 후 주식, 채권 등에 투자하여 발생한 이익을 보험금 또는 배당으로 지급하는 상품으로 변액종신보험, 변액연금보험, ㅂㅇㅇㄴㅂㅅ보험 등이 있다.

8. 변액유니버설

9 제3보험(Gray Zone 보험)은 ㅇㅎㅂㅈ을 목적으로 사람의 질병·상해 또는 이에 따른 간병에 관하여 금전 및 그 밖의 급여를 지급할 것을 약속하고 대가를 수수하는 계약으로서 대통령령으로 정하는 계약이다.

9. 위험보장

10 제3보험의 종류로는 상해보험, 질병보험, ㄱㅂ보험이 있으며 생명보험사·손해보험사는 제3보험업 겸영이 가능하다.

10. 간병

11 손해보험회사에서 판매하는 질병사망(제3보험) 특약의 보험기간은 ☐☐세 만기, 보험금액 한도는 개인당 2억원 이내로 부가할 수 있으며, 만기시 지급하는 환급금이 납입보험료 합계액 범위 내여야 하는 요건이 충족하는 경우 겸영이 가능하다.

12 보험사고의 신체 상해의 발생 원인이 피보험자 신체에 내재되어 있는 내부 요인이 아니라 신체의 외부적 요인에 기인해야 한다는 ⓞⓡ의 요건에 따라 피보험자가 의도하거나 예상할 수 있었던 자살, 싸움 등의 원인에 의한 사고는 상해보험의 보험사고가 아니다.

13 상해보험의 가입자는 직업이 변경되었거나 위험한 직무로 변경되었을 때 이를 보험회사에 통지할 의무가 있으므로 서면 등으로 변경 통지하고 ⓑⓗⓩⓖ에 확인을 받아두는 것이 안전하다.

14 질병보험의 종류로는 ⓩⓒ보험, 암보험, CI보험, 실손의료보험 등이 있다.

15 질병보험은 0세부터 가입이 가능하고, 사망보장의 경우 만 ☐☐세 이상이면 가입이 가능하지만 고연령이거나 건강상태에 따라 가입이 제한될 수 있다.

16 질병보험 상품들은 각종 질병에 따라 발생하는 진단비, 수술비, ⓞⓞ비 등의 각종 의료비를 보장한다.

17 질병보험은 진단비, 수술비에는 ☐회 보상한도 금액을 설정하고 있고, 입원의 경우에는 입원일수를 120일 또는 180일 등으로 한도를 정하고 있다.

18 질병보험의 책임개시일은 ⓑⓗⓖⓞ일로 하나, 일부 질병담보(예시:암 90일)의 경우 보험계약일(당일 포함)로부터 일정기간의 면책기간을 둔다.

19 계약 전 알릴의무에 해당하는 질병으로 피보험자가 과거에 의료기관에서 진단 또는 치료를 받은 경우 ⓑⓒⓑ 조건의 계약을 인수하고 가입이후 해당 질병으로 보험금 지급사유가 발생하여도 보험금을 지급하지 않는다.

20 질병보험은 보험금의 지급사유가 발생하기 전에 사망한 경우에는 보험계약은 소멸하게 되며, 이때 보험금대신 ⓒⓞⓩⓑⓖ을 지급하게 된다.

21 실손의료보험의 대상인 '실제 부담하게 되는 의료비'에는 국민건강보험 급여 항목 중 본인부담액과 ⓑⓖⓞ 항목의 합계액이 포함된다.

22 단체실손보험에 ☐년 이상 가입한 사람이 퇴직할 경우 1개월 이내 개인실손으로 전환하여 가입할 수 있다.

23 개인실손보험에 1년 이상 가입한 사람이 취직 등으로 회사의 단체실손보험에 가입시, 기존에 가입한 개인실손보험의 보험료 납입 및 보장을 중지한 후 퇴직 후 ☐개월 이내 중지했던 개인실손보험을 재개할 수 있다.

23. 1

24 간병보험은 노인장기요양보험제도의 도입 이후로 기존 일상생활기본동작제한 장해평가표(ADLs)를 기준으로 적용하는 방식과 정부의 ⟨ㅈㄱㅇㅇㄷㄱ⟩을 기준으로 적용하는 상품으로 판매되고 있다.

24. 장기요양등급

25 '⟨ㅈㄱㅇㅇㅅㅌ⟩'라 함은 거동이 불편하여 장기요양이 필요하다고 판단되었을 경우 노인장기요양보험법에 따라 국민건강보험공단의 장기요양등급 판정위원회에서 장기요양등급으로 판정받은 경우를 말한다.

25. 장기요양상태

26 '⟨ㅈㅇㅊㅁ⟩상태'란 재해 또는 질병으로 인해 인지기능의 장애(CDR척도검사 결과가 3점 이상)가 발생한 상태를 말한다.

26. 중증치매

27 공적 장기간병보험에 해당하는 ⟨ㄴㅇㅈㄱㅇㅇ⟩보험은 만 65세 이상의 노인 및 노인성질병(치매, 뇌혈관성질환, 파킨슨병 등)을 가진 만 65세 미만의 자를 대상으로 한다.

27. 노인장기요양

1. 외부통제 → 내부통제

1 생명보험은 형태가 보이지 않는 무형의 상품으로 미래지향적이고 장기 효용성을 지닌 장기계약상품으로서 주로 스스로의 필요에 의해 자발적으로 가입하는 상품이다. O|✕

2 생존보험은 저축기능이 강한 반면 보장기능이 약한 결함을 갖고 있지만, 만기보험금을 매년 연금형식으로 받을 수 있는 등 노후대비에 좋은 이점도 있다. O|✕

3 보장성보험은 주로 사망, 질병, 재해 등 각종 위험보장에 중점을 둔 보험으로, 만기 시 환급되는 금액이 없거나 기 납입 보험료보다 적거나 같다. O|✕

4. 사람의 신체에 대한 보험의 성격에 따라 분류하면 생명보험이라 할 수 있으나, 비용손해와 의료비 등 실손 부분에 대해 보상한다고 분류하게 되면 손해보험으로 볼 수 있다.

5. 제3보험의 보험기간은 단기와 장기가 모두 가능하다.

6. 제3보험의 보상방법에는 정액보상과 실손보상이 모두 포함된다.

7. 상해보험 → 질병보험, 상해보험은 사람의 신체에 입은 상해에 대하여 치료에 소요되는 비용 및 상해의 결과에 따른 사망 등의 위험에 관하여 금전 및 그 밖의 급여를 지급할 것을 약속하고 대가를 수수하는 보험(계약)이다.

9. 보험회사가 생명보험업이나 손해보험업에 해당하는 전 종목에 관하여 허가를 받았을 때에는 제3보험업에 대해서도 허가를 받은 것으로 간주하여 제3보험업에 대한 겸영을 허용한다.

4 제3보험은 생명보험의 약정된 정액보상적 특성과 손해보험의 실손보상적 특성을 모두 가지는 보험이다. O|✕

5 생명보험의 보험기간은 장기인 반면 손해보험과 제3보험의 보험기간은 단기이다. O|✕

6 생명보험의 보상방법은 정액보상인 반면 손해보험과 제3보험의 보상방법은 실손보상이다. O|✕

7 제3보험 중 상해보험은 사람의 질병 또는 질병으로 인한 입원·수술 등의 위험(질병으로 인한 사망을 제외한다)에 관하여 금전 및 그 밖의 급여를 지급할 것을 약속하고 대가를 수수하는 보험(계약)이다. O|✕

8 상법에서 제3보험이라는 분류는 없지만, 제3보험과 관련된 생명보험, 상해보험, 질병보험 등 관련 법규를 준용한다. O|✕

9 보험회사가 생명보험업이나 손해보험업에 해당하는 전 종목에 관하여 허가를 받았더라도 생명보험업과 손해보험업의 겸영 금지 규정에 따라 제3보험업을 겸영할 수 없다. O|✕

10 생명보험의 경우 제3보험(질병사망)의 특약 시 보험만기, 보험금액, 만기환급금 등에 있어서 별다른 제한을 받지 않는다. O|✕

11 피보험자의 책임있는 사유로 타인에게 상해 등을 입힌 경우 상해보험의 보장을 받을 수 없다. O|✕

정답 | 1. ✕ 2. ○ 3. ○ 4. ○ 5. ✕ 6. ✕ 7. ✕ 8. ○ 9. ✕ 10. ○ 11. ○

12 상해사고의 요건 중 피보험자가 보험사고의 핵심적인 요건으로 원인 또는 결과의 발생이 예견할 수 없는 상태여야 한다는 것은 급격성에 해당한다.　　　　　　　　　　　　　　　　　　　　　　O | X

13 질병에 의해 발생되는 상해사고는 보상이 제외되는데 반해 상해에 의해 발생되는 질병의 경우는 보상이 된다.　　　　　　　　O | X

14 상해보험 중 생명보험의 재해보험은 특정 재해분류표(보험상품 약관참고) 등을 이용하여 담보위험을 열거 및 보장해주는 상품이고 손해보험의 상해보험은 특정 상해사고를 보상하는 특별약관으로 보장하는 형태이다.　　　　　　　　　　　　　　　　　　　　　　O | X

15 변경된 직업(직무)별 위험도에 따라 사고 발생 가능성도 증가 또는 감소할 수 있으므로 상해보험 계약자의 납입보험료도 그에 따라 달라진다.　　　　　　　　　　　　　　　　　　　　　　　O | X

16 보험가입자가 직업 및 직무의 변경 사실을 알리지 않은 경우 변경된 직업 및 직무와 관계가 없는 사고의 경우라 할지라도 보험금이 지급되지 않을 수 있다.　　　　　　　　　　　　　　　　　O | X

17 질병보험(건강보험)은 질병으로 인한 사망, 암, 성인병 등의 각종 질병으로 인한 진단, 입원, 수술시 보험금을 지급하는 상품이다.　O | X

18 선천적인 질병, 정신질환, 알코올중독 및 마약 등의 질병은 질병보험의 면책 질병으로 분류된다.　　　　　　　　　　　　O | X

19 질병보험은 만기환급금의 유무에 따라 순수보장형과 만기환급형으로 구분되며, 보험기간은 10년 미만이 대부분이다.　　　O | X

20 암보험에서 규정하는 암은 비정상적 세포성 종양으로 한국표준질병·사인분류 중 대상이 되는 악성신생물 분류표에서 정한 질병을 말하는 것으로, 모든 종류의 암이 포함된다.　　　　　　　　　　　O | X

21 암보험의 경우 도덕적 해이 발생 방지를 위해서 일정기간 이후부터 보장이 개시되도록 하고 가입 후 일정시점(보통 1년)을 기준으로 보험금이 차등 책정된다.　　　　　　　　　　　　　　　O | X

22 동일인이 여러 개의 실손의료보험을 가입한 경우 손해액 범위에서 보험금의 중복 수령이 가능하다.　　　　　　　　　　O | X

---

12. 급격성 → 우연성, 급격성이란 보험사고가 급작스럽게 발생하여 결과의 발생을 피할 수 없을 정도로 급박한 상태에서 발생한 것을 의미한다.

16. 변경된 직업 및 직무와 관계가 없는 사고의 경우에는 보험가입자가 직업 및 직무의 변경 사실을 알리지 않고 있어도 보험금이 전액 지급된다.
17. 질병으로 인한 사망은 제외된다.

19. 10년 미만 → 10년 이상

20. 모든 종류의 암이 포함되는 것이 아니라 일부는 제외된다.

22. 실손의료보험은 동일인이 여러 개를 가입해도 실제 손해액 이내로 보상하게 된다.

---

01 생명보험에 대한 설명으로 바르지 <u>못한</u> 것은?

① 생명보험은 주로 사람의 생사에 관련된 불의의 사고에 대한 경제적 손실을 보전한다.

② 주계약은 보험계약에 있어서 기본이 되는 중심적인 보장내용 부분이다.

③ 특약은 주계약 외에 별도의 보장을 받기 위해 주계약에 부가하는 계약을 의미한다.

④ 특정상품에만 부가할 목적으로 개발되어 다른 상품에는 부가하지 못하는 특약을 고정부가특약이라고 한다.

> **해설** 특약은 독립성에 따라 독립특약과 종속특약으로 분류되고, 필수가입 여부에 따라 고정부가특약과 선택부가특약으로 분류된다. 독립특약은 별도의 독립된 상품으로 개발되어 어떤 상품에든지 부가될 수 있는 특약인 반면, 종속특약은 특정상품에만 부가할 목적으로 개발되어 다른 상품에는 부가하지 못하는 특약이다. 그리고 고정부가특약은 계약자 선택과 무관하게 주계약에 고정시켜 판매되는 특약이고, 선택부가특약은 계약자가 선택하는 경우에만 부가되는 특약이다.
> ④ 특정상품에만 부가할 목적으로 개발되어 다른 상품에는 부가하지 못하는 특약은 종속특약이다. 고정부가특약은 계약자 선택과 무관하게 주계약에 고정시켜 판매되는 특약이다.
>
> **오답 분석** ① 생명보험은 주로 사람의 생사(生死)에 관련된 불의의 사고에 대한 경제적 손실을 보전하며 많은 사람이 모여 합리적으로 계산된 소액의 분담금(보험료)을 모아서 공동준비재산을 조성하고 불의의 사고가 발생했을 경우에 약정된 금액(보험금)을 지급하는 것이다.
> ②, ③ 생명보험 상품은 일반적으로 주계약(기본보장계약)과 특약(추가보장계약)으로 구성된다. 이중 주계약은 보험계약에 있어서 기본이 되는 중심적인 보장내용 부분으로 보험계약의 가장 큰 특징이자 가입목적을 나타내며 계약성립의 기본이 되는 부분이다. 반면, 특약은 특별약관의 줄임말로서 다수의 보험계약자들의 다양한 보장필요를 충족시키기 위해 주계약에 부가하는 계약을 의미한다.
>
> 정답 : ④

02 생명보험 상품의 특성으로 알맞지 <u>않은</u> 것은?

① 무형의 상품

② 미래지향적 상품

③ 단기효용성 상품

④ 비자발적 상품

> **해설** 생명보험 상품은 무형의 상품으로 미래지향적, 장기효용성, 장기계약, 비자발성 등의 특성을 지니고 있다.
> ③ 생명보험 상품은 가입과 효용이 동시에 발생하지 않고 사망, 상해, 만기, 노후 등 보험금 지급사유가 발생했을 때 효용을 주는 장기효용성 상품이다.

① 생명보험은 형태가 보이지 않는 무형의 상품이므로 타상품과 성능을 비교 검증하기 힘들다. 따라서 보험가입자의 정확한 이해가 중요하며, 상품 권유단계부터 가입자에게 필요한 가입설계, 보장내용 및 보험금 지급절차, 이를 수록한 약관에 대한 충분한 설명이 필요하다.
② 생명보험은 제조업체의 상품은 구입 즉시 사용으로 인한 만족감을 느끼는 현재지향적인 상품이지만, 생명보험 상품은 불확실한 미래에 대한 보장을 주기능으로 하는 미래지향적인 상품이다.
④ 생명보험은 스스로의 필요에 의해 자발적으로 가입하기도 하지만 대부분의 경우 보험판매자의 권유와 설득에 의해 가입하게 되는 비자발적인 상품이다.

정답 : ③

03 생명보험 상품의 종류에 관한 설명으로 옳지 <u>않은</u> 것은? (2012년 기출)

① 종신보험은 보험기간을 정해놓고, 사망하였을 때 보험금을 지급하는 보험이다.
② 저축성보험은 생존 시에 보험금이 지급되는 저축기능을 강화한 보험이다.
③ 연금보험은 연금을 수령하여 일정 수준의 소득을 계속 유지하기 위한 보험이다.
④ 교육보험은 교육자금을 마련할 수 있도록 설계된 보험이다.

해설 종신보험은 보험기간을 정하지 않고 피보험자가 일생을 통하여 언제든지 사망했을 때 보험금을 지급하는 보험이다.

② 저축성보험은 생명보험 고유의 기능인 위험보장보다는 생존시에 보험금이 지급되는 저축기능을 강화한 보험으로 목돈 마련에 유리한 고수익 상품이다.
③ 연금보험은 소득의 일부를 일정기간 적립했다가 노후에 연금을 수령하여 일정수준의 소득을 계속 유지함으로써 노후의 생활능력을 보호하기 위한 보험이다. 연금은 가입자가 원할 경우 지급기간을 확정하여 받거나 종신토록 받을 수 있다.
④ 교육보험은 자녀의 교육자금을 종합적으로 마련할 수 있도록 설계된 보험으로, 부모 생존시뿐만 아니라 사망시에도 양육자금을 지급해주는 특징이 있다. 즉, 교육보험은 일정시점에서 계약자와 피보험자가 동시에 생존했을 때 생존급여금을 지급하고, 계약자가 사망하고 피보험자가 생존하였을 때 유자녀 학자금을 지급하는 형태를 가진다.

정답 : ①

04 생명보험 상품의 종류를 분류한 도식의 ㈎에 해당하는 상품에 대한 설명으로 옳은 것은?

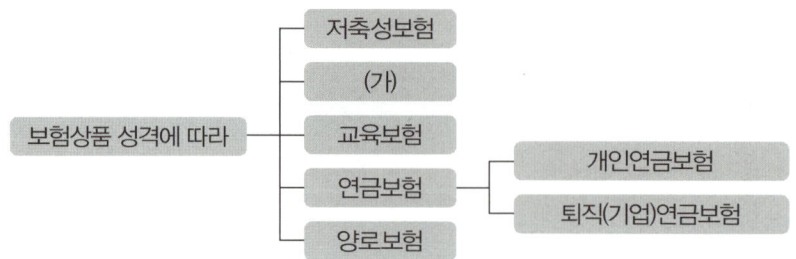

① 생명보험 고유의 기능인 위험보장보다는 생존시에 보험금이 지급되는 저축 기능을 강화한 보험으로 목돈 마련에 유리한 고수익 상품이다.

② 주로 사망, 질병, 재해 등 각종 위험보장에 중점을 둔 보험으로, 만기 시 환급되는 금액이 없거나 기 납입 보험료보다 적거나 같다.

③ 소득의 일부를 일정기간 적립했다가 노후에 연금을 수령하여 일정수준의 소득을 계속 유지함으로써 노후의 생활능력을 보호하기 위한 보험이다.

④ 일정시점에서 계약자와 피보험자가 동시에 생존했을 때 생존급여금을 지급하고, 계약자가 사망하고 피보험자가 생존하였을 때 유자녀 학자금을 지급하는 형태를 가진다.

해설 생명보험 상품은 성격에 따라 저축성보험, 보장성보험, 교육보험, 연금보험, 양로보험 등으로 구분할 수 있다. 따라서 ㈎는 주로 사망, 질병, 재해 등 각종 위험보장에 중점을 두는 '보장성보험'임을 알 수 있다. 보장성보험은 만기 시 환급되는 금액이 없거나 기 납입 보험료보다 적거나 같다.

오답분석 ① 저축성보험에 대한 설명이다. 저축성보험은 보장부분과 적립부분으로 구분할 수 있는데, 보장부분은 위험보험료를 예정이율로 부리 하여 피보험자가 사망 또는 장해를 당했을 때 보험금을 지급하는 부분이고, 적립부분은 저축보험료를 일정 이율로 부리 하여 만기 또는 중도 생존시 적립된 금액을 지급하는 부분이다.
③ 연금보험에 대한 설명이다. 연금은 가입자가 원할 경우 지급기간을 확정하여 받거나 종신토록 받을 수 있다.
④ 교육보험에 대한 설명이다. 교육보험은 자녀의 교육자금을 종합적으로 마련할 수 있도록 설계된 보험으로, 부모 생존시뿐만 아니라 사망시에도 양육자금을 지급해주는 특징이 있다.

정답 : ②

05 생명보험 상품에 대한 설명으로 옳지 <u>않은</u> 것은?

① 정기보험은 보험기간을 정하지 않고 피보험자가 일생을 통하여 언제든지 사망했을 때 보험금을 지급하는 보험이다.
② 변액보험은 계약자가 납입한 보험료를 특별계정을 통하여 기금을 조성한 후 주식, 채권 등에 투자하여 발생한 이익을 보험금 또는 배당으로 지급하는 상품이다.
③ 보장성보험은 주로 사망, 질병, 재해 등 각종 위험보장에 중점을 둔 보험으로, 만기 시 환급되는 금액이 없거나 기 납입 보험료보다 적거나 같다.
④ CI(Critical Illness)보험은 중대한 질병이며 치료비가 고액인 암, 심근경색, 뇌출혈 등에 대한 급부를 중점적으로 보장하여 주는 보험이다.

> **해설** 종신보험(終身保險)에 대한 설명이다. 정기보험(定期保險)은 보험기간을 미리 정해놓고 피보험자가 그 기간 내에 사망했을 때 보험금이 지급되는 보험이다.
>
> **오답분석** ② 변액보험은 계약자가 납입한 보험료를 특별계정을 통하여 기금을 조성한 후 주식, 채권 등에 투자하여 발생한 이익을 보험금 또는 배당으로 지급하는 상품으로 변액종신보험, 변액연금보험, 변액유니버설보험 등이 있다.
> ④ CI(Critical Illness)보험은 중대한 질병이며 치료비가 고액인 암, 심근경색, 뇌출혈 등에 대한 급부를 중점적으로 보장하여 주는 보험으로 생존시 고액의 치료비, 장해에 따른 간병비, 사망시 유족들에게 사망보험금 등을 지급해주는 상품이다.
>
> 정답 : ①

06 보험 상품에 대한 설명으로 옳지 <u>않은</u> 것은?

① 생존보험은 피보험자가 보험기간이 끝날 때까지 생존했을 때에만 보험금이 지급되는 보험이다.
② 보장성보험은 생명보험 고유의 기능인 위험보장보다는 생존 시에 보험금이 지급되는 저축기능을 강화한 보험으로 목돈 마련에 유리한 고수익 상품이다.
③ 변액보험은 계약자가 납입한 보험료를 특별계정을 통하여 기금을 조성한 후 주식, 채권 등에 투자하여 발생한 이익을 보험금 또는 배당으로 지급하는 상품이다.
④ 제3보험이란 위험보장을 목적으로 사람의 질병·상해 또는 이에 따른 간병에 관하여 금전 및 그 밖의 급여를 지급할 것을 약속하고 대가를 수수하는 계약으로서 대통령령으로 정하는 계약이다.

> **해설** 생명보험 고유의 기능인 위험보장보다는 생존 시에 보험금이 지급되는 저축 기능을 강화한 보험으로 목돈 마련에 유리한 고수익 상품은 저축성 보험이다. 저축성 보험의 보장부분은 위험보험료를 예정이율로 부리 하여 피보험자가 사망 또는 장해를 당했을 때 보험금을 지급하는 부분이고, 적립부분은 저축보험료를 일정 이율로 분리하여 만기 또는 중도 생존시 적립된 금액을 지급하는 부분이다.
>
> 정답 : ②

07 〈보기〉의 내용에 해당하는 보험의 종류는 무엇인가?

─────────────〈 보 기 〉─────────────

위험보장을 목적으로 사람의 질병·상해 또는 이에 따른 간병에 관하여 금전 및 그 밖의 급여를 지급할 것을 약속하고 대가를 수수하는 계약으로서 대통령령으로 정하는 계약이다.

① 변액보험   ② 제3보험
③ 질병보험   ④ 실손보험

> **해설** 〈보기〉의 내용은 제3보험(Gray Zone 보험)에 해당한다. 제3보험은 생명보험의 약정된 정액보상적 특성과 손해보험의 실손보상적 특성을 모두 가지는 보험이다. 제3보험의 종류로는 상해보험, 질병보험, 간병보험이 있으며 생명보험사·손해보험사는 제3보험업 겸영이 가능하다. 상해보험은 사람의 신체에 입은 상해에 대하여 치료에 소요되는 비용 및 상해의 결과에 따른 사망 등의 위험에 관하여 금전 및 그 밖의 급여를 지급할 것을 약속하고 대가를 수수하는 보험(계약)이고, 질병보험은 사람의 질병 또는 질병으로 인한 입원·수술 등의 위험(질병으로 인한 사망을 제외한다)에 관하여 금전 및 그 밖의 급여를 지급할 것을 약속하고 대가를 수수하는 보험(계약)이다. 그리고 간병보험은 피보험자가 보험기간 중 상해 또는 질병으로 장기요양상태가 되거나 중증치매 등으로 일상생활이 어려워졌을 때 간병을 필요로 하게 되면 이를 약관에 의거 보험금을 지급하는 상품이다.

> **오답 분석** ① 변액보험은 계약자가 납입한 보험료를 특별계정을 통하여 기금을 조성한 후 주식, 채권 등에 투자하여 발생한 이익을 보험금 또는 배당으로 지급하는 상품으로 변액종신보험, 변액연금보험, 변액유니버셜보험 등이 있다.

정답 : ②

08 제3보험에 대한 설명으로 옳지 <u>않은</u> 것은?

① 생명보험의 특성과 손해보험의 특성을 모두 가지는 보험이다.
② 우리나라는 2003년 보험업법 개정을 통해 최초로 제3보험의 개념이 도입되었다.
③ 생명보험의 질병보장상품과 손해보험의 실손보상과 같은 중복된 영역을 지칭한다.
④ 생명보험사는 제3보험을 겸영할 수 있지만, 손해보험사는 겸영을 할 수 없다.

제3보험은 위험보장을 목적으로 사람의 질병·상해 또는 이에 따른 간병에 관하여 금전 및 그 밖의 급여를 지급할 것을 약속하고 대가를 수수하는 계약으로서 대통령령으로 정하는 계약이다. 생명보험 영역, 손해보험 영역 두 분야에 걸쳐 있다는 의미에서 제3보험 혹은 Gray Zone 보험이라고 불리기도 하며, 종류로는 상해보험, 질병보험, 간병보험이 있다.
④ 생명보험사와 손해보험사 모두 제3보험업에 대한 겸영을 할 수 있다.

① 제3보험의 경우 생명보험의 약정된 정액보상적 특성과 손해보험의 실손보상적 특성을 모두 가지는 보험을 의미한다. 사람의 신체에 대한 보험의 성격에 따라 분류하면 생명보험이라 할 수 있으나, 비용손해와 의료비 등 실손 부분에 대해 보상한다고 분류하게 되면 손해보험으로 볼 수 있다.
② 우리나라에서는 2003년 8월 보험업법 개정을 통해서 최초로 제3보험이 제정되었다.
③ 생명보험의 경우 질병보장상품 등이 해당되고, 각종 질병치료비 등의 실손보상은 손해보험으로 분류할 수 있는데 이와 같은 중복된 영역에 대하여 제3보험이라는 용어를 사용하게 되었다.

정답 : ④

09 보험의 종류별 특징을 비교한 내용으로 가장 옳은 것은?

① 생명보험은 피보험이익을 인정하는 반면 손해보험과 제3보험은 피보험이익을 원칙적으로 불인정한다.
② 생명보험은 정액보상을 하는 반면, 손해보험과 제3보험은 실손보상을 한다.
③ 손해보험은 손해에 대해 보상을 받을 권리를 가진 자를 피보험자(보험대상자)로 한다.
④ 생명보험과 손해보험은 보험기간이 장기인 반면, 제3보험은 단기와 장기가 모두 존재한다.

생명보험과 제3보험은 보험사고의 대상을 피보험자(보험대상자)로 하지만, 손해보험은 손해에 대해 보상을 받을 권리를 가진 자를 피보험자(보험대상자)로 한다.

① 생명보험과 제3보험은 피보험이익을 원칙적으로 불인정하는 반면, 손해보험은 피보험이익을 인정한다. 피보험이익이란 손해보험에서 보험사고의 발생에 의하여 손해를 입을 우려가 있는 피보험자의 경제적 이익을 말한다. 생명보험의 경우 사람의 생사에 의한 보험이기 때문에 손해의 유무가 문제되지 않으므로 피보험이익의 관념이 성립하지 않는다.
② 보상의 방법을 비교해 볼 때 생명보험은 정액보상을 하고 손해보험은 실손보상을 하는 반면, 제3보험은 정액보상과 실손보상을 한다.
④ 보험기간의 경우 생명보험은 장기이고, 손해보험은 단기이며, 제3보험은 단기와 장기가 모두 존재한다.
※ 생명보험, 손해보험, 제3보험 구분

구 분	생명보험	손해보험	제3보험
보험사고대상(조건)	사람의 생존 또는 사망	피보험자 재산상의 손해	신체의 상해, 질병, 간병
보험기간	장기	단기	단기, 장기 모두 존재
피보험이익	원칙적으로 불인정	인정	원칙적으로 불인정
피보험자(보험대상자)	보험사고 대상	손해에 대한 보상받을 권리를 가진 자	보험사고 대상
보상방법	정액보상	실손보상	정액보상, 실손보상

정답 : ③

10 제3보험의 특성에 관한 〈보기〉의 내용 중 '손해보험으로서의 제3보험'이 갖는 특성으로 볼 수 있는 것을 모두 고른 것은?

〈 보 기 〉

ㄱ. 15세 미만에 대한 계약이 허용된다.
ㄴ. 보험사고 발생이 불확정성을 띤다.
ㄷ. 피보험이익에 대한 평가가 불가하다.
ㄹ. 실손보상의 원칙을 따른다.

① ㄱ, ㄴ
② ㄱ, ㄷ
③ ㄴ, ㄷ
④ ㄴ, ㄹ

해설 제3보험은 생명보험의 특성과 손해보험의 특성을 모두 갖는다. '생명보험으로서의 제3보험'이 갖는 특성과 '손해보험으로서의 제3보험'이 갖는 특성은 다음과 같이 구분할 수 있다.

구 분	특 성
생명보험으로서 제3보험	• 피보험자의 동의 필요 • 피보험이익 평가불가 • 보험자 대위 금지 • 만15세 미만 계약 허용 • 중과실 담보
손해보험으로서 제3보험	• 실손보상의 원칙 • 보험사고 발생 불확정성

정답 : ④

11 '제3보험'에 관한 법령의 내용을 설명한 것으로 옳지 못한 것은?

① 「상법」은 생명보험, 상해보험, 질병보험 등과 더불어 제3보험에 대한 정의를 두고 있다.
② 「보험업법」은 제3보험을 생명보험이나 손해보험과 다른 독립된 보험업으로 구분한다.
③ 「보험업법」은 제3보험업을 '상해보험, 질병보험, 간병보험 및 그 밖에 대통령령으로 정하는 보험종목'으로 분류하고 있다.
④ 손해보험회사에서 판매하는 질병사망 특약의 보험기간은 80세 만기, 보험금액 한도는 개인당 2억 원 이내로 부가할 수 있다.

해설 상법에서는 생명보험, 상해보험, 질병보험, 화재보험, 운송보험, 해상보험, 책임보험, 자동차보험 등에 대한 정의를 내리고 있지만, 제3보험이라는 분류는 없다. 다만, 제3보험과 관련된 생명보험, 상해보험, 질병보험 등 관련 법규를 준용한다.

② 보험업법은 "위험보장을 목적으로 사람의 질병·상해 또는 이에 따른 간병에 관하여 금전 및 그 밖의 급여를 지급할 것을 약속하고 대가를 수수하는 계약으로서 대통령령으로 정하는 계약"으로 정의하고 있으며, 제3보험을 생명보험이나 손해보험이 아닌 독립된 하나의 보험업으로 구분하고 있다.

③ 보험업법은 보험종목을 다음과 같이 구분하고 있으며, 제3보험업의 보험종목 중 '대통령령으로 정하는 기준에 따라 제3보험의 보험종목'에 부가되는 보험은 질병을 원인으로 하는 사망을 제3보험의 특약 형식으로 담보하는 보험을 의미한다.

> 보험업법 제4조(보험업의 허가) ① 보험업을 경영하려는 자는 다음 각 호에서 정하는 보험종목별로 금융위원회의 허가를 받아야 한다.
> 1. 생명보험업의 보험종목
>   가. 생명보험
>   나. 연금보험(퇴직보험을 포함한다)
>   다. 그 밖에 대통령령으로 정하는 보험종목
> 2. 손해보험업의 보험종목
>   가. 화재보험
>   나. 해상보험(항공·운송보험을 포함한다)
>   다. 자동차보험
>   라. 보증보험
>   마. 재보험(再保險)
>   바. 그 밖에 대통령령으로 정하는 보험종목
> 3. 제3보험업의 보험종목
>   가. 상해보험
>   나. 질병보험
>   다. 간병보험
>   라. 그 밖에 대통령령으로 정하는 보험종목

④ 손해보험회사에서 판매하는 질병사망 특약의 보험기간은 80세 만기, 보험금액 한도는 개인당 2억 원 이내로 부가할 수 있으며, 만기시 지급하는 환급금이 납입보험료 합계액 범위 내여야 하는 요건이 충족하는 경우 경영이 가능하다.

※ 제3보험(질병사망)의 특약에 따른 겸영가능 요건

구 분	생명보험	손해보험
보험만기		80세 이하
보험금액	제한없음	개인당 2억원 이내
만기환급금		납입보험료 합계액 범위내

정답 : ①

12 제3보험 상품 중 상해보험에 관한 내용으로 옳지 않은 것은?

① 상해보험은 사고로 인해 사람의 신체에 입은 상해에 대하여 발생한 비용을 보상하는 상품이다.

② 상해보험에서 상해사고의 요건에는 급격성, 우연성, 내래성 등이 포함된다.

③ 질병에 의해 발생되는 상해사고는 보상이 제외되는데 반해 상해에 의해 발생되는 질병의 경우는 보상이 된다.

④ 생명보험의 재해보험은 특정 재해분류표 등을 이용하여 담보위험을 열거 및 보장해주는 상품이다.

해설 상해사고의 요건에는 급격성, 우연성, 외래성 등이 있다. 급격성은 질병과 달리 보험사고가 급작스럽게 발생하여 결과의 발생을 피할 수 없을 정도로 급박한 상태에서 발생한 것을 의미하고, 우연성은 피보험자가 보험사고의 핵심적인 요건으로 원인 또는 결과의 발생이 예견할 수 없는 상태를 의미한다. 그리고 외래성은 보험사고의 신체 상해의 발생 원인이 피보험자 신체에 내재되어 있는 내부 요인이 아니라 신체의 외부적 요인에 기인하는 것을 의미한다. 따라서 피보험자가 의도하거나 예상할 수 있었던 자살, 싸움 등의 원인에 의한 사고는 상해보험의 보험사고가 아니다.

오답 분석 ① 제3보험은 상해보험, 질병보험, 간병보험으로 분류할 수 있으며, 이중 상해보험은 갑작스럽고 우연한 외래 사고로 인해 사람의 신체에 입은 상해에 대하여 발생한 비용을 보상하는 상품이다.
③ 상해사고와 관련하여 보상의 해당 여부는 다음과 같다.

원인	결과	보상여부
상해	질병 발생	보상 해당
질병	상해 발생	보상 제외

④ 상해보험에는 생명보험의 재해보험 상품과 손해보험의 상해보험 상품이 있다. 생명보험의 재해보험은 특정 재해분류표 등을 이용하여 담보위험을 열거 및 보장해주는 상품이고, 손해보험의 상해보험은 특정 상해사고를 보상하는 특별약관으로 보장하는 형태이다.

정답 : ②

13 제3보험 중 질병보험의 특성으로 볼 수 없는 것은?

① 진단비, 수술비에는 1회 보상한도 금액을 설정하고 있다.

② 선천적인 질병, 정신질환, 알코올중독 및 마약 등의 질병까지 보장한다.

③ 일부 질병담보의 경우 보험계약일로부터 일정기간의 면책기간을 둔다.

④ 피보험자가 과거에 의료기관에서 진단 또는 치료를 받은 경우 부담보 조건의 계약을 인수한다.

해설 제3보험은 상해보험, 질병보험, 간병보험으로 분류할 수 있으며, 이중 질병보험은 암, 성인병 등의 각종 질병으로 인한 진단, 입원, 수술시 보험금을 지급(사망 제외)하는 상품을 의미한다. 우리나라에서는 질병보험을 건강보험이라고도 하는데, 그 종류로는 진단보험, 암보험, CI보험, 실손의료보험 등이 있으며, 이러한 질병보험 상품들이 각종 질병에 따라 발생하는 진단비, 수술비, 입원비 등의 각종 의료비를 보장하고 있다.
② 선천적인 질병, 정신질환, 알코올중독 및 마약 등의 질병은 면책 질병으로 분류된다.

① 진단비, 수술비에는 1회 보상한도 금액을 설정하고 있다. 입원의 경우에는 입원일수를 120일 또는 180일 등으로 한도를 정하고 있다.

③ 질병 보험의 책임개시일은 보험계약일로 하나, 일부 질병담보(예시:암 90일)의 경우 보험계약일(당일 포함)로부터 일정기간의 면책기간을 둔다.

④ 계약 전 알릴의무에 해당하는 질병으로 피보험자가 과거에 의료기관에서 진단 또는 치료를 받은 경우 부담보 조건의 계약을 인수하고 가입 이후 해당 질병으로 보험금 지급사유가 발생하여도 보험금을 지급하지 않는다.

정답 : ②

14 제3보험에 대한 설명으로 가장 옳은 것은?

① 생명보험사와 손해보험사의 제3보험업 겸영은 금지되어 있다.

② 생명보험회사에서 판매하는 제3보험 질병사망 특약의 보험금액 한도는 개인당 2억원 이내로 부가할 수 있다.

③ 제3보험은 생명보험의 정액보상적 특성과 손해보험의 실손보상적 특성을 모두 가지는 보험이다.

④ 생명보험의 보험기간은 장기인 반면 손해보험과 제3보험의 보험기간은 단기이다.

해설 제3보험(Gray Zone 보험)은 위험보장을 목적으로 사람의 질병·상해 또는 이에 따른 간병에 관하여 금전 및 그 밖의 급여를 지급할 것을 약속하고 대가를 수수하는 계약으로서 대통령령으로 정하는 계약이다. 제3보험은 생명보험의 약정된 정액보상적 특성과 손해보험의 실손보상적 특성을 모두 가지는 보험이다. 사람의 신체에 대한 보험의 성격에 따라 분류하면 생명보험이라 할 수 있으나, 비용손해와 의료비 등 실손 부분에 대해 보상한다고 분류하게 되면 손해보험으로 볼 수 있다.

① 제3보험의 종류로는 상해보험, 질병보험, 간병보험이 있으며 생명보험사·손해보험사는 제3보험업 겸영이 가능하다.

② 손해보험회사에서 판매하는 질병사망(제3보험) 특약의 보험기간은 80세 만기, 보험금액 한도는 개인당 2억원 이내로 부가할 수 있으며, 만기시 지급하는 환급금이 납입보험료 합계액 범위 내여야 하는 요건이 충족하는 경우 겸영이 가능하다.

④ 생명보험의 보험기간은 장기이고 손해보험의 보험기간은 단기인 반면, 제3보험의 보험기간은 단기와 장기가 모두 가능하다.

정답 : ③

제5장 보험계약법(인보험편)

Step 1 개념어 Quiz

1. 보험계약

1 당사자 일방(보험계약자)이 약정한 보험료를 납부하고, 상대방(보험자)이 재산 또는 생명이나 신체에 불확정한 사고가 생길 경우에 일정한 보험금액 기타의 급여를 지급할 의무를 부담하는 계약은?

2. 보험사고

2 보험에 담보된 재산 또는 생명이나 신체에 관하여 불확정한 사고 즉 위험이 발생하는 것을 말하며 보험금이 지급되는 구체적인 조건으로서 보험금지급사유가 되는 것은?

3. 보험증서(보험증권)

3 보험계약의 성립 및 그 내용에 관한 증거로서 보험자가 교부하는 문서는?

4. 전문금융소비자

4 국가, 지방자치단체, 한국은행, 금융회사, 주권상장법인 등을 포함하여 보험계약에 관한 전문성, 자산규모 등에 비추어 보험계약에 따른 위험감수능력이 있는 자를 무엇이라고 하는가?

5. 일반금융소비자

5 보험 계약의 체결과 관련하여 전문금융소비자가 아닌 계약자를 무엇이라고 하는가?

Step 2 초성 Quiz

1. 보험관계

1 보험계약의 법률효과로서 피보험자의 사망, 생존 등에 관한 보험사고가 발생할 경우 보험계약 관계자인 보험계약자, 피보험자, 보험수익자 및 보험자 사이에 보험금 지급에 관한 권리의무관계인 ㅂㅎㄱㄱ 가 형성된다.

2. 낙성

2 보험계약은 보험계약자의 청약과 동시에 최초보험료를 미리 납부하는 것이 보험거래의 관행이므로 요물계약처럼 운용되고 있지만 보험계약은 본질적으로 ㄴㅅ계약이므로 보험료의 선납이 없어도 보험계약은 유효하게 성립된다.

3. 불요식

3 보험계약은 보험계약에 대해 특별한 방식을 요구하지 않는 ㅂㅇㅅ계약이므로 서면으로 체결되지 아니하여도 효력이 있다.

4. 부합

4 보험계약은 다수인을 상대로 체결되고 보험의 기술성과 단체성으로 인하여 그 정형성이 요구되므로 ㅂㅎ계약에 속한다.

5 보험회사가 미리 작성한 보통보험약관을 매개로 보험계약이 체결되고 보험계약자는 약관을 승인하거나 거절하는 형식을 취하므로 약관 해석 시 ㅈㅅㅈ 불이익의 원칙을 두고 있다.

6 일반적으로 보험계약은 보험자의 보험금지급책임이 우연한 사고로 인하여 발생하는 소위 ㅅㅎㅅ계약이므로 보험계약자 측의 선의가 반드시 요청된다.

7 보험계약자는 보험자와 계약을 체결하는 것이지만, 보험계약의 배후에는 수많은 보험계약자로 구성된 ㅂㅎㄷㅊ 또는 위험단체의 관념이 존재한다.

8 보험자의 보험금 지급책임이 존속하는 기간을 ㅂㅎㄱㄱ이라고 하고, 계약자가 보험자에게 보험료를 납입하여야 할 기간을 보험료 납입기간이라고 한다.

9 보험기간과 보험료 납입기간이 일치하는 경우를 전기납, 보험료 납입기간이 보험기간보다 짧은 경우를 ㄷㄱㄴ이라고 한다.

10 계약자의 청약에 대해 보험자는 청약일로부터 □□일 이내에 계약을 승낙 또는 거절하여야 하며, 만일 기한 내에 승낙 또는 거절의 통지를 하지 않으면 계약은 승낙된 것으로 본다.

11 청약의 경우와 같이 승낙의 방법에도 제한이 없으나 보험자는 별도의 승낙의 의사표시를 행하지 않고 ㅂㅎㅈㄱ의 교부로 갈음한다.

12 보험계약자는 보험증권을 받은 날부터 □□일 이내에 청약을 철회할 수 있으나 청약일로부터 30일이 초과한 계약은 청약철회가 불가하다.

13 회사가 건강상태 진단을 지원하는 계약, 보험기간이 □□일 이내인 계약 또는 전문금융소비자가 체결한 계약은 청약을 철회할 수 없다.

14 보험계약의 ㅅㅎ란 특정 원인이 발생하여 계약의 효력이 장래 소멸되는 것을 말한다.

15 보험회사가 파산선고를 받고 3개월이 경과하였을 때, 감독당국으로부터 허가취소를 받았을 때, 법원으로부터 해산명령을 받고 3개월 경과하였을 때에는 보험계약이 ㄷㅇ실효된다.

16 보험계약자 또는 피보험자는 청약시 청약서에서 질문한 사항에 대해 보험자에게 사실대로 알려야 하는데 이를 ㄱㅈ의 의무라 한다.

17 보험계약 당시에 보험계약자 또는 피보험자가 고의 또는 중대한 과실로 인하여 중요한 사항을 고지하지 아니하거나 부실의 고지를 한 때에는 보험자는 그 사실을 안 날로부터 ☐월 내에, 계약을 체결한 날로부터 3년 내에 한하여 계약을 해지할 수 있다.

18 계약자 또는 피보험자가 고의 또는 중대한 과실로 인하여 보험금 지급사유 발생에 영향을 미치는 고지의무를 위반한 때에는 보험금 지급사유 발생여부와 관계없이 보험자는 계약을 해지할 수 있고, 이 경우 ㅎㅇㅎㄱㄱ을 지급한다.

19 보험자가 고지의무 위반사실을 안 날로부터 1개월 이상 지났거나 보장개시일부터 보험금 지급사유가 발생하지 않고 ☐년 이상 지났을 때, 계약을 체결한 날부터 3년이 지났을 때에는 고지의무위반을 이유로 해지할 수 없다.

20 보험자는 보험금액의 지급에 관하여 약정기간이 있는 경우에는 그 기간내에, 약정기간이 없는 경우에는 통지를 받은 후 지체없이 지급할 보험금액을 정하고 그 정하여진 날부터 ☐☐일 내에 피보험자 또는 보험수익자에게 보험금액을 지급하여야 한다.

21 생명보험의 경우 보험자는 보험계약이 해지되었거나 보험금지급이 면책된 경우에는 소위 보험료ㅈㄹㄱ을 반환할 의무가 있다.

22 보험사고가 보험계약자, 피보험자, 보험수익자 등 보험계약자 측의 고의 또는 ㅈㄱㅅ로 생긴 경우 보험자는 보험금지급책임을 면한다.

23 도덕적 위험에 대한 면책사유의 입증책임은 ㅂㅎㅈ에게 있으며 보험계약자나 피보험자 또는 보험수익자 중의 어느 한 사람의 고의나 중과실이 있으면 성립한다.

24 보험료지급은 원칙적으로 ㅈㅊ채무이지만 당사자의 합의나 보험모집인의 관행을 통하여 추심채무로 될 수 있다.

25 보험계약의 체결 후 보험계약자가 보험료의 전부 또는 제1회 보험료를 납입하여야 함에도 불구하고, 납입하지 아니하는 경우에 다른 약정이 없는 한 계약 성립 후 ☐월이 경과하면 그 계약은 해제된 것으로 본다.

26 보험료의 납입연체로 인해 계약이 해지되었으나 해지환급금이 지급되지 아니한 경우, 계약자는 연체보험료에 약정이자를 붙여 보험자에게 지급하고 그 계약의 ㅂㅎ을 청구할 수 있다.

27 보험계약자의 부활청구로부터 보험자가 약정이자를 첨부한 연체보험료를 받은 후 ☐☐일이 지나도록 낙부통지 하지 않으면 보험자의 승낙이 의제되고 해당 보험계약은 부활한다.

28 보험계약에서의 부활은 실효된 보험계약의 효력을 원래대로 복구시키는 것이므로 실효되기 이전의 보험계약과 ☐☐한 내용의 보험계약을 계속 유지하게 된다.

27. 동일

1. 보험료의 선납이 없어도 보험계약은 유효하게 성립되지만, 최초보험료의 납부 없이는 보험자의 책임이 개시되지 않는다.

1 보험계약은 본질적으로 낙성계약이므로 보험료의 선납이 없어도 보험계약은 유효하게 성립되기 때문에 최초보험료의 납부가 없어도 보험자의 책임이 개시된다. O│×

2 보험계약은 서면으로 체결되지 아니하여도 효력이 있지만, 실제의 보험실무에서는 정형화된 보험계약 청약서가 이용되고 있다. O│×

3. 보험금과 보험료가 반대로 기술되어 있다.

3 보험사고가 발생할 경우 보험자가 지급하는 금액을 보험료라고 하며, 보험자의 보험료 지급에 대한 반대급부로서 보험계약자가 보험자에게 내는 금액을 보험금이라고 한다. O│×

4 보험자가 계약을 거절한 때에는 보험료를 받은 기간에 대하여 일정 이자를 보험료에 더하여 돌려준다. O│×

5 보험자가 청약을 승낙하기 전에 보험사고가 생긴 때에는 고지의무위반, 건강진단 불응 등 해당 청약을 거절할 사유가 없는 한 보험자는 보험계약상의 책임을 진다. O│×

6. 보험증서는 계약이 성립한 후 보험계약 당사자간의 계약 내용을 나타낼 뿐 계약의 성립요건은 아니다.

6 보험계약의 효력은 보험자가 보험증서를 교부함으로써 발생한다. O│×

7 진단계약, 보험기간이 1년 미만인 계약 또는 전문보험계약자가 체결한 계약은 청약을 철회할 수 없다. O│×

8 청약철회의 일자 계산은 초일 불산입(그 기간이 오전 영시로부터 시작하는 때는 제외)을 적용하므로 1일 보험가입증서를 받은 경우 16일까지 청약철회가 가능하다. O│×

9. 무효 → 취소. 무효는 계약의 법률상 효력이 처음부터 발생하지 않는 것이다.

9 보험계약이 처음에는 유효하게 성립되었으나 계약 이후에 계약의 법률상 효력이 계약시점으로 소급되어 없어지는 것을 보험계약의 무효라고 한다. O│×

10. 보험계약의 무효 사유에 해당한다.

10 사기에 의한 초과 또는 중복보험, 사망보험 피보험자의 자격미달(사망보험의 경우) 시 보험계약을 취소할 수 있다. O│×

11 보험자의 법률 위반이 존재할 때, 3대기본지키기(고객 자필 서명, 청약서 부본 전달, 약관 설명 및 교부) 미이행 시에는 보험계약을 취소할 수 있다. O│×

정답 | 1. × 2. ○ 3. × 4. ○ 5. ○ 6. × 7. ○ 8. ○ 9. × 10. ○ 11. ○

12 보험계약의 무효 시에는 보험금 지급사유가 발생하더라도 보험금 지급을 하지 않고, 취소의 경우에는 보험자가 납입한 보험료에 일정 이자를 합한 금액을 계약자에게 반환한다. O|×

13 취소의 경우 계약시점으로 소급되어 없어지는 데 반해 실효는 장래에 대해서만 효력을 가진다. O|×

14 보험계약의 실효 중 보험계약자가 보험사고 발생 전에 계약의 전부 또는 일부를 해지하는 것을 '해지권 행사'라고 한다. O|×

15 타인을 위한 계약의 경우 타인의 동의를 얻지 못하면 임의해지를 할 수 없고, 보험계약자가 납입을 지체하여도 보험회사가 상당기간 보험료 납입을 최고한 후가 아니면 해지권을 행사할 수 없다. O|×

16 보험계약자, 보험수익자, 피보험자 및 이들의 대리인이 보험계약법상 고지할 의무를 부담하는 고지의무자이다. O|×

17 피보험자의 직업 또는 직종에 관한 고지의무를 위반함으로써 보험가입한도액을 초과 청약한 경우에는 그 초과 청약액에 대해서만 계약을 해지하고 초과 가입액에 대한 보험료는 반환한다. O|×

18 피보험자가 승낙거절 직업 또는 직종에 해당하면서 고지의무를 위반한 경우에는 계약전부를 해지한다. O|×

19 보험자가 과실로 고지의무 위반사실을 알지 못한 경우에는 보험계약을 해지할 수 있지만, 보험자가 계약 당시에 위반사실을 알았을 경우나 보험 모집자가 계약자 또는 피보험자에게 고지할 기회를 주지 않았거나 방해한 경우에는 해지를 할 수 없다. O|×

20 원칙적으로 보험사고가 발생하기 전에는 보험계약자는 언제든지 계약의 전부 또는 일부를 해지할 수 있다. O|×

21 보험계약자가 보험사고의 발생 전에 보험계약의 전부 또는 일부를 해지한 경우 보험자는 다른 약정이 없으면 미경과보험료를 반환하여야 할 의무를 진다. O|×

22 보험사고가 전쟁 기타의 변란으로 인하여 생긴 때에는 당사자 간에 다른 약정이 없으면 보험자는 보험금액을 지급할 책임이 없다. O|×

23 보험료는 보험금에 대한 대가관계에 있는 것으로 이의 지급은 보험자의 책임발생의 전제가 되지는 않는다. O|×

14. 해지권 행사 → 임의해지, 해지권 행사는 계속보험료 미지급이나 고지의무 또는 통지의무 위반시 보험자가 보험계약에 대한 해지권을 행사하는 것이다.

16. 보험수익자에게는 고지의 의무가 부여되지 않는다.

19. 보험자가 과실로 고지의무 위반사실을 알지 못한 경우에도 보험계약을 해지할 수 없다.

23. 보험료지급은 보험자의 책임발생의 전제가 된다.

24 보험계약자 등의 통지 해태로 인해 보험사고 발생 이후 손해가 증가된 때에는 그 증가된 손해를 보상할 책임이 없다. O | ✕

25 해당 보험계약을 부활하였다 하더라도 보험계약이 실효된 이후 시점부터 부활될 때까지의 기간에 발생한 보험사고에 대하여는 보험자는 책임을 지지 않는다. O | ✕

01 〈보기〉에서 설명하는 보험계약의 법적 성질을 올바르게 연결한 것은? (2018 기출)

─────〈 보 기 〉─────

ㄱ. 우연한 사고의 발생에 의해 보험자의 보험금 지급 의무가 확정된다.

ㄴ. 보험계약자는 보험료를 모두 납부한 후에도 보험자에 대한 통지 의무 등을 진다.

ㄷ. 보험계약의 기술성과 단체성으로 인하여 계약 내용의 정형성이 요구된다.

	㉠	㉡	㉢
①	위험계약성	쌍무계약성	부합계약성
②	사행계약성	계속계약성	부합계약성
③	위험계약성	계속계약성	상행위성
④	사행계약성	쌍무계약성	상행위성

해설 보험계약은 낙성계약, 불요식계약, 쌍무계약, 부합계약성, 상행위성, 사행계약성, 최대선의성과 윤리성, 계속계약성 등의 법적 성질을 갖는다.

ㄱ.사행계약성 : 보험계약에서 보험자의 보험금지급 의무는 우연한 사고의 발생을 전제로 하고 있으나 정보의 비대칭성으로 보험범죄나 인위적 사고의 유발과 같은 도덕적위험이 내재해 있으며 이를 규제하기 위하여 피보험이익, 실손 보상원칙, 최대선의 원칙 등을 두고 보험의 투기화를 막는 제도적 장치가 있다.

ㄴ.계속계약성 : 보험계약은 보험회사가 일정기간 안에 보험사고가 발생하면 보험금을 지급하는 것을 내용으로 하여 그 기간 동안에 보험관계가 지속되는 계속계약의 성질을 지니며, 상법상 독립한 계약이다. 따라서 보험계약자 등은 보험료를 모두 납부한 후에도 보험자에 대한 통지 의무와 같은 보험 계약상의 의무를 진다.

ㄷ.부합계약성 : 보험계약은 다수인을 상대로 체결되고 보험의 기술성과 단체성으로 인하여 그 정형성이 요구되므로 부합계약에 속한다. 보험계약은 일반적으로 보험회사가 미리 작성한 보통보험약관을 매개로 체결되는데 보험계약자는 약관을 승인하거나 거절하는 형식을 취하므로 약관 해석 시 작성자 불이익의 원칙을 두고 있다.

정답 : ②

02 보험계약의 법적 성질에 관한 내용으로 옳지 않은 것은?

① 보험계약은 보험계약자의 청약과 동시에 최초보험료를 미리 납부함으로써 성립하는 요물계약이다.

② 보험계약은 특별한 방식을 요구하지 않는 불요식계약으로, 서면으로 체결되지 아니하여도 효력을 지닌다.

③ 보험계약은 다수인을 상대로 체결되고 보험의 기술성과 단체성으로 인하여 그 정형성이 요구되므로 부합계약에 속한다.

④ 보험계약은 보험회사가 일정기간 안에 보험사고가 발생하면 보험금을 지급하는 것을 내용으로 하여 그 기간 동안에 보험관계가 지속되는 계속계약의 성질을 갖는다.

① 보험계약은 보험계약자의 청약과 동시에 최초보험료를 미리 납부하는 것이 보험거래의 관행이므로 보험계약은 요물계약처럼 운용되고 있지만, 본질적으로 낙성계약이므로 보험료의 선납이 없어도 보험계약은 유효하게 성립된다. 그러나 최초보험료의 납부 없이는 보험자의 책임이 개시하지 않는다.

② 보험계약은 불요식계약이므로 서면의 형식을 반드시 요구하지는 않지만, 실제의 보험실무에서는 정형화된 보험계약 청약서가 이용되고 있다.

③ 부합계약에 해당하는 보험계약은 일반적으로 보험회사가 미리 작성한 보통보험약관을 매개로 체결된다. 보험계약자는 약관을 승인하거나 거절하는 형식을 취하므로 약관 해석 시 작성자 불이익의 원칙을 두고 있다.

④ 보험계약은 계속계약성의 법적 성질을 가진다. 따라서 보험계약자 등은 보험료를 모두 납부한 후에도 보험자에 대한 통지 의무와 같은 보험 계약상의 의무를 진다.

정답 : ①

03 보험계약의 특성 중 〈보기〉의 내용과 가장 관련이 있는 것은?

───〈 보 기 〉───

보험계약자는 자기의 개인적인 위험을 보험자에게 전가하고, 보험자는 위험을 인수하는 대가로 보험료를 받게 된다. 여기서 보험계약법은 보험계약자와 보험자 사이의 이해관계를 합리적으로 조정하는 역할을 담당하게 되고, 보험자의 입장에서 보험의 인수는 영리추구를 위한 수단으로 사용된다.

① 사익조정성　　　　　　　　　② 공공성
③ 단체성　　　　　　　　　　　④ 기술성

① 사보험은 국가가 경제적 약자를 지원하는 사회보장적 성격을 지니는 사회보험과는 그 성격이 크게 다르며, 사보험계약은 보험계약자와 보험자(보험회사) 사이의 이해관계를 합리적으로 조정하는 역할을 수행하게 되는데, 이러한 특성을 가리켜 '사익조정성(영리성)'이라고 한다. 특히 보험자는 보험의 인수를 통해 이윤의 극대화 즉, 영리를 추구할 수 있다. 이와 같은 사보험의 계약 관계에 적용되는 법으로 「보험계약법」이 있는데, 이 법은 보험사법에 해당하는 것으로, 보험사업에 대한 감독과 규제에 관한 「보험업법」과 같은 보험공법과 구별해야 한다.

② 보험제도는 다수의 가입자로부터 거둔 보험료를 기초로 하여 가입자의 경제적 안정을 도모함을 목적으로 하기 때문에 보험사업은 다른 상거래와는 달리 공공성과 사회성이 특히 강조된다.

③ 보험계약자는 보험자와 계약을 체결하는 것이지만, 보험계약의 배후에는 수많은 보험계약자로 구성된 보험단체 또는 위험단체의 관념이 존재하고 있다.

④ 보험단체를 통하여 대량적으로 관찰하면 사고의 발생은 상당히 규칙적인 성질을 가지고 있고, 여기에서 보험사업의 합리적인 경영이 가능하므로 보험자는 대수의 법칙과 수지상등의 원칙에 따라 보험사업을 영위하여야 하는데, 이를 뒷받침하기 위하여 보험계약법은 기술적인 성격을 가지게 된다.

정답 : ①

04 보험계약에 대한 설명으로 옳은 것은? (2022 기출)

① 고지의무자는 보험계약자, 피보험자 및 보험수익자이다.

② 보험계약자는 보험가입증서(보험증권)를 받은 날부터 30일 이내에 청약을 철회할 수 있다.

③ 보험자는 계약을 체결한 날부터 2년이 지난 경우에는 고지의무 위반으로 인한 계약해지를 할 수 없다.

④ 보험자는 보험계약이 성립하고 보험계약자가 보험료의 전부 또는 최초의 보험료를 지급한때에는 지체없이 보험가입증서(보험 증권)를 작성하여 보험계약자에게 교부하여야 한다.

해설 보험계약이 성립하면 보험자는 지체없이 보험증권을 작성하여 교부할 의무가 있다. 보험자는 보험계약이 성립한 때에는 지체없이 보험증권을 작성하여 보험계약자에게 교부하여야 한다. 그러나 보험계약자가 보험료의 전부 또는 최초의 보험료를 지급하지 아니한 때에는 그러하지 아니하다. 한편, 보험계약자는 보험자에 대해 보험증권의 교부 청구권을 가지게 된다.

오답 분석 ① 고지의무자란 보험계약법상 고지할 의무를 부담하는 보험계약자, 피보험자 및 이들의 대리인이다. 그러나 보험수익자는 고지의 의무가 부여되지 않는다.

② 보험계약자는 보험가입증서(보험증권)을 받은 날부터 15일 이내에 청약을 철회할 수 있다. 다만, 진단계약, 보험기간이 1년 미만인 계약 또는 전문보험계약자가 체결한 계약은 청약을 철회할 수 없으며, 청약일로부터 30일이 초과한 계약도 청약철회가 불가하다(일자 계산은 초일 불산입을 적용하므로 1일 보험가입증서를 받은 경우 16일까지 청약 철회가 가능하다).

③ 계약자 또는 피보험자가 고의 또는 중대한 과실로 인하여 보험금 지급사유 발생에 영향을 미치는 고지의무를 위반한 때에는 보험금 지급사유 발생여부와 관계없이 보험자는 계약을 해지할 수 있다. 이 경우 보험자는 해약환급금을 지급한다. 다만, 고지의무(계약전 알릴의무)위반에 대해서 해지할 수 없는 경우는 다음과 같다.

> ① 보험자가 계약 당시에 고지의무 위반사실을 알았거나 과실로 알지 못한 경우
> ② 보험자가 고지의무 위반사실을 안 날로부터 1개월 이상 지났거나 보장개시일부터 보험금 지급사유가 발생하지 않고 2년 이상 지났을 때
> ③ 계약을 체결한 날부터 3년이 지났을 때
> ④ 보험을 모집한 자(이하 "모집자 등"이라 함)가 계약자 또는 피보험자에게 고지할 기회를 주지 않았거나 계약자 또는 는 피보험자가 사실대로 고지하는 것을 방해한 경우, 계약자 또는 피보험자에게 사실대로 고지하지 않게 하였거나 부실한 고지를 권유했을 때(다만, 모집자 등의 행위가 없었다 하더라도 계약자 또는 피보험자가 사실대로 고지하지 않거나 부실한 고지를 했다고 인정되는 경우에는 계약을 해지하거나 보장을 제한할 수 있음)

정답 : ④

05 〈보기〉에서 보험계약의 요소에 대한 설명으로 옳은 것의 총 개수는? (2023 기출)

───────〈 보 기 〉───────

ㄱ. 보험목적물은 보험사고 발생의 객체로 보험자가 배상하여야 할 범위와 한계를 정해준다.
ㄴ. 보험기간은 보험에 의한 보장이 제공되는 기간으로 위험기간 또는 책임기간이라고도 하며 보험자의 책임은 보험을 승낙함으로써 개시된다.
ㄷ. 보험사고란 보험에 담보된 재산 또는 생명이나 신체에 관하여 보험자가 보험금 지급을 약속한 사고가 발생하는 것이다.
ㄹ. 보험료는 보험사고에 의한 보장을 받기 위하여 계약자가 보험자에게 지급하여야 할 금액이다.

① 1개   ② 2개
③ 3개   ④ 4개

> **해설** 보험계약의 요소에는 보험대상자와 보험목적물, 보험사고, 보험료와 보험금, 보험기간과 보험료 납입기간 등이 있다.
> ㄱ. 보험대상자와 보험목적물이란 보험사고 발생의 객체로 생명보험에서는 피보험자의 생명 또는 신체를 가리킨다. 보험계약에서의 목적물은 보험사고 발생 후 보험자가 배상하여야 할 범위와 한계를 정해준다.
> ㄷ. 보험사고란 보험에 담보된 재산 또는 생명이나 신체에 관하여 불확정한 사고 즉 위험이 발생하는 것을 말하며 보험금 지급사유라고도 한다.
> ㄹ. 보험사고가 발생할 경우 보험자가 지급하는 금액을 보험금이라고 하며, 보험자의 보험금 지급에 대한 반대급부로서 보험계약자가 보험자에게 내는 금액을 보험료라고 한다.
>
> **오답분석** ㄴ. 보험자의 보험금 지급책임이 존속하는 기간을 보험기간이라고 하고, 계약자가 보험자에게 보험료를 납입하여야 할 기간을 보험료 납입기간이라고 한다. 보험기간은 보험에 의한 보장이 제공되는 기간으로 상법에서는 보험자의 책임을 최초의 보험료를 지급받은 때로부터 개시한다고 규정되어 있다.
>
> 정답 : ③

06 보험계약의 성립과 관련한 내용으로 옳지 <u>않은</u> 것은?

① 보험자가 계약을 거절한 때에는 보험료를 받은 기간에 대하여 일정 이자를 보험료에 더하여 돌려준다.
② 인보험계약의 피보험자가 신체검사를 받아야 하는 경우 낙부의 통지를 발송하는 기간은 신체검사를 받은 날부터 기산한다.
③ 보험자가 기간 내에 낙부의 통지를 해태한 때에는 승낙한 것으로 본다.
④ 보험자가 보험계약자로부터 보험계약의 청약과 함께 보험료를 받았더라도 승낙 전에 보험사고가 생긴 때에는 보험계약상의 책임을 지지 않는다.

보험자가 보험계약자로부터 보험계약의 청약과 함께 보험료 상당액의 전부 또는 일부를 받은 경우에 그 청약을 승낙하기 전에 보험계약에서 정한 보험사고가 생긴 때에는 그 청약을 거절할 사유가 없는 한 보험자는 보험계약상의 책임을 진다. 그러나 인보험계약의 피보험자가 신체검사를 받아야 하는 경우에 그 검사를 받지 아니한 때에는 그러하지 아니하다.

① 보험계약은 보험계약자의 청약과 보험자의 승낙으로 성립된다. 보험자는 계약자의 청약에 대해 피보험자가 계약에 적합하지 않을 경우 계약을 거절할 수 있으며, 보험자가 계약을 거절한 때에는 보험료를 받은 기간에 대하여 일정 이자를 보험료에 더하여 돌려준다. 단, 계약자가 최초 보험료를 신용카드로 납부한 계약에 대한 승낙 거절시 이자를 지급하지 않고 신용카드 매출만 취소한다.

② 보험자가 보험계약자로부터 보험계약의 청약과 함께 보험료 상당액의 전부 또는 일부의 지급을 받은 때에는 다른 약정이 없으면 30일 내에 그 상대방에 대하여 낙부의 통지를 발송하여야 한다. 그러나 인보험계약의 피보험자가 신체검사를 받아야 하는 경우에는 그 기간은 신체검사를 받은 날부터 기산한다.

③ 보험자가 보험계약자로부터 보험계약의 청약과 함께 보험료 상당액의 전부 또는 일부의 지급을 받은 때에는 다른 약정이 없으면 30일 내에 그 상대방에 대하여 낙부의 통지를 발송하여야 함에도 기간 내에 낙부의 통지를 해태한 때에는 승낙한 것으로 본다.

정답 : ④

07 보험계약에 대한 설명으로 가장 옳은 것은?

① 보험계약의 효력은 보험자가 보험증서를 교부함으로써 발생한다.
② 보험기간이 1년 미만인 계약은 청약을 철회할 수 없다.
③ 보험수익자 및 이들의 대리인이 보험계약법상 고지의무자이다.
④ 보험계약이 유효하게 성립되었으나 계약의 법률상 효력이 계약시점으로 소급되어 없어지는 것을 보험계약의 무효라고 한다.

진단계약, 보험기간이 1년 미만인 계약 또는 전문보험계약자가 체결한 계약은 청약을 철회할 수 없다.

① 보험계약은 보험계약자의 청약과 보험자의 승낙으로 성립된다. 보험증서는 계약이 성립한 후 보험계약 당사자간의 계약 내용을 나타낼 뿐 계약의 성립요건은 아니다.

③ 보험계약자, 피보험자 및 이들의 대리인이 보험계약법상 고지할 의무를 부담하는 고지의무자이다. 보험수익자에게는 고지의 의무가 부여되지 않는다.

④ 보험계약이 처음에는 유효하게 성립되었으나 계약 이후에 계약의 법률상 효력이 계약시점으로 소급되어 없어지는 것을 보험계약의 취소라고 한다. 무효는 계약의 법률상 효력이 처음부터 발생하지 않는 것이다.

정답 : ②

08 보험계약의 고지의무에 관한 설명으로 옳은 것은?

① 고지의무자는 보험계약법상 고지할 의무를 부담하는 보험계약자, 피보험자 및 이들의 대리인이며, 보험수익자는 고지의 의무가 부여되지 않는다.

② 계약 청약시에는 고지의 의무를 이행하여야 하지만, 부활 시에는 이행의 의무가 없다.

③ 계약자 또는 피보험자가 고의 또는 중대한 과실로 인하여 보험금 지급사유 발생에 영향을 미치는 고지의무를 위반한 때에는 보험금 지급사유의 발생여부와 관계없이 보험자는 해약환급금을 지급하지 않고 계약을 해지할 수 있다.

④ 보험계약 당시에 보험계약자 또는 피보험자가 고의 또는 중대한 과실로 인하여 중요한 사항을 고지하지 아니하거나 부실의 고지를 한 때에는 보험자는 중과실 여부와 상관없이 그 사실을 안 날로부터 1월 내에, 계약을 체결한 날로부터 3년 내에 한하여 계약을 해지할 수 있다.

> **해설** 고지의무란 보험계약자 또는 피보험자가 청약시 청약서에서 질문한 사항에 대해 보험자에게 사실대로 알려야 하는 의무이다. 보험계약법상 고지할 의무를 부담하는 고지의무자는 보험계약자, 피보험자 및 이들의 대리인이고 보험수익자는 고지의 의무가 부여되지 않는다. 한편, 고지수령권자는 보험자 또는 보험자로부터 고지 수령권을 받은 자이다.
>
> **오답분석** ② 고지의무는 계약 청약시 뿐 아니라 부활시에도 이행하여야 한다.
> ③ 계약자 또는 피보험자가 고의 또는 중대한 과실로 인하여 보험금 지급사유 발생에 영향을 미치는 고지의무를 위반한 때에는 보험금 지급사유 발생여부와 관계없이 보험자는 계약을 해지할 수 있다. 이 경우 보험자는 해약환급금을 지급한다.
> ④ 보험계약당시에 보험계약자 또는 피보험자가 고의 또는 중대한 과실로 인하여 중요한 사항을 고지하지 아니하거나 부실의 고지를 한 때에는 보험자는 그 사실을 안 날로부터 1월내에, 계약을 체결한 날로부터 3년 내에 한하여 계약을 해지할 수 있다. 그러나 보험자가 계약 당시에 그 사실을 알았거나 중대한 과실로 인하여 알지 못한 때에는 그러하지 아니하다.
>
> 정답 : ①

09 〈보기〉에서 보험계약의 취소 사유에 해당하는 것을 모두 고른 것은?

---〈 보 기 〉---

ㄱ. 사기에 의한 초과, 중복보험인 경우
ㄴ. 보험자의 법률 위반이 존재하는 경우
ㄷ. 기 발생 사고인 경우
ㄹ. '3대 기본지키기'를 미이행한 경우
ㅁ. 피보험자의 자격미달인 사망보험

① ㄱ, ㄴ   ② ㄴ, ㄹ
③ ㄷ, ㄹ   ④ ㄹ, ㅁ

10 보험계약에 대한 설명으로 옳은 것은? (2012 기출변형)

① 보험계약을 부활한 경우 계약이 실효된 이후 시점부터 부활될 때까지의 기간에 발생한 모든 보험사고에 대하여 보험자는 책임을 진다.

② 보험계약에서 보험계약자와 피보험자가 서로 다른 경우를 '타인의 생명보험'이라 하며, 보험계약자와 보험수익자가 서로 다른 경우를 '타인을 위한 보험'이라 한다.

③ 보험계약의 무효란 계약이 처음에는 유효하게 성립되었으나 계약 이후에 무효사유의 발생으로 계약의 법률상 효력이 계약 시점으로 소급되어 없어지는 것을 말한다.

④ 보험계약자 또는 피보험자는 청약 시 청약서에서 질문한 사항에 대하여 보험자에게 사실대로 알려야 하나 부활청약 시에는 고지의무가 없다.

11 보험계약에 대한 설명으로 옳은 것을 모두 고른 것은?

〈 보 기 〉

ㄱ. 보험자는 계약자의 청약에 대해 피보험자가 계약에 적합하지 않을 경우 계약을 거절할 수 있으며, 보험자가 계약을 거절한 때에는 받은 보험료 원금만 돌려주면 된다.

ㄴ. 보험자가 청약을 승낙하기 전에 보험사고가 생긴 때에는 고지의무위반, 건강진단 불응 등 해당 청약을 거절할 사유가 없는 한 보험자는 보험계약상의 책임을 진다.

ㄷ. 계약을 체결한 날부터 3년이 지났을 때에는 고지의무위반에도 불구하고 계약을 해지할 수 없다.

ㄹ. 보험계약자가 제2회 이후의 계속보험료를 납부하지 아니함으로써 보험계약이 해지되었거나 실효된 경우에는 해지환급금 지급여부와 상관없이 부활계약을 청구할 수 있다.

① ㄱ, ㄴ   ② ㄴ, ㄷ

③ ㄱ, ㄷ   ④ ㄷ, ㄹ

해설 보험계약이란 당사자 일방(보험계약자)이 약정한 보험료를 납부하고, 상대방(보험자)이 재산 또는 생명이나 신체에 불확정한 사고가 생길 경우에 일정한 보험금액 기타의 급여를 지급할 의무를 부담하는 계약을 말하며 그 법률효과로서 보험자와 보험계약자 또는 피보험자나 보험수익자 사이에 보험사고가 발생할 경우 보험금지급, 보험료지급에 관한 권리의무관계인 보험관계가 형성된다.

ㄴ. 상법 제638의 2 제3항에 따라 보험자가 청약을 승낙하기 전에 보험사고가 생긴 때에는 고지의무위반, 건강진단 불응 등 해당 청약을 거절할 사유가 없는 한 보험자는 보험계약상의 책임을 진다.

> **상법 제638조의 2 (보험계약의 성립)** 보험자가 보험계약자로부터 보험계약의 청약과 함께 보험료 상당액의 전부 또는 일부를 받은 경우에 그 청약을 승낙하기 전에 보험계약에서 정한 보험사고가 생긴 때에는 그 청약을 거절할 사유가 없는 한 보험자는 보험계약상의 책임을 진다. 그러나 인보험계약의 피보험자가 신체검사를 받아야 하는 경우에 그 검사를 받지 아니한 때에는 그러하지 아니하다.

ㄷ. (1) 보험자가 계약 당시에 고지의무 위반사실을 알았거나 과실로 알지 못한 경우 (2) 보험자가 고지의무 위반사실을 안 날로부터 1개월 이상 지났거나 보장개시일부터 보험금 지급사유가 발생하지 않고 2년 이상 지났을 때 (3) 계약을 체결한 날부터 3년이 지났을 때 (4) 보험을 모집한 자(이하 "모집자 등"이라 함)가 계약자 또는 피보험자에게 고지할 기회를 주지 않았거나 계약자 또는 피보험자가 사실대로 고지하는 것을 방해한 경우, 계약자 또는 피보험자에게 사실대로 고지하지 않게 하였거나 부실한 고지를 권유했을 때(다만, 모집자 등의 행위가 없었다 하더라도 계약자 또는 피보험자가 사실대로 고지하지 않거나 부실한 고지를 했다고 인정되는 경우에는 계약을 해지하거나 보장을 제한할 수 있음)에는 고지의무위반에도 불구하고 계약해지를 할 수 없다.

오답분석 ㄱ. 보험자는 계약자의 청약에 대해 피보험자가 계약에 적합하지 않을 경우 계약을 거절할 수 있으며, 보험자가 계약을 거절한 때에는 보험료를 받은 기간에 대하여 일정 이자를 보험료에 더하여 돌려준다.

ㄹ. 부활계약은 보험계약자가 제2회 이후의 계속보험료를 납부하지 아니함으로써 보험계약이 해지되었거나 실효된 경우로서 해지환급금이 지급되지 않았어야 한다. 부활계약이 이루어지기 위해서는 해지환급금의 미지급 혹은 미수령, 계속보험료 미납에 따른 계약해지의 경우, 보험계약자의 청구, 보험자의 승낙의 요건이 충족되어야 한다. 따라서 해지환급금 지급시에는 보험계약관계가 완전히 종료된 것으로 보아야 한다.

정답 : ②

12 우체국보험의 효력상실 및 부활에 대한 설명으로 옳지 않은 것은? (2023 기출)

① 보험료의 납입연체로 인한 해지계약이 해약환급금을 받지 않은 경우, 계약자는 해지된 날부터 3년 이내에 계약의 부활을 청약할 수 있다.

② 보험료 납입이 연체 중인 경우, 납입최고는 유예기간이 끝나기 15일 이전까지 서면(등기우편 등) 등으로 이루어진다.

③ 체신관서가 부활을 승낙한 경우, 계약자는 부활을 청약한 날까지의 연체된 보험료에 약관에서 정한 이자를 더하여 납입하여야 한다.

④ 보험료 납입 유예기간은 해당 월분 보험료의 납입기일부터 납입기일이 속하는 달의 다음달의 말일까지이며, 유예기간의 마지막 날이 영업일이 아닌 때에는 그 다음 날로 한다.

> **해설** 보험계약자가 보험료를 내지 아니하고 유예기간이 지난 때에는 그 보험계약은 효력을 잃는다. 「우체국예금·보험에 관한 법률 시행규칙 제 50조(보험료 납입 유예기간)」에 따라 보험료 납입 유예기간은 해당 월분 보험료의 납입기일부터 납입기일이 속하는 달의 다음 다음 달의 말일까지로 한다. 다만, 유예기간의 마지막 날이 영업일이 아닌 때에는 그 다음날로 한다.
>
> 정답 : ④

13 보험계약에 따른 보험자의 의무로 볼 수 없는 것은?

① 보험증서 교부의 의무

② 보험금 지급의 의무

③ 계약무효에 따른 보험료 반환 의무

④ 위험변경에 대한 통지 의무

> **해설** 보험계약이 성립하게 되면 보험자와 보험계약자 사이에 권리와 의무 관계가 형성된다. 보험계약의 성립 이후 보험자는 보험계약자에 대하여 보험증서(보험증권) 교부의 의무, 보험사고 발생 시 보험금 지급의 의무, 계약무효에 따른 보험료 반환의 의무 등을 지게 된다. 반면, 보험계약자에는 보험료 지급의 의무, 위험변경 증가에 대한 통지의 의무, 보험사고 발생 시 통지의 의무 등이 부여된다.
>
> 정답 : ④

14 보험계약자의 보험료 납부에 관한 내용으로 옳지 **못한** 것은?

① 보험료의 지급은 보험자의 책임발생의 전제가 된다.

② 보험료지급은 원칙적으로 추심채무이다.

③ 보험계약자는 계약체결 후 지체없이 보험료의 전부 또는 제1회 보험료를 납부하여야 한다.

④ 계약성립 후 2월이 경과하도록 제1회 보험료를 납입하지 아니하는 경우 그 계약은 해제된것으로 본다.

> **해설** 보험계약이 성립되면 보험계약자는 보험자에게 보험료를 납부할 의무를 져야 하며, 이는 보험계약자의 가장 중요한 의무라고 할 수 있다.
> ② 보험료지급은 원칙적으로 지참채무이지만 당사자의 합의나 보험모집인의 관행을 통하여 추심채무로 될 수 있으며, 은행 등의 창구에서 보험료를 납입하도록 하는 온라인과 지로청구에 의한 보험료납입도 지참채무로 볼 수 있다.
>
> **오답분석** ① 보험료는 보험금에 대한 대가관계에 있는 것으로 이의 지급은 보험자의 책임발생의 전제가 되는 것이다.
> ③ 실제 보험실무에서는 보험계약청약 시에 보험료의 전부 또는 제1회 보험료를 선납부하는 관행이 행해지고 있으나 원칙적으로 보험계약자는 계약체결 후 지체없이 보험료의 전부 또는 제1회 보험료를 납부하여야 한다.
> ④ 보험계약의 체결 후 보험계약자가 보험료의 전부 또는 제1회 보험료를 납입하여야 함에도 불구하고, 납입하지 아니하는 경우에 다른 약정이 없는 한 계약성립 후 2월이 경과하면 그 계약은 해제된 것으로 본다. 또한, 계속보험료가 약정되어 있는 시기에 납부되지 아니할 경우 보험자는 '상당한' 기간을 정하여 보험료 납입을 최고하고, 해당 기간내에 보험계약자가 보험료의 납입을 지체한 경우 별도의 해지통보를 통해 계약을 해지할 수 있다.
>
> 정답 : ②

제6장 우체국보험 일반현황

Step 1 개념어 Quiz

1 우체국보험이 국영보험으로서의 사회적 책임과 역할을 체계적이고 효율적으로 수행하기 위하여 2013년 9월에 설립한 재단은?

1. 우체국공익재단

2 체신관서(遞信官署)로 하여금 간편하고 신용 있는 예금·보험사업을 운영하게 함으로써 금융의 대중화를 통하여 국민의 저축의욕을 북돋우고, 보험의 보편화를 통하여 재해의 위험에 공동으로 대처하게 함으로써 국민 경제생활의 안정과 공공복리의 증진에 이바지함을 목적으로 제정된 법률은?

2. 우체국예금·보험에 관한 법률

Step 2 초성 Quiz

1 우체국보험은 1929년 5월에 제정된 '조선간이생명보험령'에 따라 1929년 10월에 조선총독부 체신국에서 ㅈㅅ보험과 양로보험을 판매하기 시작한 것을 시초로 하고 있다.

1. 종신

2 이후 1952년 12월에 '국민생명보험법' 및 '우편연금법'을 제정함에 따라 기존 일본식 명칭이었던 '간이생명보험'을 'ㄱㅁㅅㅁㅂㅎ'으로 개칭하였다.

2. 국민생명보험

3 1977년 1월 당시 체신부는 국민생명보험사업 분야를 ㄴㅎ으로 모두 이관 조치하였다가 1983년 7월에 체신보험사업을 재개하였다.

3. 농협

4 우체국보험은 □천만원 이하의 소액보험(생명·신체·상해·연금 등) 상품개발과 판매 및 운영 사업을 하면서 기타 보험사업에 부대되는 환급금대출과 증권의 매매 및 대여를 업무범위로 하고 있다.

4. 4

5 우체국보험은 국가가 경영하고 과학기술정보통신부 장관이 관장하는 소액 서민 보험서비스로서 보험의 ㅂㅍㅎ에 기여하고 사회적 책임을 강화하는 등 공적 역할을 담당한다.

5. 보편화

6 우체국보험은 담당인력과 조직에 대해 ㅎㅈㅇㅈ부 등 관련부처와 협의를 거치는 등 정부조직법, 국가공무원법 등의 통제를 받고 있다.

6. 행정안전

7 우체국보험사업의 운영에 필요한 경비는 ㄱㅎㅈㅈ부와 협의, 국회의 심의를 거쳐 정부예산으로 편성하고, 예산집행 내역 및 결산 결과를 국회 및 감사원에 보고한다.

8 가입 한도액에 제한이 없는 민영보험과 달리 우체국보험 중 사망보험의 가입한도액은 4,000만원, 연금의 가입한도액은 연 ☐☐☐만원이다.

9 민영보험은 예금보험공사의 보증으로 동일 금융기관내에서 1인당 최고 1억 원까지 지급보장이 되지만, 우체국보험은 국가가 ㅈㅇ 지급보장한다.

10 민영보험과 달리 우체국보험은 변액보험, 퇴직연금, ㅅㅎ보험을 취급할 수 없다.

11 보험금, 환급금 등 보험급여의 지급을 위한 책임준비금에 충당하기 위하여 우체국보험특별회계의 세입·세출 외에 별도로 ㅇㅊㄱㅂㅎㅈㄹㄱ을 설치 운영한다.

12 우체국보험적립금은 보험료 중 부가보험료를 제외한 보험료인 ㅅㅂㅎㄹ, 적립금 운용수익금, 회계의 세입·세출 결산에 따른 잉여금으로 조성한다.

13 조성된 적립금은 주로 보험금 지급에 충당하고, 여유자금은 유가증권 매입 또는 금융기관에 예치하여 ㅅㅇㅅ을 제고하는 한편, 벤처기업에의 투자, 재정자금에의 예탁, 보험계약자를 위한 대출제도 운영에 사용된다.

14 우체국예금의 공익준비금의 경우 정부예산에서 재원으로 삼고 있는데 반해, 우체국보험의 공익준비금은 전 회계연도 적립금 이익잉여금의 ☐%이내, 그린보너스저축보험 전년도 책임준비금의 0.05% 이내(친환경사업 활용)에서 재원을 마련하고 있다.

15 우체국공익재단의 '미래세대 육성 사업'에는 '우체국 ㅊㅅㄴㄲ부보험' 지원, 자립준비청년 식비 지원(예금위탁), 우체국 희망 장학금 지원(예금위탁), 장애가정 아동 성장 멘토링 지원(예금위탁)이 있다.

1 우체국보험의 업무범위에 부동산의 취득·처분과 임대서비스는 포함되지 않는다. ○|×

2 우체국보험은 국가가 운영함에 따라 정부예산회계 관계법령의 적용을 받고 있으며 공적 성격을 유지하기 위하여 외부 회계법인의 검사를 받지 못하도록 하고 있다. ○|×

3 건강보험, 국민연금, 고용보험, 산재보험 등 공영보험과 우체국보험은 의무가입의 대상이다. ○|×

4 우체국보험에 비해 공영보험이 비례성이 약하고 소득재분배 및 사회 정책적 기능에 충실하다. ○|×

5 민영보험은 전 국민을 대상으로 하는 반면, 우체국 보험은 농어촌과 서민만을 대상으로 한다. ○|×

6 민영보험과 달리 우체국보험은 주주이익이 없다. ○|×

7 우체국보험은 금융위원회와 금융감독원의 감독을 받는다. ○|×

8 우체국공익재단의 세부사업 분야에는 우정 인프라 기반 공적역할 강화, 복지 소외계층 지원, 미래세대 육성, 지속 가능 친환경 및 예비사업 등이 있다. ○|×

---

1. 우체국보험의 업무범위에 부동산의 취득·처분과 임대서비스도 포함된다.

2. 「우체국보험 건전성 기준 제34조」에 따라 외부 회계법인의 검사를 받고 있다.

3. 우체국보험은 자유가입의 대상이다.

4. 수익자 부담으로 운영되는 우체국보험이 공영보험에 비해 비례성이 높다.

5. 민영보험은 도시 위주 전 국민 대상인 반면, 우체국보험은 농어촌·서민 위주 전 국민 대상이다.

6. 우체국보험은 국영사업이므로 주주이익이 있을 수 없다.

7. 민영보험은 금융위원회와 금융감독원의 감독을 받지만, 우체국보험은 과학기술정보통신부, 감사원, 국회, 금융위원회 등의 감독을 받는다.

01 우체국보험의 역사를 설명한 〈보기〉의 ㉠~㉢에 들어갈 내용으로 바르게 나열한 것은? (2016 기출)

〈 보 기 〉

• 우체국보험은 (㉠)년 5월에 제정된 '조선간이생명보험령'에 따라 종신보험과 (㉡)으로 시판되었다.
• 1952년 12월 '국민생명보험법' 및 '우편연금법'이 제정되면서 '간이생명보험'이 (㉢)으로 개칭되었다.

	㉠	㉡	㉢
①	1925	양로보험	우편생명보험
②	1929	양로보험	국민생명보험
③	1925	연금보험	우편생명보험
④	1929	연금보험	국민생명보험

해설 우체국보험은 1929년 5월에 제정된 '조선간이생명보험령'에 따라 1929년 10월에 조선총독부 체신국에서 종신보험과 양로보험을 판매하기 시작한 것을 시초로 하고 있다. 이후 1952년 12월에 '국민생명보험법' 및 '우편연금법'을 제정함에 따라 기존 일본식 명칭이었던 '간이생명보험'을 '국민생명보험'으로 개칭하였고, 생명보험 4종 및 연금보험 4종으로 보험사업을 확대하기 시작하였다.

정답 : ②

02 우체국보험에 관한 설명으로 옳지 않은 것은? (2010 기출)

① 우체국보험은 인보험(人保險) 분야의 상품을 취급한다.
② 우체국보험은 금융감독원의 감독을 받는다.
③ 우체국보험의 계약보험금 한도액은 일정금액 이하로 제한된다.
④ 우체국보험의 보험금 지급은 국가가 책임진다.

해설 우체국보험은 민영보험과는 달리 금융감독원의 감독을 받지 않고, 과학기술정보통신부, 감사원, 국회, 금융위원회 등의 감독을 받는다.

오답분석 ① 인보험은 계약자의 생명이나 신체를 위협하는 사고가 발생한 경우 보험자가 일정한 금액 또는 기타의 급여를 지급하는 보험을 말한다. 우체국보험에서도 당연히 생명보험등 인보험 분야의 상품을 취급한다.
③ 「우체국예금·보험에 관한 법률」 제28조(보험의 종류와 금액 등), 및 「동법 시행규칙 제35조(보험의 종류)」에 의한 우체국보험의 종류는 아래 〈표 7-1 우체국보험 종류〉와 같다. 또한, 「동법 시행규칙 제36조(계약보험금 및 보험료의 한도),에 따른 계약보험금 한도액은 보험종류별로 피보험자 1인당 4천만 원으로 하되, 연금보험(단, 연금저축계좌에 해당하는 보험은 제외)의 최초 연금액은 피보험자 1인당 1년에 900만 원 이하로 한다.
④ 「우체국예금·보험에 관한 법률」 제4조(국가의 책임)에 의거하여 우체국예금(이자 포함)과 우체국보험 계약에 따른 보험금 등 전액에 대하여 국가에서 지급을 책임지고 있다.

정답 : ②

03 우체국보험의 특징으로 옳지 않은 것은?

① 우체국보험은 무진단·단순한 상품구조를 바탕으로 보험료가 저렴한 소액 보험상품을 취급하여 서민들이 쉽게 가입할 수 있도록 하고 있다.

② 우체국보험은 국가가 경영하고 과학기술정보통신부 장관이 관장하며, 감사원의 감사와 국회의 국정감사를 받고 있다.

③ 우체국보험은 국가가 운영함에 따라 정부예산회계 관계법령의 적용을 받고 있으며 외부 회계법인의 검사를 받고 있다.

④ 체국보험사업의 운영에 필요한 경비는 기획재정부와 협의, 국회의 심의를 거쳐 정부예산과 별도로 편성하되 예산집행 내역 및 결산 결과를 국회 및 감사원에 보고한다.

> **해설** 우체국보험사업의 운영에 필요한 경비는 기획재정부와 협의, 국회의 심의를 거쳐 정부예산으로 편성하고, 예산집행 내역 및 결산 결과를 국회 및 감사원에 보고한다.
>
> **오답분석** ① 우체국보험은 소액 서민 보험서비스이자 보편적 보험서비스로서 공적 역할을 담당한다.
> ② 우체국예금·보험에 관한 법률 제3조에 따라 우체국보험은 국가가 경영하고 과학기술정보통신부 장관이 관장하며, 감사원의 감사와 국회의 국정감사를 받고 있다.
>
> > **우체국예금·보험에 관한 법률 제3조(우체국예금·보험사업의 관장)** 우체국예금사업과 우체국보험사업은 국가가 경영하며, 과학기술정보통신부장관이 관장(管掌)한다.
>
> 정답 : ④

04 우체국보험의 일반적인 특성에 대한 설명으로 옳지 않은 것은?

① 우체국보험은 국가가 경영하고 과학기술정보통신부 장관이 관장하는 소액 서민 보험서비스로서 보험의 보편화에 기여하고 사회적 책임을 강화하는 등 공적 역할을 담당한다.

② 가입 한도액에 제한이 없는 민영보험과 달리 우체국보험 중 사망보험의 가입한도액은 4,000만원, 연금의 가입한도액은 연 900만원이다.

③ 예금보험공사의 보증으로 동일 금융기관내에서 1인당 최고 5천만원까지 지급을 보장하는 것처럼, 우체국보험도 국가가 5천만원까지 지급을 보장한다.

④ 조성된 적립금은 주로 보험금 지급에 충당하고, 여유자금은 유가증권 매입 또는 금융기관에 예치하여 수익성을 제고하는 한편, 벤처기업에의 투자, 재정자금에의 예탁, 보험계약자를 위한 대출제도 운영에 사용된다.

> **해설** 민영보험은 예금보험공사의 보증으로 동일 금융기관내에서 1인당 최고 5천만원까지 지급보장이 되지만, 우체국보험은 국가가 전액 지급보장한다.

① 우체국보험은 국가가 경영하고 과학기술정보통신부 장관이 관장하는 소액 서민 보험서비스로서 보험의 보편화에 기여하고 사회적 책임을 강화하는 등 공적 역할을 담당한다.

② 가입 한도액에 제한이 없는 민영보험과 달리 우체국보험 중 사망보험의 가입한도액은 4,000만원, 연금의 가입한도액은 연 900만원이다.

④ 조성된 적립금은 주로 보험금 지급에 충당하고, 여유자금은 유가증권 매입 또는 금융기관에 예치하여 수익성을 제고하는 한편, 벤처기업에의 투자, 재정자금에의 예탁, 보험계약자를 위한 대출제도 운영 등을 위하여 사용된다.

정답 : ③

05 우체국보험과 민영보험을 비교한 표에서 해당 내용이 잘못된 것은?

		우체국보험	민영보험
①	가입한도액	4,000만원(사망)	제한 없음
②	지급보장	국가가 전액 보장	1인당 최고 1억 원
③	취급제한	변액보험, 퇴직연금, 손해보험 불가	제한 없음
④	납입료 대비 수혜의 비례성	비례성 약함 (소득재분배 및 사회 정책적 기능)	비례함(수익자 부담)

우체국보험도 민영보험과 마찬가지로 납입료 대비 수혜의 비례성이 성립한다. 즉, 우체국보험과 민영보험 모두 수익자부담 원칙을 취하고 있다. 납입료 대비 수혜의 비례성이 약하다고 평가할 수 있는 보험은 건강보험, 국민연금, 고용보험, 산재보험 등의 공영보험이다. 공영보험은 사회보장제도의 일종으로 소득재분배 및 사회 정책적 기능을 담당하기 때문에 비례성이 약하다.

① 우체국보험의 가입한도액은 사망보험인 경우 4,000만원, 연금인 경우 연 900만원이다. 그러나 민영보험은 가입한도액의 제한이 없다.

② 우체국보험은 국가가 직접 운영하는 보험이므로 국가가 전액 지급을 보장한다. 그러나 민영보험은 예금보험공사의 보증을 통해 동일한 금융기관 내에서 1인당 최고 1억 원까지 지급이 보장된다.

③ 우체국보험은 손해보험, 변액보험, 퇴직연금을 취급하지 않는다. 하지만 민영보험은 취급 상품에 제한이 없다.

정답 : ④

06 현행 「우체국예금·보험에 관한 법률 시행규칙」에서 정한 우체국보험에 대한 설명으로 옳은 것은? (2019 기출)

① 재보험의 가입한도는 영업보험료의 100분의 80 이내이다.

② 우체국보험의 종류에는 보장성보험, 저축성보험, 연금보험, 단체보험이 있다.

③ 계약보험금 한도액은 보험종류별(연금보험 제외)로 피보험자 1인당 5천만 원이다.

④ 세액공제 혜택이 없는 연금보험의 최초 연금액은 피보험자 1인당 1년에 900만 원 이하이다.

07 우체국보험의 사회공헌에 관한 내용으로 적절하지 **못한** 것은?

① 과학기술정보통신부장관은 적립금 결산에 따른 잉여금의 일부로 보험계약자 및 소외계층을 위한 공익사업을 할 수 있다.

② 공익급여 지급대상 보험의 종류별 명칭과 공익급여의 지급대상, 지급범위 및 지급절차 등은 우정사업본부장이 정한다.

③ 우체국보험의 공익준비금은 정부예산을 바탕으로 재원을 마련하고 있다.

④ 공익재단 출연을 위해서 공익자금 조성액은 전 회계연도 이익잉여금을 기준으로 조성한다.

Step 1 개념어 Quiz

1. 리스크

1 예측하지 못한 어떤 사실이나 행위가 자본 및 수익에 부정적인 영향을 끼칠 수 있는 잠재적인 가능성을 뜻하는 것은?

2. 운영리스크

2 부적절하거나 잘못된 내부의 업무 절차, 인력 및 시스템 또는 외부의 사건 등으로 인하여 손실이 발생할 비재무리스크는?

Step 2 초성 Quiz

1. 리스크(Risk)

1 ㄹㅣㅅㅋ 는 예측하지 못한 사실 또는 행위로 인해 자본 및 수익에 부정적인 영향이 발생할 수 있는 잠재적 가능성인 반면, 위험은 수익에 관계없이 손실만을 발생시키는 사건을 의미한다.

2. 리스크관리

2 적절한 ㄹㅣㅅㅋㄱㄹ 를 수행함으로써 투자에 대한 불확실성 수준에 따른 수익을 보존할 수도 있다.

3. 계량적

3 재무적 리스크는 시장리스크, 신용리스크, 금리리스크, 유동성리스크, 보험리스크로 나눠지며, 특성상 주가 및 금리와 같은 데이터를 활용하여 특정한 산식을 통해 산출 및 관리가 가능한 ㄱㄹㅈ 인 성격을 갖는다.

4. 비정형화

4 비재무적 리스크(운영리스크)는 금융회사의 영업활동 또는 시스템 관리 등에 따라 발생할 수 있는 ㅂㅈㅎㅎ 된 리스크로서 계량적인 산출과 관리가 어려운 리스크이다.

5. 손해율

5 재무적 리스크 중 보험리스크는 예상하지 못한 ㅅㅎㅇ 증가 등으로 손실이 발생할 리스크이다.

6. 지급여력비율

6 부채를 원가가 아닌 시가로 평가하는 IFRS17 적용에 따라 보험사의 중요 건전성 지표인 ㅈㄱㅇㄹㅂㅇ 의 하락 우려가 가중되고 있다.

7. 적정성

7 우정사업본부장은 우체국보험의 보험금 지급능력과 재무건전성을 확보하기 위하여 자본의 ㅈㅈㅅ 에 관한 사항, 자산의 건전성에 관한 사항, 그 밖에 경영의 건전성 확보를 위하여 필요한 사항을 준수하여야 한다.

8 우체국보험은 자본의 적정성 유지를 위하여 지급여력비율을 분기별로 산출·관리하여야 하며, 지급여력비율은 □□□% 이상을 유지하도록 노력하여야 한다.

8. 100

9 우정사업본부장은 우체국보험의 지급여력비율이 100% 미만인 경우로서 보험계약자에게 보험금을 지급하지 못할 우려가 있다고 판단되는 경우에는 ㄱㅇㄱㅅㄱㅎ을 수립·시행하여야 한다.

9. 경영개선계획

10 경영개선계획에는 지급여력비율의 수준에 따라 인력 및 조직운영의 개선, ㅅㅇㅂ의 감축, 재정투입의 요청, 부실자산의 처분, 고정자산에 대한 투자 제한, 계약자배당의 제한, 위험자산의 보유제한 및 자산의 처분 등이 일부 또는 전부가 반영되어야 한다.

10. 사업비

11 우정사업본부장은 대출채권, 유가증권, 보험미수금, 미수금·미수수익, 그 밖에 건전성 분류가 필요하다고 인정하는 자산 등 보유자산에 대해 ㄱㅈㅅ을 "정상", "요주의", "고정", "회수의문", "추정손실"의 5단계로 분류하여야 한다.

11. 건전성

12 "회수의문" 또는 "추정손실"로 분류된 자산(ㅂㅅㅈㅅ)을 조기에 상각하여 자산의 건전성을 확보하여야 한다.

12. 부실자산

13 보험적립금을 운용할 때에는 안정성, 유동성, ㅅㅇㅅ, 공익성이 확보되도록 하여야 한다.

13. 수익성

14 우정사업본부장은 보험적립금의 ㅎㅇㅈ인 운용을 위하여 연간 보험적립금 운용계획과 분기별 보험적립금 운용계획을 수립하여야 한다.

14. 효율적

15 우정사업본부장은 보험적립금 성과분석을 ㅁㅇ 실시하며, 분석결과는 보고체계를 통해 운용부서 등에 제공하여 투자의사결정에 활용될 수 있도록 하고, 연간 성과분석자료는 보험적립금 운용분과위원회에 보고한다.

15. 매월

16 우체국보험의 회계처리 및 재무제표 작성은 법령이 정하는 바를 따르되, 관련 법령에서 정하지 않은 사항에 대하여는 「우체국보험 ㅎㄱㅊㄹㅈㅊ」을 따르며, 이 지침에서도 정하지 아니한 사항에 대해서는 일반적으로 인정된 기업회계기준과 기업회계기준서를 준용한다.

16. 회계처리지침

17 우체국보험적립금회계의 재무제표는 ㅈㅁㅅㅌㅍ, 손익계산서, 이익잉여금처분계산서 또는 결손금처리계산서, 현금흐름표로 한다.

17. 재무상태표

18 우정사업본부장은 해당 회계연도의 경영성과와 재무상태를 명확히 파악할 수 있도록 법령을 준수하여 결산서류를 명료하게 작성하고, 매 회계연도마다 적립금의 ㄱㅅㅅ를 작성하여 외부 회계법인의 검사를 받아야 한다.

18. 결산서

19 우정사업본부장은 경영의 투명성 확보를 위하여 ㄱㅇㄱㅅ를 하여야 한다.

20 경영공시는 결산이 확정된 날로부터 ☐개월 이내에 보험계약자 등 이해관계자가 알기 쉽도록 간단명료하게 작성하여 우정사업본부 인터넷 홈페이지 등에 게시하여야 한다.

21 우정사업본부장은 인터넷 홈페이지에 보험계약자 등이 판매상품에 관한 사항을 확인할 수 있도록 ㅅㅍㄱㅅ를 하여야 한다.

1 재무적 리스크 중 자금의 조달, 운영기간의 불일치, 예기치 않은 자금 유출 등으로 지급불능상태에 직면할 리스크는 신용리스크이다.   ○ | ×

2 재무적 리스크 중 시장가격(주가, 이자율, 환율 등)의 변동에 따른 자산가치 변화로 손실이 발생할 리스크는 금리리스크이다.   ○ | ×

3 지급여력비율은 지급여력기준금액을 지급여력금액으로 나누어 산출한다.   ○ | ×

4 우체국보험적립금회계의 재무제표를 분기 결산할 때에는 재무상태표와 손익계산서만 작성할 수 있다.   ○ | ×

1. 신용리스크 → 유동성리스크, 신용리스크는 채무자의 부도, 거래 상대방의 채무불이행 등으로 인하여 손실이 발생할 리스크이다.

2. 금리리스크 → 시장리스크, 금리리스크는 금리 변동에 따른 순자산가치의 하락 등으로 재무상태에 부정적인 영향을 미칠 리스크이다.

3. 지급여력금액을 지급여력기준금액으로 나누어 산출한다.

01 리스크(Risk)와 위험(Danger)을 비교할 때 리스크의 특성으로 볼 수 <u>없는</u> 것은?

① 수익의 불확실성 또는 손실발생 가능
② 불확실성 정도에 따른 보상 존재
③ 통계적 방법을 통한 관리 가능
④ 회피함으로써 제거하거나 전가하는 것이 최선

> **해설** 리스크는 주식투자나 건강관리 등과 같이 예측하지 못한 사실 또는 행위로 인해 자본 및 수익에 부정적인 영향이 발생할 수 있는 잠재적 가능성을 의미하는 것으로 수익의 불확실성 또는 손실발생 가능성, 불확실성 정도에 따른 보상 존재, 통계적 방법을 통해 관리 가능 등을 특징으로 한다. 반면, 위험은 자연재해, 화재, 교통사고 등과 같이 수익에 관계없이 손실만을 발생시키는 사건으로 적절한 보상이 주어지지 않으므로 회피함으로써 제거하거나 전가하는 것이 최선이다.
>
> 정답 : ④

02 리스크의 종류 중 비재무리스크에 해당하는 것은?

① 운영리스크
② 신용리스크
③ 시장리스크
④ 유동성리스크

> **해설** 금융회사에서 발생할 수 있는 리스크에는 재무적 리스크와 비재무적 리스크가 있다. 재무적 리스크는 시장리스크, 신용리스크, 금리리스크, 유동성리스크, 보험리스크로 구분할 수 있는데 특성상 주가 및 금리와 같은 데이터를 활용하여 특정한 산식을 통해 산출 및 관리가 가능한 계량적인 성격을 갖는다. 이와 달리 비재무적 리스크는 금융회사의 영업활동 또는 시스템 관리 등에 따라 발생할 수 있는 비정형화된 리스크로서 계량적인 산출과 관리가 어려운 리스크이다. 비재무적 리스크에는 운영리스크가 있다.
> ① 운영리스크는 부적절하거나 잘못된 내부의 업무 절차, 인력 및 시스템 또는 외부의 사건 등으로 인하여 손실이 발생할 리스크이다.
>
> **오답분석** ② 신용리스크는 채무자의 부도, 거래 상대방의 채무불이행 등으로 인하여 손실이 발생할 리스크이다.
> ③ 시장리스크는 시장가격(주가, 이자율, 환율 등)의 변동에 따른 자산가치 변화로 손실이 발생할 리스크이다.
> ④ 유동성리스크는 자금의 조달, 운영기간의 불일치, 예기치 않은 자금 유출 등으로 지급불능상태에 직면할 리스크이다.
>
> 정답 : ①

03 우체국보험의 재무건전성 관리에 관한 내용으로 옳지 <u>않은</u> 것은?

① 우정사업본부장은 건전경영을 위하여 자본의 적정성과 자산의 건전성을 유지하기 위하여 노력하여야 한다.

② 우체국보험은 자본의 적정성 유지를 위하여 지급여력비율을 반기별로 산출·관리하여야 하며, 지급여력비율을 80% 이상 유지하여야 한다.

③ 지급여력금액은 기본자본과 보완자본을 합산한 후, 차감항목을 차감하여 산출한다.

④ 우정사업본부장은 자산의 건전성을 5단계로 분류하고 부실자산을 조기 상각하여야 한다.

> **해설** 우체국보험은 자본의 적정성 유지를 위하여 지급여력비율을 분기별로 산출·관리하여야 하며, 지급여력비율을 100% 이상 유지하여야 한다. 우정사업본부장은 우체국보험의 지급여력비율이 100% 미만인 경우로서 보험계약자에게 보험금을 지급하지 못할 우려가 있다고 판단되는 경우에는 경영개선계획을 수립·시행하여야 한다. 지급여력비율은 지급여력금액을 지급여력기준금액으로 나누어 산출한다.
>
> **오답분석** ① 우정사업본부장은 건전경영을 위하여 자본의 적정성에 관한 사항, 자산의 건전성에 관한 사항, 그 밖에 경영의 건전성 확보를 위하여 필요한 사항 등을 준수하여야 한다.
> ③ 지급여력기준금액은 보험사업에 내재된 다양한 리스크를 보험·금리·시장·신용·운영 리스크로 세분화하여 측정하며 지급여력금액은 기본자본과 보완자본을 합산한 후, 차감항목을 차감하여 산출한다.
> ④ 우정사업본부장은 대출채권, 유가증권, 보험미수금, 미수금·미수수익, 그 밖에 건전성 분류가 필요하다고 인정하는 자산에 대해 건전성을 "정상", "요주의", "고정", "회수의문", "추정손실"의 5단계로 분류하여야 한다. 이중 "회수의문" 또는 "추정손실"로 분류된 "부실자산"을 조기에 상각하여 자산의 건전성을 확보하여야 한다.
>
> 정답 : ①

04 우체국보험 재무건전성 관리에 대한 설명으로 옳은 것은? (2023 기출)

① 우체국보험은 자본의 적정성 유지를 위하여 지급여력비율을 반기별로 산출·관리하여야 한다.

② 과학기술정보통신부장관은 우체국보험사업에 대한 건전성을 유지하고 관리하기 위하여 필요한 경우에는 금융위원회에 검사를 요청할 수 있다.

③ 우정사업본부장은 지급여력비율이 150% 미만인 경우로서 보험계약자에게 보험금을 지급하지 못할 우려가 있다고 판단되는 경우에는 경영개선계획을 수립·시행하여야 한다.

④ 우정사업본부장은 자산건전성 분류 대상 자산에 해당하는 보유자산에 대해 건전성을 5단계로 분류하여야 하며 "고정", "회수의문" 또는 "추정손실"로 분류된 자산을 조기에 상각하여야 한다.

> **해설** 우정사업본부장은 우체국보험의 보험금 지급능력과 재무건전성을 확보하기 위하여 자본의 적정성, 자산의 건전성 등 건전경영의 유지를 위한 준수사항을 이행하여야 한다. 그리고 과학기술정보통신부장관은 우체국예금·보험에 관한 법률(우체국예금보험법) 제3조의2(건전성의 유지·관리) 제1항에 근거하여 우체국예금·보험사업에 대한 건전성을 유지하고 관리하기 위하여 필요한 경우에는 금융위원회에 검사를 요청할 수 있다.

① 우체국보험은 자본의 적정성 유지를 위하여 지급여력비율을 분기별로 산출·관리하여야 하며, 지급여력비율은 지급여력금액을 지급여력기준금액으로 나누어 산출한다.

③ 우정사업본부장은 우체국보험의 지급여력비율이 100% 미만인 경우로서 보험계약자에게 보험금을 지급하지 못할 우려가 있다고 판단되는 경우에는 경영개선계획을 수립·시행하여야 한다.

④ 우정사업본부장은 보유자산에 대해 건전성을 "정상", "요주의", "고정", "회수의문", "추정손실"의 5단계로 분류하여야 하며 부실자산에 해당하는 "회수의문" 또는 "추정손실"로 분류된 자산을 조기에 상각하여 자산의 건전성을 확보하여야 한다.

정답 : ②

05 우체국보험적립금에 대한 설명으로 옳지 않은 것은? (2022 기출)

① 과학기술정보통신부장관이 운용·관리한다.

② 보험계약자를 위한 대출제도 운영에 사용된다.

③ 「우체국예금·보험에 관한 법률」에 근거를 두고 있다.

④ 순보험료, 운용수익 및 회계의 세입·세출 결산상 잉여금으로 조성한다.

「우체국보험특별회계법 제4조(우체국보험적립금의 조성 등)」는 '보험금·환급금 등 보험급여를 지급하기 위한 책임준비금에 충당하기 위하여 세입·세출 외에 따로 우체국보험적립금(이하 "적립금"이라 한다)을 둔다.'고 규정하고 있다. 제6조(적립금의 운용 방법)」에 의거 적립금을 운용할 때에는 안정성·유동성·수익성 및 공익성이 확보되도록 하여야 한다. 적립금 운용계획은 「우정사업 운영에 관한 특례법 제5조의2」에 의한 우체국보험적립금분과위원회의 심의를 받아야 하며, 우체국보험의 회계처리 및 재무제표 작성은 우체국보험회계법, 국가재정법, 국가회계법, 같은 법 시행령 및 시행규칙에서 정하는 바에 따른다. 다만, 관련 법령에서 정하지 않은 사항에 대하여는 「우체국보험회계법 시행령 제15조」에 근거하여 정한 「우체국보험 회계처리지침」에 따르며, 이 지침에서도 정하지 아니한 사항은 일반적으로 인정된 기업회계기준과 기업회계기준서를 준용한다.

① 「우체국보험특별회계법 제5조(적립금의 운용)」는 '적립금은 과학기술정보통신부장관이 운용·관리한다.'고 규정하고 있다.

② 우체국보험적립금은 금융기관에의 예탁, 「자본시장과 금융투자업에 관한 법률」에 따른 증권의 매매 및 대여, 국가 및 지방자치단체와 과학기술정보통신부령으로 정하는 공공기관에 대한 대출, 보험계약자에 대한 대출, 대통령령으로 정하는 업무용 부동산의 취득·처분 및 임대, 「자본시장과 금융투자업에 관한 법률」 제5조에 따른 파생상품의 거래, 「벤처기업육성에 관한 특별조치법」 제2조제1항에 따른 벤처기업에의 투자, 재정자금에의 예탁, 「자본시장과 금융투자업에 관한 법률」 제355조에 따른 자금중개회사를 통한 금융기관에의 대여, 그 밖에 대통령령으로 정하는 적립금 증식 등을 대상으로 운용된다.

④ 적립금 순보험료(보험료 중 부가보험료를 제외한 보험료를 말한다), 적립금 운용수익금, 회계의 세입·세출 결산에 따른 잉여금 등으로 조성(우체국보험특별회계법 제4조 ②)하며, 보험금과 환급금 등 보험급여는 적립금에서 지출(우체국보험특별회계법 제4조 ③)한다.

정답 : ③

1 우체국으로부터 위탁을 받아 우체국보험의 모집 업무를 행하는 개인은?

2 우체국장과 위촉계약을 체결하여 TCM(Tele-Marketing Financial)을 통해 우체국보험을 모집하는 개인은?

3 우체국FC 중 우체국창구업무의 일부를 수탁받은 자 또는 위 수탁받은 자가 설치한 장소에서 근무하는 자로서 「우체국보험 모집 및 보상금 지급 등에 관한 규정」에 따라 등록된 자는?

4 고객이 보험모집자와의 사전 상담을 통해 설계한 청약내용을 직접 우체국보험 홈페이지 또는 모바일앱에 접속하여 고지의무사항 체크 등 필수정보를 입력한 후 금융인증서, 공동인증서, 카카오페이인증서를 통하여 보험계약을 체결하는 서비스는?

5 고객상담을 통해 가입 설계한 내용을 기초로 모집자의 태블릿 PC를 통해 전자서명·고지의무사항 체크 등 필수정보를 입력하고, 제1회 보험료 입금까지 One-Stop으로 편리하게 보험계약을 체결할 수 있는 서비스는?

6 적부조사자가 피보험자를 직접 면담 또는 전화를 활용하여 적부 주요 확인사항을 중심으로 확인하며, 계약적부조사서상에 주요 확인사항 등을 기재하고 피보험자가 최종 확인하는 제도는?

7 피보험자의 특정부위·질병에 대한 병력으로 정상 인수가 불가한 경우, 해당 부위·질병에 일정한 면책기간을 설정하여 인수하는 제도는?

8 질병의 종류, 건강상태 등 피보험자의 위험정도에 따라 표준체 보험료에 위험도별 할증보험료를 부가하여 계약을 인수하는 제도는?

9 특정질병으로 인한 생존치료금 발생 가능성이 높을 경우 주계약에 부가된 선택특약 가입분을 해지(거절)처리하여 보험금 지급사유를 사전에 차단함으로써 위험을 예방하고, 적극적인 계약 인수를 도모하는 제도는?

---

1. 우체국FC

2. 우체국TMFC(Tele-Marketing Financial Consultant)

3. 우편취급FC(취급국FC)

4. 전자청약서비스

5. 태블릿청약서비스

6. 계약적부조사

7. 특정부위·질병 부담보 제도

8. 보험료 할증제도

9. 특약해지 제도

1. 보험모집

1 ㅂㅎㅁㅈ이란 우체국과 보험계약이 체결될 수 있도록 중개하는 모든 행위(계약 체결의 승낙은 제외)를 의미한다.

2. 보험안내

2 ㅂㅎㅇㄴ자료에는 보험가입에 따른 권리·의무에 관한 주요사항, 보험약관에서 정하는 보장에 관한 주요내용, 해약환급금에 관한 사항, 보험금이 금리에 연동되는 보험상품의 경우 적용금리 및 보험금 변동에 관한 사항, 최저로 보장되는 보험금이 설정되어 있는 경우 그 내용, 보험금 지급제한 조건·보험안내자료의 제작기관명·제작일·승인번호, 보험 상담 및 분쟁의 해결에 관한 사항, 보험안내자료 사용기관의 명칭 또는 보험모집자의 성명이나 명칭 그 밖에 필요한 사항, 그 밖에 보험계약자의 보호를 위하여 필요하다고 인정되는 사항이 명료하고 알기 쉽게 기재되어야 한다.

3. 가입설계

3 보험계약 체결 권유 단계에서는 ㄱㅇㅅㄱ서와 상품설명서를 제공하여야 한다.(단체보험 제외)

4. 보험약관

4 보험계약 청약 단계에서는 보험계약청약서 부본과 ㅂㅎㅇㄱ을 제공하여야 하지만, 청약서 부본의 경우 전화를 이용하여 청약하는 경우에는 보험업감독규정에서 정한 확인서 제공으로 이를 갈음할 수 있다.

5. 보험증서(보험가입증서)

5 보험계약 승낙 단계에서는 ㅂㅎㅈㅅ를 제공하여야 한다.

6. 보험료

6 보험계약의 체결을 권유하는 경우 주계약 및 특약별 ㅂㅎㄹ, 주계약 및 특약별로 보장하는 사망·질병·상해 등 주요 위험 및 보험금, 보험료 납입기간 및 보험기간, 보험 상품의 종목 및 명칭, 청약의 철회에 관한 사항, 지급한도·면책사항·감액지급 사항 등 보험금 지급제한 조건, 고지의무 위반의 효과, 계약의 취소 및 무효에 관한 사항, 해약환급금에 관한 사항, 분쟁조정절차에 관한 사항, 그 밖에 보험계약자 보호를 위하여 필요하다고 인정되는 사항을 설명하여야 한다.

7. 10

7 저축성보험(금리확정형보험은 제외) 계약의 경우 계약자가 보험계약 체결권유 단계에서 설명 의무사항을 설명 받았고, 이를 이해하였음을 전화 등 통신수단을 통하여 청약 후 ☐☐일 이내에 확인을 받아야 한다.

8. 사업비

8 저축성보험 계약체결 권유 단계에서는 납입보험료 중 ㅅㅇㅂ 등이 차감된 일부 금액이 적용이율로 부리된다는 내용, 사업비 수준(금리확정형보험은 제외), 해약환급금(금리확정형보험은 제외), 기타 우정사업본부장이 정하는 사항을 의무적으로 설명하여야 한다.

9 보험계약 체결단계에서는 보험의 모집에 종사하는 자의 성명·ㅇㄹㅊ 및 소속, 보험의 모집에 종사하는 자가 보험계약의 체결을 대리할 수 있는지 여부, 보험의 모집에 종사하는 자가 보험료나 고지의무사항을 대신하여 수령할 수 있는지 여부, 보험계약의 승낙절차, 보험계약 승낙거절 시 거절사유를 설명하여야 한다.

9. 연락처

10 보험금 청구단계에서는 담당 부서 및 연락처, 예상 심사기간 및 예상 ㅈㄱㅇ을 설명하여야 한다.

10. 지급일

11 보험금 지급단계에서는 심사 ㅈㅇ 시 그 사유를 설명하여야 한다.

11. 지연

12 보험모집자는 전화·우편·컴퓨터 등의 통신매체를 이용한 보험모집을 함에 있어 다른 사람의 ㅍㅇ한 생활을 침해하여서는 안 된다.

12. 평온

13 통신수단을 이용하여 모집할 수 있는 대상자는 통신수단을 이용한 모집에 대하여 ㄷㅇ한 자, 우체국보험계약을 체결한 실적이 있는 보험계약자 또는 피보험자(통신수단을 이용한 모집당시 보험계약이 유효한 자에 한함), 「신용정보의 이용 및 보호에 관한 법률」에 의한 개인정보제공·활용 동의 등 적법한 절차에 따라 개인정보를 제공받거나 개인정보의 활용에 관하여 동의를 받은 경우의 해당 개인 등이다.

13. 동의

14 우체국 보험계약의 체결에 종사하는 자 또는 보험모집자는 그 체결 또는 모집에 관하여 보험계약자 또는 피보험자에게 보험계약의 내용의 일부에 대하여 비교대상 및 기준을 명시하지 아니하거나 ㄱㄱㅈ인 근거 없이 다른 보험계약과 비교한 사항을 알리는 행위를 하지 못한다.

14. 객관적

15 기존보험계약이 소멸된 날부터 □개월 이내에 새로운 보험계약을 청약하게 하거나 새로운 보험계약을 청약하게 한 날부터 1개월 이내에 기존보험계약을 소멸하게 하는 행위는 기존보험계약을 부당하게 소멸시키거나 소멸하게 하는 행위에 해당한다.

15. 1

16 기존보험계약을 부당하게 소멸시키거나 소멸하게 하였을 때에 보험계약자는 보험계약의 체결 또는 모집에 종사하는 자가 속하거나 모집을 위탁한 우정관서에 대하여 그 보험계약이 소멸한 날부터 □개월 이내에 소멸된 보험계약의 부활을 청구하고 새로운 보험계약은 취소할 수 있다.

16. 6

17 모집과 관련한 특별이익의 제공금지 항목에는 □만원을 초과하는 금품, 기초서류에서 정한 사유에 근거하지 아니한 보험료의 할인 또는 수수료의 지급, 기초서류에서 정한 보험금액보다 많은 보험금액의 지급의 약속, 보험계약자 또는 피보험자를 위한 보험료의 대납, 보험계약자 또는 피보험자가 체신관서로부터 받은 대출금에 대한 이자의 대납, 보험료로 받은 수표 등에 대한 이자상당액의 대납 등이 포함된다.

17. 3

18. 모집자	**18** 우체국보험의 <u>ㅁㅈㅈ</u>에는 우정사업본부 소속 공무원·별정우체국직원·상시 집배원, 우편취급국장 및 우편취급국 직원, 우체국FC, 우체국TMFC, 그밖에 우정사업본부장이 인정한 자 등이 포함된다.
19. 3	**19** 직원 중 우정인재개발원장이 실시하는 보험관련 교육을 □일 이상 이수한 자는 보험모집을 할 수 있다.
20. 20	**20** 직원 중 우정인재개발원장이 실시하는 보험모집희망자 교육과정(사이버교육)을 이수하고 우정사업본부장, 지방우정청장 또는 우체국장이 실시하는 보험관련 집합교육을 □□시간 이상 이수한 자는 보험모집을 할 수 있다.
21. 인증시험	**21** 직원 중 교육훈련 인증제에 따른 금융분야 <u>ㅇㅈㅅㅎ</u>에 합격한 자 또는 종합자산관리사(IFP), 재무설계사(AFPK), 국제재무설계사(CFP) 등 금융분야 자격증을 취득한 자는 보험모집을 할 수 있다.
22. 3	**22** 신규임용일 또는 금융업무 미취급 관서(타부처 포함)에서 전입일부터 □년 이하인 직원(단, 금융업무 담당자는 제외)은 보험모집 자격요건을 충족한 자라 할지라도 보험모집이 제한된다.
23. 우체국장	**23** FC를 희망하는 자는 '우체국FC 위촉계약신청서'를 <u>ㅇㅊㄱㅈ</u>에게 제출하여야 한다.
24. 2	**24** 우체국예금·보험에 관한 법률 및 보험업법에 따라 벌금 이상의 형을 선고받고 그 집행이 종료되거나 집행이 면제된 날부터 □년이 경과되지 아니한 자는 우체국FC 등록이 제한된다.
25. 3	**25** 보험모집 등과 관련하여 법령, 규정 및 준수사항 등을 위반하여 보험모집 자격을 상실한 후 □년이 경과되지 아니한 자는 우체국FC 등록이 제한된다.
26. 청약서	**26** 보험계약을 체결하려는 자는 제1회 보험료와 함께 보험계약 <u>ㅊㅇㅅ</u>를 체신관서에 제출하여야 하며, 보험계약은 체신관서가 이를 승낙함으로써 그 효력이 발생한다.
27. 보험가입증서	**27** 체신관서가 보험계약의 청약을 승낙하지 아니한 경우에는 제1회 보험료(선납 보험료를 포함한다)를 해당 청약자에게 반환하여야 하고, 체신관서가 계약을 승낙한 때에는 <u>ㅂㅎㄱㅇㅈㅅ</u>를 작성하여 보험계약자에게 교부해야 한다.
28. 보험금액	**28** 보험가입증서에는 보험의 종류별 명칭, <u>ㅂㅎㄱㅇ</u>, 보험료, 보험계약자(보험계약자가 2인 이상인 경우에는 그 대표자를 말한다)·피보험자 및 보험수익자의 성명·주소 및 생년월일, 보험기간 및 보험료 납입기간, 보험가입증서의 작성연월일 및 번호, 그밖에 우정사업본부장이 정하는 사항이 기재되어야 한다.

29 전자청약이 가능한 계약은 가입설계서를 발행한 계약으로 전자청약 전환을 신청한 계약에 한하며, 가입설계일로부터 ☐☐일(비영업일 포함)이내에 한하여 전자청약을 할 수 있다.

29. 10

30 전자청약 또는 태블릿청약서비스를 이용하는 고객에게는 제2회 이후 보험료 ⓩⓓⓞⓒ시 0.5%의 할인이 적용된다.

30. 자동이체

31 ⓑⓗⓝⓘ 계산방법은 계약일 현재 피보험자의 실제 만 나이를 기준으로 6개월 미만의 끝수는 버리고 6개월 이상의 끝수는 1년으로 하여 계산하며, 이후 매년 계약 해당일에 나이가 증가하는 것으로 한다.

31. 보험나이

32 청약심사(언더라이팅)란 일반적으로 보험사의 "위험의 선택" 업무로서 ⓞⓗⓟⓖ의 체계화된 기법으로 신체적 위험, 환경적 위험, 도덕적 위험(재정적 위험)에 주의할 필요가 있다.

32. 위험평가

33 동일위험에 대한 동일보험료를 부과함으로써 보험요율의 합리적인 적용을 통한 보험가입자간 ⓖⓩⓢ 제고가 가능하다.

33. 공정성

34 청약심사자는 청약서와 계약적부조사 결과 등을 종합적으로 평가하여 피보험자의 위험에 따라 정상인수, ⓩⓖⓑ인수, 거절 등의 합리적 인수조건을 결정하게 된다.

34. 조건부

35 피보험자의 질병 등 신체적 위험을 측정하여 표준체로 인수가 불가할 경우 언더라이팅 관련 제 매뉴얼 및 언더라이터의 판단에 의해 「ⓣⓑⓩⓖⓑ 인수계약」으로 계약을 인수할 수 있다.

35. 특별조건부

36 특별조건부 인수계약은 '특정부위·질병 부담보'와 '특약해지', '보험료 할증', '보험료 감액', '보험금 삭감' 등이 있으며, 우체국보험에서는 현재 '특정부위·질병 부담보'와 '특약해지', '보험료 ⓗⓩ'을 적용하고 있다.

36. 할증

37 체신관서는 계약의 청약을 받고, 제1회 보험료를 받은 경우에 청약일부터 ☐☐일 이내에 승낙 또는 거절하여야 하며, 승낙한 때에는 보험가입증서(보험증권)를 교부하여야 한다.

37. 30

38 보험계약자는 보험가입증서(보험증권)를 받은 날부터 ☐☐일 이내에 그 청약을 철회할 수 있다.

38. 15

39 보험계약자는 청약한 날부터 ☐☐일이 초과된 계약은 청약을 철회할 수 없다.

39. 30

40 전화를 통해 가입하는 계약 중 계약자의 나이가 만 65세 이상인 계약의 경우 ☐☐일이 초과된 계약은 철회할 수 없다.

41 보험계약자가 청약을 철회한 때에는 체신관서는 청약의 철회를 접수한 날부터 ☐일 이내에 납입한 보험료를 반환한다.

42 ☐ㅂㅈㄱㅅ☐일은 체신관서가 보장을 개시하는 날로서 계약이 성립되고 제1회 보험료를 받은 날을 말하나, 체신관서가 승낙하기 전이라도 청약과 함께 제1회 보험료를 받은 경우에는 제1회 보험료를 받은 날을 의미한다.

43 자동이체납입의 경우에는 자동이체 신청에 필요한 ☐ㅈㅂ☐를 제공한 때를 보장개시일로 보며, 계약자의 책임 있는 사유로 자동이체가 불가능한 경우에는 보험료가 납입되지 않은 것으로 본다.

44 타인의 사망을 보험금 지급사유로 하는 계약에서 계약을 체결할 때까지 피보험자의 서면에 의한 동의를 얻지 않은 경우, 만 ☐☐세 미만자나 심신상실자 또는 심신박약자를 피보험자로하여 사망을 보험금 지급사유로 한 계약의 경우, 계약을 체결할 때 계약에서 정한 피보험자의 나이에 미달되었거나 초과되었을 경우 보험계약은 무효가 된다.

45 피보험자가 청약일 이전에 암 또는 인간면역결핍바이러스(HIV) 감염의 진단 확정을 받은 후 계약자 또는 피보험자가 이를 숨기고 가입하는 등의 뚜렷한 사기의 의사에 의하여 계약이 성립되었음을 체신관서가 증명하는 경우에는 보장개시일부터 ☐년 이내(사기사실을 안 날부터는 1개월 이내)에 계약을 취소할 수 있다.

46 보험모집자가 계약체결시 3대 기본지키기를 이행하지 않았을 경우에는 계약자는 계약이 성립한 날부터 ☐개월 이내에 취소권을 행사할 수 있으며, 체신관서는 이미 납입한 보험료에 보험료를 받은 기간에 대하여 환급금대출이율을 연단위 복리로 계산한 금액을 더하여 지급한다.

47 3대 기본 지키기는 약관 및 청약서 부본 전달, 약관 주요 내용 설명, 계약자 및 피보험자의 ☐ㅈㅍㅅㅁ☐ 등이다.

1 보험안내자료에 우체국보험의 자산과 부채를 기재하는 경우 우정사업본부장이 작성한 재무제표에 기재된 사항과 다른 내용의 것을 기재하지 못한다. O│X

2 보험안내자료에 보험계약의 내용과 다른 사항, 보험계약자에게 유리한 내용만을 골라 안내하거나 다른 보험회사 상품과 비교한 사항, 확정되지 아니한 사항이나 사실에 근거하지 아니한 사항을 기초로 다른 보험회사 상품에 비하여 유리하게 비교한 사항, 특정 보험계약자에게만 혜택을 준다는 내용을 기재하지 못한다. O│X

3 보험안내자료에 우체국보험의 장래의 이익의 배당 또는 잉여금의 분배에 대한 예상에 관한 사항은 예외없이 기재할 수 없다. O│X

4 보험계약의 체결 또는 모집과 관련이 없는 금융거래를 통하여 취득한 개인정보를 미리 해당 개인의 동의를 받지 아니하고 모집에 이용하는 행위는 금지된다. O│X

5 직원 중 우정개발원장이 실시하는 보험모집희망자 교육과정(사이버교육)을 이수하고, 우체국보험 모집인 자격평가 시험에서 60점 이상을 받아 합격한 자는 보험모집을 할 수 있다. O│X

6 허위사실 유포와 선동, 교육태도 불량, 욕설, 폭언, 집단 따돌림 가해, 성희롱 등 FC실 분위기를 저해하여 업무를 위탁하기에 어렵다고 우체국장이 판단하여 위촉계약이 해지된 후 6개월이 경과되지 아니한 자는 우체국FC 등록이 제한된다. O│X

7 외국인으로 체류자격을 받고 외국인등록증, 외국국적동포 국내거소신고증, 영주증을 발급받은 자 등은 외국인 체류자격 코드에 따라 우체국보험 가입이 가능하다. O│X

8 체신관서가 계약의 청약을 받고 제1회 보험료를 받은 후 만일 30일 이내에 승낙 또는 거절의 통지를 하지 않으면 계약은 거절된 것으로 본다. O│X

9 전문보험계약자는 보험가입증서(보험증권)를 받은 날부터 15일 이내에 체결한 계약에 대하여 청약을 철회할 수 있다. O│X

3. 보험계약자의 이해를 돕기 위하여 필요하다고 인정하는 경우에는 기재할 수 있다.

5. 60점 이상 → 70점 이상

8. 승낙된 것으로 본다.

9. 전문보험계약자가 체결한 계약은 청약을 철회할 수 없다.

정답 │ 1. ○ 2. ○ 3. × 4. ○ 5. × 6. ○ 7. ○ 8. × 9. ×

01 우체국보험모집에 관한 내용으로 옳지 <u>않은</u> 것은?

① 부당한 모집행위나 과당경쟁을 하여서는 아니 되며, 보험모집자가 제반 법규를 준수하도록하여 합리적이고 공정한 영업풍토를 조성하는데 최선을 다하여야 한다.

② 보험안내자료에는 보험가입에 따른 권리 · 의무에 관한 주요사항 및 보험약관에서 정하는 보장에 관한 주요내용을 기재하여야 한다.

③ 보험모집의 단계 중 보험계약의 승낙 단계에서는 보험계약청약서 부본과 보험약관이 제공되어야 한다.

④ 통신수단을 이용한 모집에 대하여 동의했거나, 우체국보험계약을 체결한 실적이 있는 보험계약자 또는 피보험자에게는 통신수단을 이용한 모집이 허용된다.

> **해설** '보험모집'이란 우체국과 보험계약이 체결될 수 있도록 중개하는 모든 행위(계약체결의 승낙은 제외)를 의미한다. 보험계약 체결 시 보험계약자에게 보험모집 단계별로 관련 서류를 제공하여야 한다. 1단계인 보험계약 체결 권유 단계에는 가입설계서, 상품설명서를 제공해야 하고 2단계인 보험계약 청약 단계에는 보험계약청약서 부본과 보험약관을 제공해야 한다. 그리고 3단계인 보험계약 승낙 단계에는 보험가입증서(보험증권)를 제공한다.

> **오답분석** ① 우정사업본부장은 우체국보험의 건전한 모집질서를 확립하고 우체국보험의 공신력 제고와 보험계약자의 권익보호를 위하여 부당한 모집행위나 과당경쟁을 하여서는 아니 되며, 보험모집자가 제반 법규를 준수하도록 하여 합리적이고 공정한 영업풍토를 조성하는데 최선을 다하여야 한다.
> ② 우체국보험을 모집하기 위하여 사용하는 보험안내자료에는 보험가입에 따른 권리·의무에 관한 주요사항, 보험약관에서 정하는 보장에 관한 주요내용, 해약환급금에 관한 사항, 보험금이 금리에 연동되는 보험상품의 경우 적용금리 및 보험금 변동에 관한 사항, 최저로 보장되는 보험금이 설정되어 있는 경우 그 내용, 보험금 지급제한 조건, 보험안내자료의 제작기관명, 제작일, 승인번호, 보험 상담 및 분쟁의 해결에 관한 사항, 보험안내자료 사용기관의 명칭 또는 보험모집자의 성명이나 명칭 그 밖에 필요한 사항, 그 밖에 보험계약자의 보호를 위하여 필요하다고 인정되는 사항 등이 기재되어야 한다.
> ④ 통신수단을 이용하여 모집할 수 있는 대상자에는 통신수단을 이용한 모집에 대하여 동의한 자, 우체국보험계약을 체결한 실적이 있는 보험계약자 또는 피보험자(통신수단을 이용한 모집당시 보험계약이 유효한 자에 한함), 「신용정보의 이용 및 보호에 관한 법률」에 의한 개인정보제공·활용 동의 등 적법한 절차에 따라 개인정보를 제공받거나 개인정보의 활용에 관하여 동의를 받은 경우의 해당 개인 등이 포함된다.
>
> 정답 : ③

02 우체국보험의 계약 체결 또는 모집에 관한 금지행위로 볼 수 <u>없는</u> 것은?

① 보험계약의 청약 철회 또는 계약 해지를 방해하는 행위

② 보험계약자 또는 피보험자에게 보험계약의 내용의 일부에 대하여 비교대상 및 기준을 명시하는 행위

③ 우체국보험 외에 다른 보험 사업자를 위하여 모집하는 행위

④ 모집과 관련이 없는 금융거래를 통하여 취득한 개인정보를 사전 동의 없이 모집에 이용하는 행위

해설 우체국보험의 계약 체결 또는 모집 시 보험계약자 또는 피보험자에게 보험계약의 내용의 일부에 대하여 비교대상 및 기준을 명시하지 아니하거나 「표시·광고의 공정화에 관한 법률」에 의하여 허용되는 경우를 제외하고 객관적인 근거없이 다른 보험계약과 비교한 사항을 알리는 행위가 금지된다. 보험계약의 체결 또는 모집에 관한 금지행위는 다음과같다.

항	금지 행위
1	보험계약자 또는 피보험자에게 보험계약의 내용을 사실과 다르게 알리거나 그 내용의 중요한 사항을 알리지 아니하는 행위
2	보험계약자 또는 피보험자에게 보험계약의 내용의 일부에 대하여 비교대상 및 기준을 명시하지 아니하거나 객관적인 근거 없이 다른 보험계약과 비교한 사항을 알리는 행위(「표시·광고의 공정화에 관한 법률」에 의하여 허용되는 경우를 제외한다)
3	보험계약자 또는 피보험자에 대하여 보험계약의 중요한 사항을 알리는 것을 방해하거나 알리지 아니할 것을 권유하는 행위
4	보험계약자 또는 피보험자에게 체신관서에 대하여 중요한 사항에 관하여 부실한 사항을 알릴 것을 권유하는 행위
5	보험계약의 청약 철회 또는 계약 해지를 방해하는 행위
6	보험모집자가 보험계약자, 피보험자 또는 보험금을 취득할 자, 그 밖에 보험 계약에 관하여 이해관계가 있는 자일 경우 보험사기행위
7	보험계약자, 피보험자 또는 보험금을 취득할 자, 그 밖에 보험계약에 관하여 이해관계가 있는 자로 하여금 고의로 보험사고를 발생시키거나 발생하지 아니한 보험사고를 발생한 것처럼 조작하여 보험금을 수령하도록 하는 행위
8	보험계약자, 피보험자 또는 보험금을 취득할 자, 그 밖에 보험계약에 관하여 이해관계가 있는 자로 하여금 이미 발생한 보험사고의 원인, 시기 또는 내용을 조작하거나 피해의 정도를 과장하여 보험금을 수령하도록 하는 행위
9	보험계약자 또는 피보험자로 하여금 이미 성립된 보험계약을 부당하게 소멸시킴으로써 새로운 보험계약을 청약하게 하거나 새로운 보험계약을 청약하게 함으로써 기존 보험계약을 부당하게 소멸시키거나 그 밖에 부당하게 보험계약을 청약하게 하거나 이러한 것을 권유하는 행위
10	보험계약자 또는 피보험자에게 보험료의 할인 또는 기타 특별한 이익을 제공하거나 이를 약속하는 행위
11	모집할 자격이 없는 자에게 모집을 하게 하거나 이를 용인하는 행위
12	우체국보험 외에 다른 보험 사업자를 위하여 모집하는 행위
13	우체국 보험상품의 판매를 거절하는 행위
14	모집과 관련이 없는 금융거래를 통하여 취득한 개인정보(「신용정보의 이용 및 보호에 관한 법률」에서 정하는 정보를 말한다)를 미리 해당 개인의 동의를 받지 않고 모집에 이용하는 행위
15	그 밖에 불완전판매 등에 대한 유형에 해당하는 행위

정답 : ②

03 우체국보험의 계약 체결 또는 모집과 관련한 특별이익 제공 금지 사항에 해당하는 것은?

① 1만 원을 초과하는 금품
② 기초서류에서 정한 보험금액보다 적은 보험금액의 지급의 약속
③ 기초서류에서 정한 사유에 근거한 보험료의 할인 또는 수수료의 지급
④ 보험계약자 또는 피보험자가 체신관서로부터 받은 대출금에 대한 이자의 대납

> **해설** 우체국보험 계약의 체결에 종사하는 자 또는 보험모집자는 그 체결 또는 모집과 관련하여 보험계약자 또는 피보험
> 자를 위해 보험료를 대납하거나, 체신관서로부터 받은 대출금에 대한 이자를 대납하거나, 보험료로 받은 수표 등에
> 대한 이자 상당액을 대납하여서는 안 된다.
>
> **오답분석** 모집과 관련한 특별이익 제공 금지 사항은 다음과 같다.
>
> | 구분 | 특별이익 제공금지 항목 |
> | --- | --- |
> | 1 | 3만원을 초과하는 금품 |
> | 2 | 기초서류에서 정한 사유에 근거하지 아니한 보험료의 할인 또는 수수료의 지급 |
> | 3 | 기초서류에서 정한 보험금액보다 많은 보험금액의 지급의 약속 |
> | 4 | 보험계약자 또는 피보험자를 위한 보험료의 대납 |
> | 5 | 보험계약자 또는 피보험자가 체신관서로부터 받은 대출금에 대한 이자의 대납 |
> | 6 | 보험료로 받은 수표 등에 대한 이자상당액의 대납 |
>
> 정답 : ④

04 우체국보험의 모집자에 속하지 않는 것은?

① 과학기술정보통신부 소속 공무원
② 별정우체국의 직원
③ 우편취급국장
④ 상시집배원

> **해설** 우체국예금·보험에 관한 법률 시행규칙 제61조(보험의 모집 등)에 의해 체신관서의 직원과 우정사업본부장이 지
> 정하는 개인 또는 법인은 보험의 모집을 할 수 있다. 우체국보험의 모집자는 다음과 같다.
>
> | 구분 | 보험모집자 |
> | --- | --- |
> | 1 | 우정사업본부 소속 공무원·별정우체국직원·상시집배원, 우편취급국장 및 우편취급국 직원 |
> | 2 | 우체국FC, 우체국TMFC, 그 밖에 우정사업본부장이 인정한 자 |
>
> ① 우체국보험을 모집할 수 있는 공무원은 과학기술정보통신부 소속 공무원이 아니라 우정사업본부 소속 공무원
> 이다.
>
> 정답 : ①

05 우정사업본부 직원으로서 보험모집의 자격을 갖춘 경우로 볼 수 <u>없는</u> 것은?

① 우정인재개발원장이 실시하는 보험관련 교육을 3일 이상 이수한 자
② 교육훈련 인증제에 따른 금융분야 인증시험에 합격한 자
③ 우정인재개발원장이 실시하는 보험모집희망자 교육과정(사이버교육)을 이수하고 우체국장이 실시하는 보험 관련 집합교육을 20시간 이상 이수한 자
④ 우정인재개발원장이 실시하는 보험모집희망자 교육과정(사이버교육)을 이수하고, 우체국보험 모집인 자격평가 시험에서 60점 이상을 받아 합격한 자

> **해설** 우정사업본부 직원으로서 우정인재개발원장이 실시하는 보험모집희망자 교육과정(사이버교육)을 이수하고, 우체국보험 모집인 자격평가 시험에서 70점 이상을 받아 합격한 자는 우체국보험의 모집 자격을 갖는다.
>
> **오답분석** 우정사업본부 직원의 보험모집 자격요건은 다음과 같다.
>
> | 구분 | 자격 요건 |
> | --- | --- |
> | 1 | 우정인재개발원장이 실시하는 보험관련 교육을 3일 이상 이수한 자 |
> | 2 | 우정인재개발원장이 실시하는 보험모집희망자 교육과정(사이버교육)을 이수하고 우정사업본부장, 지방우정청장 또는 우체국장이 실시하는 보험 관련 집합교육을 20시간 이상 이수한 자 |
> | 3 | 교육훈련 인증제에 따른 금융분야 인증시험에 합격한 자 |
> | 4 | 종합자산관리사(IFP), 재무설계사(AFPK), 국제재무설계사(CFP) 등 금융분야 자격증을 취득한 자 |
> | 5 | 우정개발원장이 실시하는 보험모집희망자 교육과정(사이버교육)을 이수하고, 우체국보험 모집인 자격평가 시험에서 70점 이상을 받아 합격한 자 |
>
> 정답 : ④

06 우정사업본부 직원 중 보험모집 자격요건을 충족했음에도 보험모집을 할 수 <u>없는</u> 경우는?

① 신규임용일로부터 2년이 경과한 자
② 금융업무 미취급 관서에서 전입하여 3년이 경과한 자
③ FC 조직관리 보상금을 지급받지 않은 자
④ 최근 1년간 보험모집 신계약 실적이 있는 자

> **해설** 신규임용일 또는 금융업무 미취급 관서(타부처 포함)에서 전입일부터 3년 이하인 자(단, 금융업무 담당자는 제외)는 우정사업본부 직원으로서 보험모집의 자격요건을 충족했더라도 보험모집을 할 수 없다.

직원 중 보험모집 자격요건을 충족한 자의 경우라도, 다음에 해당하는 직원의 보험모집을 제한하여야 한다.

구분	자격 요건
1	신규임용일 또는 금융업무 미취급 관서(타부처 포함)에서 전입일부터 3년 이하인 자(단, 금융업무 담당자는 제외)
2	휴직자, 수술 또는 입원치료 중인 자
3	FC 조직관리 보상금을 지급받는 자
4	관련 규정에 따라 보험모집 비희망을 신청한 자
5	관련 규정에 따른 우체국FC 등록 제한자
6	전년도 보험 보수교육 의무이수시간 미달자
7	최근 1년간 보험모집 신계약 실적이 없는 자

정답 : ①

07 우체국FC의 등록제한 요건에 해당하지 않는 것은?

① 우체국예금·보험에 관한 법률 및 보험업법에 따라 벌금 이상의 형을 선고받고 그 집행이 종료되거나 집행이 면제된 날부터 2년이 경과되지 아니한 자

② 보험모집 등과 관련하여 법령, 규정 및 준수사항 등을 위반하여 보험모집 자격을 상실한 후 3년이 경과되지 아니한 자

③ 「보험업법」에 따라 보험설계사·보험대리점 또는 보험중개사의 등록이 취소된 후 5년이 경과되지 아니한 자

④ FC의 고의 또는 과실로 위탁업무 수행과 관련하여 소송 및 민원 등 분쟁으로 인하여 손실을 발생시켜 위촉 계약이 해지된 후 1년이 경과되지 아니한 자

해설 FC의 고의 또는 과실로 위탁업무 수행과 관련하여 소송 및 민원 등 분쟁으로 인하여 손실을 발생시켜 위촉 계약이 해지된 후 6개월이 경과되지 아니한 자는 우체국FC 등록이 제한된다.

FC를 희망하는 자는 '우체국FC 위촉계약신청서'를 우체국장에게 제출하여야 하지만, 우체국장은 다음 중 어느 하나에 해당하는 자를 FC로 등록할 수 없다.

구분	등록제한 요건
1	민법상의 무능력자
2	파산자로서 복권되지 아니한 자
3	우체국예금·보험에 관한 법률 및 보험업법에 따라 벌금 이상의 형을 선고받고 그 집행이 종료되거나 집행이 면제된 날부터 2년이 경과되지 아니한 자
4	보험모집 등과 관련하여 법령, 규정 및 준수사항 등을 위반하여 보험모집 자격을 상실한 후 3년이 경과되지 아니한 자
5	「보험업법」에 따라 보험설계사·보험대리점 또는 보험중개사의 등록이 취소된 후 5년이 경과되지 아니한 자
6	FC 위촉계약 유지 최저기준에 미달하여 위촉계약이 해지된 후 6개월이 경과되지 아니한 자
7	보험회사, 금융회사, 선불식 할부거래회사 및 다단계 판매회사 등에 종사하는 자
8	우체국의 임시직 또는 경비용역 등에 종사하는 자
9	FC의 고의 또는 과실로 위탁업무 수행과 관련하여 소송 및 민원 등 분쟁으로 인하여 손실을 발생시켜 위촉계약이 해지된 후 6개월이 경과되지 아니한 자
10	폭행, 명예훼손, 공무집행 방해 등으로 우체국보험의 이미지를 실추시켜 이에 대한 처분을 받아 위촉계약이 해지된 후 6개월이 경과되지 아니한 자
11	허위사실 유포와 선동, 교육태도 불량, 욕설, 폭언, 집단 따돌림 가해, 성희롱 등 FC실 분위기를 저해하여 업무를 위탁하기에 어렵다고 우체국장이 판단하여 위촉계약이 해지된 후 6개월이 경과되지 아니한 자

정답 : ④

08 〈보기〉에서 우체국보험 청약서비스에 대한 설명으로 옳은 것을 모두 고른 것은? (2022 기출)

─────〈 보 기 〉─────

ㄱ. 보험계약자가 성인인 계약에 한해서 태블릿청약 이용이 가능하다.

ㄴ. 타인계약 또는 미성년자(만 19세 미만자) 계약도 전자청약이 가능하다.

ㄷ. 전자청약과 태블릿청약을 이용하는 고객에게는 제2회 이후 보험료 자동이체 시 0.5%의 할인이 적용된다.

ㄹ. 전자청약은 가입설계서를 발행한 계약으로 전자청약 전환을 신청한 계약에 한하며, 가입설계일로부터 10일(비영업일 제외) 이내에만 가능하다.

① ㄱ, ㄷ   ② ㄱ, ㄹ   ③ ㄴ, ㄷ   ④ ㄴ, ㄹ

해설 〈보기〉 중 ㄱ과 ㄷ 두 개가 옳은 내용이다.

ㄱ.태블릿청약서비스는 고객상담을 통해 가입 설계한 내용을 기초로 모집자의 태블릿 PC를 통해 전자서명·고지의무사항 체크 등 필수정보를 입력하고, 제 1회보험료 입금까지 One-Stop으로 편리하게 보험계약을 체결할 수 있는 서비스이다. 태블릿청약서비스가 이용 가능한 계약은 계약자가 성인이어야 한다.

ㄷ.전자청약과 태블릿청약서비스를 이용하는 고객에게는 제 2회 이후 보험료 자동이체 시 0.5%의 할인이 적용된다.

09 우체국보험의 모집 및 언더라이팅에 대한 설명으로 옳지 <u>않은</u> 것은?

① 저축성보험(금리확정형보험은 제외) 계약의 경우 계약자가 보험계약 체결권유 단계에서 설명의무사항을 설명 받았고, 이를 이해하였음을 전화 등 통신수단을 통하여 청약 후 10일 이내에 확인을 받아야 한다.

② 새로운 보험계약을 청약하게 한 날부터 1개월 이내에 기존보험계약을 소멸하게 하는 행위는 기존보험계약을 부당하게 소멸시키거나 소멸하게 하는 행위에 해당한다.

③ 청약심사(언더라이팅)란 일반적으로 보험사의 "위험의 선택" 업무로서 위험평가의 체계화된 기법으로 신체적 위험, 환경적 위험, 도덕적 위험(재정적 위험)에 주의할 필요가 있다.

④ 보험모집자가 계약체결시 3대 기본지키기를 이행하지 않았을 경우에는 계약자는 계약이 성립한 날부터 6개월 이내에 취소권을 행사할 수 있다.

10 우체국보험계약의 성립과 효력에 대한 설명으로 옳은 것은?

① 체신관서는 계약의 청약을 받고 제1회 보험료를 받은 경우에 청약일부터 30일 이내에 승낙 또는 거절하여야 하며, 만일 30일 이내에 승낙 또는 거절의 통지를 하지 않으면 계약은 거절된 것으로 본다.

② 청약과 함께 제1회 보험료를 받은 경우라 하더라도 체신관서가 승낙하기 전에는 보장개시가 되지 않는다.

③ 체신관서는 보험약관에 의거하여 사기에 의한 계약에 해당하는 경우 취소권을 행사할 수 있다.

④ 만 15세 미만자, 심신상실자 또는 심신박약자를 피보험자로하여 사망을 보험금 지급사유로 한 계약의 경우는 보험계약의 취소사유가 된다.

계약의 취소라 함은 계약은 성립되었으나 후에 취소권자의 취소의 의사표시로 그 법률효과가 소급되어 없어지는 것을 의미한다. 체신관서가 취소권을 행사할 수 있는 사기에 의한 계약에는 피보험자가 청약일 이전에 암 또는 인간면역결핍바이러스(HIV) 감염의 진단 확정을 받은 후 계약자 또는 피보험자가 이를 숨기고 가입하는 등의 뚜렷한 사기의사에 의하여 계약이 성립되었음을 체신관서가 증명하는 경우가 있다. 이 경우 보장개시일부터 5년 이내(사기사실을 안 날부터는 1개월 이내)에 계약을 취소할 수 있다.

① 체신관서는 계약의 청약을 받고 제1회 보험료를 받은 경우에 청약일부터 30일 이내에 승낙 또는 거절하여야 하며, 승낙한 때에는 보험가입증서(보험증권)를 교부한다. 만일 30일 이내에 승낙 또는 거절의 통지를 하지 않으면 계약은 승낙된 것으로 본다.
② 보장개시일은 체신관서가 보장을 개시하는 날로서 계약이 성립되고 제1회 보험료를 받은 날을 말하나, 체신관서가 승낙하기 전이라도 청약과 함께 제1회 보험료를 받은 경우에는 제1회 보험료를 받은 날을 의미한다.
④ 취소사유가 아니라 무효사유가 된다. 다음의 경우는 보험계약의 무효사유이다.

종류	무효사유
1	타인의 사망을 보험금 지급사유로 하는 계약에서 계약을 체결할 때까지 피보험자의 서면에 의한 동의를 얻지 않은 경우 (다만, 단체가 규약에 따라 구성원의 전부 또는 일부를 피보험자로 하는 계약을 체결하는 경우에는 이를 적용하지 않음. 이 때 단체보험의 보험수익자를 피보험자 또는 그 상속인이 아닌 자로 지정할 때에는 단체의 규약에서 명시적으로 정한 경우가 아니면 이를 적용함)
2	만 15세 미만자, 심신상실자 또는 심신박약자를 피보험자로하여 사망을 보험금 지급사유로 한 계약의 경우 (다만, 심신박약자가 계약을 체결하거나 소속 단체의 규약에 따라 단체보험의 피보험자가 될 때에 의사능력이 있는 경우에는 계약이 유효함)
3	계약을 체결할 때 계약에서 정한 피보험자의 나이에 미달되었거나 초과되었을 경우 (다만, 체신관서가 나이의 착오를 발견하였을 때 이미 계약나이에 도달한 경우에는 유효한 계약으로 보나, 제2호의 만 15세 미만자에 관한 예외가 인정되는 것은 아님)

정답 : ③

11 〈보기〉에서 우체국보험 언더라이팅(청약심사)에 대한 설명으로 옳은 것을 모두 고른 것은? (2023 기출)

─〈 보 기 〉─

ㄱ. 언더라이팅(청약심사)은 일반적으로 보험사의 "위험의 선택" 업무로서 위험평가의 체계화된 기법을 말한다.
ㄴ. 보험판매 과정에서 계약선택의 기준이 되는 위험 중 환경적 위험은 피보험자의 직업 및 업무내용, 운전여부, 취미활동, 음주 및 흡연여부, 피보험자와 수익자의 관계 등이다.
ㄷ. 체신관서는 피보험자의 신체적·환경적·도덕적 위험 등을 종합적으로 평가하여 정상인수, 조건부인수, 거절 등의 합리적 인수 조건을 결정하는 언더라이팅(청약심사)을 하게 된다.
ㄹ. 계약적부조사는 적부조사자가 계약자를 직접 면담하여 계약적부조사서상의 주요 확인사항을 중심으로 확인하는 제도이다.

① ㄱ, ㄴ   ② ㄱ, ㄷ   ③ ㄴ, ㄹ   ④ ㄷ, ㄹ

해설 체신관서는 보험계약에 대한 청약이 접수되면 청약심사(언더라이팅)를 한다.

ㄱ.청약심사란 일반적으로 보험사의 "위험의 선택" 업무로서 위험평가의 체계화된 기법을 말한다. 이와 같이 보험사가 위험을 선택하는 것은 발생위험의 개연성이 높은 사람일수록 보험가입에 대한 선호도가 높고 보험에 가입하고자 하는 성향이 높기 때문이다.

ㄷ.체신관서는 피보험자의 신체적·환경적·도덕적 위험 등을 종합적으로 평가하여 피보험자의 위험에 따라 정상인수, 조건부인수, 거절 등의 합리적 인수조건을 결정하는 청약심사(언더라이팅)를 진행한다.

오답분석 ㄴ.계약선택의 기준이 되는 세가지 위험은 다음과 같다. 따라서 피보험자의 음주 및 흡연여부는 신체적 위험에 해당하고, 피보험자와 수익자의 관계는 도덕적 위험에 해당한다.

신체적 위험	환경적 위험	도덕적 위험(재정적 위험)
·피보험자의 음주 및 흡연여부, 체격 · 과거 병력 · 현재의 병증(病症)	·직업 및 업무내용 · 운전여부 ·취미활동	·보험가입금액의 과다여부 · 피보험자와 수익자의 관계 · 과거 보험사기 여부

ㄹ.계약적부조사는 적부조사자가 피보험자를 직접 면담하거나 전화를 활용하여 적부 주요 확인사항을 중심으로 확인하며, 계약적부조사서상에 주요 확인사항 등을 기재하고 피보험자가 최종 확인하는 제도이다.

정답 : ①

1 넓은 의미에서 생명보험계약의 성립이후부터 소멸까지 전 보험기간에 생기는 모든 사무를 말하고, 좁은 의미로는 넓은 의미의 사무에서 청약업무와 (사고)보험금 지급업무를 제외한 즉시지급(해약, 만기, 중도금), 보험료수납, 계약사항 변경·정정, 납입 최고(실효예고안내) 등 일부사무를 뜻하는 것은?

1. 계약 유지업무

2 동일 계약자의 2건 이상의 보험계약이 동일계좌에서 같은 날에 자동이체 되는 경우, 증서별 보험료를 합산하여 1건으로 출금하는 제도는?

2. 합산자동이체

3 우체국 TMFC(Tele-Marketing Financial Consultant)를 통해 전화 등 통신수단을 활용하여 보험을 모집하는 영업활동은?

3. TM(Tele Marketing)

4 고객요청 시 즉시 계약자의 계좌 또는 보험료 자동이체 계좌에서 현금을 인출하여 보험료를 납부하는 제도는?

4. 실시간이체

5 계약자 또는 피보험자는 청약할 때 청약서에서 질문한 사항에 대하여 알고 있는 사실을 반드시 사실대로 알려야 할 의무가 있는데 이를 무엇이라고 하는가?

5. 고지의무

6 보험계약이 해지될 경우에 계약자에게 환급할 수 있는 금액(해약환급금)의 범위 내에서 계약자의 요구에 따라 대출하는 제도는?

6. 환급금대출

7 지급기한 내에 보험금이 지급되지 못할 것으로 판단될 경우 예상되는 보험금의 일부를 먼저 지급하는 제도는?

7. 보험금 가지급제도

8 종합병원의 전문의 자격을 가진 자가 실시한 진단결과 피보험자의 남은 생존기간이 6개월 이내라고 판단한 경우에 체신관서가 정한 방법에 따라 사망보험금액의 60%를 선지급사망보험금으로 피보험자에게 지급하는 제도는?

8. 사망보험금 선지급

1. 영수증

1 보험료를 납입하였을 때에는 체신관서는 ㅇㅅㅈ을 발행하여 교부하여야 하는데, 금융기관(우체국 또는 은행)을 통하여 자동이체 납입한 때에는 해당기관에서 발행한 증빙서류(자동이체기록 등)로 대신할 수 있다.

2. 일시납

2 보험료 납입주기에는 연납, 6월납, 3월납, 월납, ㅇㅅㄴ 등이 있다.

3. 창구수납

3 보험료 납입방법에는 ㅊㄱㅅㄴ, 자동이체, 전자금융에 의한 납입, 자동화기기(CD, ATM 등)에 의한 납입, 카드납입, 계속보험료 실시간이체 등이 있다.

4. 대면채널

4 우체국보험의 보험료 카드납부 취급대상은 TM(Tele Marketing), 온라인(인터넷, 모바일)을 통해 가입한 보장성 보험계약 및 2021년 이후 신규 출시한 ㄷㅁㅊㄴ의 보장성 보험 계약에 한해 처리가 가능하다.

5. 해약환급금

5 보험료 미납으로 실효(해지)될 상태에 있는 보험계약에 대하여 계약자의 신청이 있는 경우 ㅎㅇㅎㄱㄱ 범위내에서 자동대출(환급금대출)하여 보험료를 납입할 수 있다.

6. 1

6 보험료의 자동대출납입 기간은 최초 자동대출납입일부터 □년을 한도로 하며 그 이후의 기간에 대한 보험료의 자동대출 납입을 위해서는 재신청을 하여야 한다.

7. 실손보험료

7 우체국보험은 선납할인, 자동이체 할인, 단체할인, 다자녀가구 할인, ㅅㅅㅂㅎㄹ 할인(무사고 할인, 의료수급권자 할인), 우리가족암보험 건강체 할인, 고액계약 보험료 할인 등 다양한 보험료 할인제도를 운영하고 있다.

8. 3

8 우체국 보험료의 선납할인은 향후의 보험료를 □개월분(2021. 9.12. 이전 계약은 1개월분) 이상 미리 납입하는 경우의 할인이며, 할인율은 해당상품 약관에서 정한 예정이율(2017. 5. 19. 이후 상품)로 계산한다.

9. 2

9 우정사업본부장은 보험계약자가 보험료(최초의 보험료 제외)를 자동이체(우체국 또는 은행)로 납입하는 계약에 대해 보험료의 □%에 해당하는 금액의 범위에서 할인할 수 있으며, 우체국보험은 계약체결 시기, 이체 금융기관, 청약방법 등에 따라 약 0.1%~1.5%의 할인율을 적용하고 있다.

10. 5

10 보험계약자는 □명 이상의 단체를 구성하여 보험료의 단체 납입을 청구할 수 있으며, 우정사업본부장은 보험계약자가 보험료를 단체 납입하는 경우에는 보험료의 2%에 해당하는 금액의 범위에서 보험료를 할인할 수 있다.

11 다자녀 할인은 □ 자녀 이상을 둔 가구의 미성년(19세 미만) 자녀가 피보험자인 계약에 한하여, 보험료의 자동이체 납입시 할인하는 제도이다.

11. 두

12 의료급여 수급권자에게 실손의료비보험의 보험료를 할인할 때에는 의료급여법상의 '의료급여 수급권자'로서의 증명서류를 제출해야하며 영업보험료의 □%를 할인하고 있다.

12. 5

13 실손의료비보험 무사고 할인은 갱신 직전 보험기간 □년(2017.5.18. 이전 계약은 직전 보험기간) 동안 보험금이 지급되지 않은 경우 보험료를 할인하는 제도이다.

13. 2

14 실손의료비보험 무사고 할인은 갱신 후 영업보험료의 5~□□%를 할인하고 있다.

14. 10

15 우리가족암보험 보험료 할인에는 피보험자가 B형 간염 항체보유 시 영업보험료의 □%를 할인하는 'B형 간염 항체보유 할인'과 고혈압과 당뇨병이 모두 없을 때 할인되는 '우리가족암보험 3종(실버형) 건강체 할인(영업보험료의 5%)'이 있다.

15. 3

16 경제적 부담이 큰 고액보험에 대하여 보험가입금액 2천만원 이상 가입 시 주계약 보험료(특약보험료 제외)에 대해서 1~□% 보험료 할인혜택을 적용한다.

16. 5

17 계약자가 제2회 이후의 보험료를 납입기일까지 납입하지 않아 보험료 납입이 연체 중인 경우에 체신관서는 납입최고(독촉)하고, 유예기간이 끝나는 날까지 보험료가 납입되지 않은 경우 유예기간이 끝나는 날의 □□날에 계약은 해지(효력상실)된다.

17. 다음

18 체신관서의 납입최고는 유예기간이 끝나기 □□일 이전까지 서면(등기우편 등) 등으로 이루어진다.

18. 15

19 체신관서의 납입최고(독촉)에도 불구하고, 보험료 납입연체로 유예기간이 경과하여 계약이 해지(효력상실)되었을 때에는 보험계약자는 □□□□□을 청구하여 계약을 소멸시키거나, 소정기간 내에 부활절차를 밟아 체신관서의 승낙을 얻어 부활시킬 수 있다.

19. 해약환급금

20 우체국보험 약관에 의거 보험료의 납입연체로 인한 해지계약이 해약환급금을 받지 않은 경우 계약자는 해지된 날부터 □년 이내에 체신관서가 정한 절차에 따라 계약의 부활(효력회복)을 청약할 수 있다.

20. 3

21 체신관서가 부활(효력회복)을 승낙한 때에 계약자는 부활(효력회복)을 청약한 날까지의 연체된 보험료에 약관에서 정한 □□를 더하여 납입하여야 한다.

21. 이자

22 보험계약자는 보험수익자를 변경할 수 있으며 이 경우에는 체신관서의 승낙이 필요하지는 않지만, 보험금의 지급사유가 발생하기 전에 피보험자가 ☐☐으로 동의하여야 한다.

23 보험계약자는 계약이 소멸하기 전에 ☐☐☐☐, 계약을 해지할 수 있으며, 이 경우 체신관서는 해당 상품의 약관에 따른 해약환급금을 계약자에게 지급한다.

24 보험계약자, 피보험자 또는 보험수익자가 고의로 보험금 지급사유를 발생시킨 경우 또는 보험계약자, 피보험자 또는 보험수익자가 보험금 청구에 관한 서류에 고의로 사실과 다른 것을 기재하였거나 그 서류 또는 증거를 위조 또는 변조한 경우에 체신관서는 그 사실을 안 날부터 ☐개월 이내에 계약을 해지할 수 있다.

25 환급금 대출의 금액은 저축성(꿈나무 제외) 및 연금보험(일부상품 제외)의 경우 해약환급금의 최대 ☐☐%이내이지만 보장성보험과 즉시연금보험 및 우체국연금보험 1종은 최대 85%이내이고, 교육보험은 최대 80%이내이다.

26 대출을 조건으로 차주의 의사에 반하여 추가로 보험가입을 강요하는 행위, 부당하게 담보를 요구하거나 ☐☐☐☐,을 요구하는 행위, 대출업무와 관련하여 부당한 편익을 제공받는 행위, 우월적 지위를 이용하여 이용자의 권익을 부당하게 침해하는 행위 등은 불공정 대출에 해당하므로 금지된다.

27 보험금 청구서류에는 청구서(체신관서양식), ☐☐☐☐☐(사망진단서, 장해진단서, 진단서(병명기입), 입원확인서 등), 신분증(주민등록증이나 운전면허증 등 사진이 붙은 정부기관 발행 신분증, 본인이 아닌 경우에는 본인의 인감증명서 또는 본인서명사실확인서 포함), 기타 보험수익자 또는 보험계약자가 보험금 수령 또는 보험료 납입면제 청구에 필요하여 제출하는 서류 등이 포함된다.

28 보험수익자 또는 보험계약자로부터 지급청구가 있는 경우 별도의 심사 또는 조사행위 없이 접수처리 즉시 보험금 등을 지급하는 것을 즉시지급이라 하고, 보험금 지급청구 접수 시 사실증명 및 사고조사에 필요한 관계서류를 제출받아 보험금 지급의 적정여부를 심사한 후 약정한 보험금을 지급하는 것을 ☐☐☐☐이라 한다.

29 즉시지급 대상 보험금에는 ☐☐☐☐☐☐, 해약환급금, 연금, 학자금, 계약자배당금 등이 있다.

30 체신관서가 보험금 청구서류를 접수한 때에는 서류를 접수한 날부터 ☐영업일 이내에 보험금을 지급하거나 보험료 납입을 면제해야 한다.

31 체신관서가 보험금 청구서류를 접수하고 보험금 지급사유 또는 보험료 납입면제 사유의 조사나 확인이 필요한 때에는 접수 후 ☐☐영업일 이내에 보험금을 지급한다.

31. 10

32 체신관서가 보험금 지급사유를 조사·확인하기 위하여 지급기일 이내에 보험금을 지급하지 못할 것으로 예상되는 경우에는 그 구체적인 사유, 지급예정일 및 보험금 가지급제도에 대하여 피보험자 또는 보험수익자에게 즉시 통지하고 초과사유에 해당하는 경우를 제외하고는 보험금 청구서류를 접수한 날부터 ☐☐영업일 이내에서 정한다.

32. 30

33 보험금 지급예정일 30일 초과사유에는 소송제기, ☐☐☐☐신청, 수사기관의 조사, 해외에서 발생한 보험사고에 대한 조사, 체신관서의 조사요청에 대한 동의 거부 등 보험계약자·피보험자 또는 보험수익자의 책임 있는 사유로 보험금 지급사유의 조사와 확인이 지연되는 경우, 보험금 지급사유 등에 대해 제3자의 의견에 따르기로 한 경우 등이다.

33. 분쟁조정

34 피보험자가 고의로 자신을 해친 경우, 보험수익자가 고의로 피보험자를 해친 경우, 계약자가 고의로 피보험자를 해친 경우는 보험금지급의 ☐☐☐☐에 해당하므로 보험금을 지급하지 않거나 보험료 납입을 면제하지 않는다.

34. 면책사유

35 계약에 관하여 분쟁이 있는 경우 분쟁 당사자 또는 기타 이해관계인과 체신관서는 과학기술정보통신부장관이 정하는 바에 따라 우체국보험☐☐☐☐☐☐☐의 심의조정을 받을 수 있다.

35. 분쟁조정위원회

36 보험금청구권, 보험료 반환청구권, 해약환급금청구권 및 책임준비금 반환청구권은 ☐년간 행사하지 않으면 소멸시효가 완성된다.

36. 3

1. 부활보험료는 카드납부의 대상에서 제외된다.

1 우체국보험의 보험료 카드납부는 초회보험료(1회), 계속보험료(2회 이후)를 대상으로 하고 있으며, 부활보험료도 포함된다. ○|×

2. 실시간이체는 약정여부에 관계없이 처리가 가능하다.

2 실시간이체는 사전에 자동이체 약정이 되어 있는 경우에 처리가 가능하며, 계약상태가 정상인 계약만 가능하다. ○|×

3. 중복하여 할인하지 않는다.

3 단체계약 할인율은 우체국 자동이체납입 할인율과 동일하며, 해당단체가 자동이체납입을 선택하여 자동이체로 납입하는 경우는 자동이체 할인과 중복하여 할인한다. ○|×

4 다자녀 할인의 할인율은 자녀수에 따라 0.5%~1.0%까지 차등적용되며, 자동이체 할인과 중복할인이 가능하다. ○|×

5. 고액계약 보험료할인은 주계약 보험료만을 대상으로 하며, 특약 보험료는 제외된다.

5 경제적 부담이 큰 고액보험에 대하여 보험가입금액 2천만원 이상 가입 시 주계약 보험료와 특약 보험료에 대해서 1~5% 보험료 할인혜택을 적용한다. ○|×

6. 고액계약 보험료할인의 대상상품은 '(무)우체국든든한건강종신보험2506'까지 이다.

6 고액계약 보험료할인의 대상상품은 (무) 우체국든든한종신보험, (무) 온라인종신보험, (무) 우체국온라인정기보험, (무) 우체국와이드건강보험, (무) 우체국통합건강보험, (무) 우체국하나로OK건강종신보험, (무) 우체국하나로OK보험(ˋ18.6.1.판매분부터) 등 7종이다. ○|×

7 보험료 납입 유예기간은 해당 월분 보험료의 납입기일부터 납입기일이 속하는 달의 다음 다음 달의 말일까지로 한다. ○|×

8. 보험종목 및 보험료 납입기간의 변경은 제외된다.

8 계약내용의 변경 대상에는 보험종목, 보험료 납입기간, 보험료의 납입방법, 보험가입금액의 감액, 계약자, 기타 계약의 내용이 포함된다. ○|×

9 보험계약자가 사망하여 그 법정상속인이 권리·의무 일체를 상속하는 경우 보험계약자의 법정상속인 전원의 동의로 보험계약자 변경이 가능하다. ○|×

10. 체신관서는 그 취지를 계약자에게 통지하고 해당 상품의 약관에 따른 해약환급금을 지급한다.

10 보험계약자, 피보험자 또는 보험수익자가 고의로 보험금 지급사유를 발생시킨 경우 또는 보험계약자, 피보험자 또는 보험수익자가 보험금 청구에 관한 서류에 고의로 사실과 다른 것을 기재하였거나 그 서류 또는 증거를 위조 또는 변조한 경우 체신관서는 계약을 해지하고 해약환급금을 지급하지 않는다. ○|×

11 보험계약자 또는 피보험자가 고의 또는 중대한 과실로 중요한 사항에 대하여 사실과 다르게 알린 경우에는 체신관서가 별도로 정하는 방법에 따라 계약을 해지하거나 보장을 제한할 수 있다. ○|×

12 연금보험은 연금개시 전후에 환급금대출을 제한한다. ○|×

12. 연금보험의 경우 환급금대출의 대출기간을 연금개시 전으로 제한한다.

01 〈보기〉에서 우체국보험 보험료 납입에 대한 설명으로 옳은 것은 모두 몇 개인가? (2022 기출)

〈 보 기 〉

ㄱ. 보험료의 납입기간에 따라 전기납, 단기납, 일시납으로 분류된다.

ㄴ. 보험료 자동이체 약정은 유지 중인 계약에 한해서 처리가 가능하며, 보험계약자 본인에게만 신청·변경 권한이 있다.

ㄷ. 계속보험료 실시간이체는 자동이체 약정 여부에 관계없이 처리가 가능하며, 계약상태가 정상인 계약만 가능하다.

ㄹ. 보험료의 자동대출납입기간은 최초 자동대출납입일부터 1년을 한도로 하며, 그 이후의 기간은 보험계약자의 별도 의사표시가 없으면 자동 연장된다.

① 1개   ② 2개   ③ 3개   ④ 4개

> **해설** 보험료는 보험계약자가 보험약관에서 정한 보장을 받는 대가로서 체신관서에 납입하는 금액이다. 우체국보험은 고객의 보험료 납입편의를 위해 납입기간, 납입주기, 납입방법 및 할인제도 등을 다양하게 운영하고 있다.
> ㄷ.계속보험료 실시간이체는 고객요청 시 즉시 계약자의 계좌 또는 보험료 자동이체 계좌에서 현금을 인출하여 보험료를 납부하는 제도로 자동이체 약정여부에 관계없이 처리가 가능하며, 계약상태가 정상인 계약만 가능하다.
>
> **오답분석** ㄱ.보험계약자는 제2회분 이후의 보험료를 약정한 납입방법으로 해당보험료의 납입 해당월의 납입기일까지 납입하여야 하는데, 보험료의 납입기간에 따라 전기납, 단기납으로 분류된다. 한편, 보험료의 납입주기는 연납, 6월납, 3월납, 월납, 일시납으로 나뉜다.
> ㄴ.자동이체 약정은 유지 중인 계약에 한해서 처리가 가능하며, 관계법령 〈전자금융거래법 제15조(추심이체의 출금 동의)〉에 따라 예금주 본인에게만 신청·변경 권한이 있다.
> ㄹ.보험료의 자동대출납입 기간은 최초 자동대출납입일부터 1년을 한도로 하며 그 이후의 기간에 대한 보험료의 자동대출 납입을 위해서는 재신청을 하여야 한다.
>
> 정답 : ①

02 현행 「우체국예금·보험에 관한 법률 시행규칙」에서 정하고 있는 우체국 보험에 관한 내용으로 옳지 않은 것은?

① 계약보험금 한도액은 연금보험을 포함하여 보험종류별로 피보험자 1인당 4천만원으로 한다.

② 우정사업본부장은 예정이율·예정사업비율·예정사망률 및 최적기초율 등을 기초로 하여 보험료를 산정한다.

③ 보험계약자는 제2회분 이후의 보험료를 약정한 납입방법으로 해당 보험료의 납입 해당 월의납입기일까지 납입해야 한다.

④ 보험계약자는 5명 이상의 단체를 구성하여 보험료의 단체 납입을 청구할 수 있다.

해설 제36조(계약보험금 및 보험료의 한도) ① 법 제28조에 따른 계약보험금 한도액은 보험종류별(제35조제1항제3호의 연금보험은 제외한다)로 피보험자(被保險者) 1인당 4천만원(제35조제1항제1호의 보장성보험 중 우체국보험사업을 관장하는 기관의 장이 「국가공무원법」 제52조에 따라 그 소속 공무원의 후생·복지를 위하여 실시하는 단체보험상품의 경우에는 2억원으로 한다)으로 하되, 보험종류별 계약보험금한도액은 우정사업본부장이 정한다.

오답 분석 2020년 12월 개정된 내용을 이전의 내용과 비교해 두어야 한다.
② 제37조(보험료의 산정) 우정사업본부장은 예정이율·예정사업비율 및 예정사망률 등을 기초로 하여 보험료를 산정하고, 그 내용을 고시하여야 한다. ⇒ 우정사업본부장은 예정이율·예정사업비율·예정사망률 및 최적기초율[장래현금흐름이 실제 발생하는 현금흐름에 최대한 근접하도록 추정된 기초율(최적사업비율, 최적위험률, 최적해지율 등)을 말한다] 등을 기초로 하여 보험료를 산정하고, 그 내용을 고시하여야 한다. 〈개정 2020. 12. 17.〉
③ 제47조(보험료의 납입) ① 보험계약자는 제2회분 이후의 보험료를 약정한 납입방법 및 수금방법으로 해당 보험료의 납입 해당 월의 납입기일까지 납입하여야 한다. ⇒ 보험계약자는 제2회분 이후의 보험료를 약정한 납입방법으로 해당 보험료의 납입 해당 월의 납입기일까지 납입해야 한다. 〈개정 2020. 12. 17.〉 ② 보험계약자는 보험료를 1개월·3개월·6개월·1년 단위로 납입하거나 한꺼번에 납입할 수 있다.
④ 제49조(보험료의 단체 납입) ① 보험계약자는 5명 이상의 단체를 구성하여 보험료의 단체 납입을 청구할 수 있다. ② 우정사업본부장은 보험계약자가 보험료를 단체납입하는 경우에는 보험료의 2퍼센트에 해당하는 금액의 범위에서 그 보험료를 할인할 수 있다. ⇒ 우정사업본부장은 보험계약자가 보험료를 단체납입하는 경우에는 재무건전성을 해치지 않는 범위 내에서 그 보험료를 할인할 수 있다. 〈개정 2020. 12. 17.〉

정답 : ①

03 우체국보험의 계약유지에 대한 설명으로 옳은 것은? (2019 기출)

① 피보험자는 해지된 날부터 3년 이내에 체신관서가 정한 절차에 따라 계약의 부활을 청약할 수 있다.
② 보험계약자가 보험수익자를 변경하는 경우, 보험금의 지급사유가 발생하기 전에 변경 전 보험수익자의 동의를 받아야 한다.
③ 보험료의 자동대출 납입 기간은 최초 자동대출 납입일부터 1년을 최고한도로 하며 그 이후의 기간은 보험계약자가 재신청을 하여야 한다.
④ 보험계약자가 고의로 보험금 지급사유를 발생시킨 경우, 체신관서는 그 사실을 안 날부터 1개월 이내에 계약을 해지할 수 있으며 책임준비금을 보험계약자에게 지급한다.

해설 보험료 미납으로 실효(해지)될 상태에 있는 보험계약에 대하여 계약자의 신청이 있는 경우 해약환급금 범위내에서 자동대출(환급금대출)하여 보험료를 납입할 수 있다. 따라서, 계약자의 신청이 있는 경우라도 환급금대출금과 환급금대출이자를 합산한 금액이 해약환급금(당해 보험료가 납입된 것으로 계산한 금액을 의미)을 초과하는 때에는 보험료의 자동대출납입을 지속할 수 없다. 보험료의 자동대출납입 기간은 최초 자동대출납입일부터 1년을 한도로 하며 그 이후의 기간에 대한 보험료의 자동대출 납입을 위해서는 재신청을 하여야 한다.

① 부활이란 계약자에게 편의를 제공하기 위하여 법령에서 규정한 바에 따라 보험료납입 연체로 인하여 해지(효력상실)된 계약의 계속적인 유지를 원할 경우 소정의 절차에 따라 계약의 효력을 부활시키는 제도이다. 우체국보험 약관에 의거 보험료의 납입연체로 인한 해지계약이 해약환급금을 받지 않은 경우 계약자는 해지된 날부터 3년 이내에 체신관서가 정한 절차에 따라 계약의 부활(효력회복)을 청약할 수 있다. 체신관서가 부활(효력회복)을 승낙한 때에 계약자는 부활(효력회복)을 청약한 날까지의 연체된 보험료에 약관에서 정한 이자를 더하여 납입하여야 한다.

② 보험계약자가 보험수익자를 변경하는 경우, 변경 전에 피보험자가 서면으로 동의(단, 보험금의 지급사유가 발생하기전)하여야 한다.

④ '중대 사유'의 사실이 있을 경우에 체신관서는 그 사실을 안 날부터 1개월 이내에 계약을 해지할 수 있으며, 이 경우 체신관서는 그 취지를 계약자에게 통지하고 해당 상품의 약관에 따른 해약환급금을 지급한다. 중대 사유의 사실이 있는 경우는 (1)계약자, 피보험자 또는 보험수익자가 고의로 보험금 지급사유를 발생시킨 경우와 (2)계약자, 피보험자 또는 보험수익자가 보험금 청구에 관한 서류에 고의로 사실과 다른 것을 기재하였거나 그 서류 또는 증거를 위조 또는 변조한 경우(다만, 이미 보험금 지급사유가 발생한 경우에는 보험금 지급에 영향을 미치지 않음)이다.

정답 : ①

04 우체국보험의 고액계약 보험료 할인의 대상이 되는 상품이 <u>아닌</u> 것은?

① (무)우체국치매요양간병보험
② (무)우체국하나로OK보험 ('18.6.1. 판매분부터)
③ (무)우체국통합건강보험
④ (무)우체국와이드건강보험

우체국보험의 고액계약 보험료 할인의 대상 상품에는 (무) 우체국든든한종신보험, (무) 온라인종신보험, (무) 우체국온라인정기보험, (무) 우체국와이드건강보험, (무) 우체국통합건강보험, (무) 우체국하나로OK건강종신보험, (무) 우체국하나로OK보험('18.6.1.판매분부터) 및 (무)우체국든든한건강종신보험이 있다. 보험가입액이 2천~3천만원 미만인 경우 1.0%, 3천~4천만원 미만인 경우 2.0%, 4천만원인 경우 3.0%가 주계약 보험료(특약보험료 제외)에서 할인되지만, (무)우체국든든한건강종신보험은 2천~3천만원 미만 3.0%, 3천~4천만원 미만 4.0%, 4천만원 5.0%의 할인율이 적용된다.

정답 : ①

05 우체국보험의 보험료 할인에 관한 내용으로 옳은 것은?

① 단체계약 할인율은 우체국 자동이체납입 할인율과 동일하며, 해당단체가 자동이체납입을 선택하여 자동이체로 납입하는 경우에는 자동이체 할인과 중복하여 할인한다.
② 다자녀 할인의 할인율은 자녀수에 따라 0.5%~1.0%까지 차등적용되며, 자동이체 할인과 중복할인이 가능하다.
③ 경제적 부담이 큰 고액보험에 대하여 보험가입금액 2천만원 이상 가입 시 주계약 보험료와 특약 보험료에 대해서 1~5% 보험료 할인혜택을 적용한다.
④ 우리가족암보험의 'B형 간염 항체보유 할인'은 피보험자가 B형 간염 항체보유 시 영업보험료의 5%를 할인한다.

다자녀 할인은 두 자녀 이상을 둔 가구를 대상으로 보험료의 자동이체 납입시 할인하는 제도이다. 다자녀 할인의 할인율은 자녀수에 따라 0.5%~1.0%까지 차등적용되며, 자동이체 할인과 중복할인이 가능하다.

① 우정사업본부장은 보험계약자가 보험료(최초의 보험료 제외)를 자동이체(우체국 또는 은행)로 납입하는 계약에 대해 보험료의 2%에 해당하는 금액의 범위에서 할인 할 수 있으며, 우체국보험은 계약체결 시기, 이체 금융기관, 청약방법 등에 따라 약 0.1%~1.5%의 할인율을 적용하고 있다. 그리고 보험계약자는 5명 이상의 단체를 구성하여 보험료의 단체 납입을 청구할 수 있으며, 우정사업본부장은 보험계약자가 보험료를 단체 납입하는 경우에는 보험료의 2%에 해당하는 금액의 범위에서 보험료를 할인할 수 있다. 단, 단체계약 할인은 자동이체 할인과 중복하여 할인하지 않는다.
③ 고액계약 보험료할인은 주계약 보험료만을 대상으로 하며, 특약 보험료는 제외된다.
④ 우리가족암보험 보험료 할인에는 피보험자가 B형 간염 항체보유 시 영업보험료의 3%를 할인하는 'B형 간염 항체보유 할인'과 고혈압과 당뇨병이 모두 없을 때 할인되는 '우리가족암보험 3종(실버형) 건강체 할인(영업보험료의 5%)'이 있다.

정답 : ②

06 보험계약 고지의무에 대한 설명으로 옳은 것을 〈보기〉에서 모두 고른 것은? (2018 기출)

───────〈 보 기 〉───────

ㄱ. 고지의무 당사자는 보험계약자, 피보험자, 보험수익자이다.
ㄴ. 고지의무는 청약 시에 이행하고, 부활 청약 시에는 면제된다.
ㄷ. 보험자가 고지의무 위반 사실을 안 날로부터 1개월 이상 지났을 때에는 보험계약을 해지할 수 없다.
ㄹ. 보험자는 고지의무 위반 사실이 보험금 지급 사유 발생에 영향을 미치지 않았음이 증명된 경우 보험금을 지급할 책임이 있다.

① ㄱ, ㄴ   ② ㄱ, ㄷ   ③ , ㄹ   ④ ㄷ, ㄹ

ㄷ.체신관서는 계약자 또는 피보험자가 약관 및 상법상의 "고지의무"에도 불구하고, 고의 또는 중대한 과실로 중요한 사항에 대하여 사실과 다르게 알린 경우에는 체신관서가 별도로 정하는 방법에 따라 계약을 해지하거나 보장을 제한할 수 있다. 하지만 고지의무 위반 시 해지 또는 보장제한의 불가 사유 중 어느 하나에 해당할 때에는 계약을 해지하거나 보장을 제한할 수 없다.

〈고지의무 위반시 해지 또는 보장제한 불가 사유〉
1. 체신관서가 계약 당시에 그 사실을 알았거나 과실로 인하여 알지 못하였을 때
2. 체신관서가 그 사실을 안 날부터 1개월 이상 지났거나 또는 보장개시일부터 보험금 지급사유가 발생하지 않고 2년이 지났을 때
3. 계약을 체결한 날부터 3년이 지났을 때
4. 보험을 모집한 자(이하 "모집자 등"이라 합니다)가 계약자 또는 피보험자에게 고지할 기회를 주지 않았거나 계약자 또는 피보험자가 사실대로 고지하는 것을 방해한 경우, 계약자 또는 피보험자에게 사실대로 고지하지 않게 하였거나 부실한 고지를 권유했을 때

ㄹ.고지의무 위반으로 인하여 계약이 해지될 때에는 해약환급금을 지급하며, 보장을 제한할 때에는 보험료, 보험가입금액 등이 조정될 수 있다. 다만, 고지의무를 위반한 사실이 보험금 지급사유 발생에 영향을 미쳤음을 체신관서가 증명하지 못한 경우에는 계약의 해지 또는 보장을 제한하기 이전까지 발생한 해당 보험금을 지급한다.

정답 : ④

07 우체국보험의 계약유지 및 보험금지급에 대한 설명으로 옳은 것은?

① 우정사업본부장은 보험계약자가 보험료(최초의 보험료 제외)를 자동이체(우체국 또는 은행)로 납입하는 계약에 대해 보험료의 3%에 해당하는 금액의 범위에서 할인할 수 있다.

② 보험계약자는 10명 이상의 단체를 구성하여 보험료의 단체 납입을 청구할 수 있다.

③ 우체국보험 약관에 의거 보험료의 납입연체로 인한 해지계약이 해약환급금을 받지 않은 경우 계약자는 해지된 날부터 3년 이내에 계약의 부활을 청약할 수 있다.

④ 환급금 대출의 금액은 연금 보험을 포함한 저축성 보험의 경우 해약환급금의 최대 90% 이내이다.

해설 우체국보험 약관에 의거 보험료의 납입연체로 인한 해지계약이 해약환급금을 받지 않은 경우 계약자는 해지된 날부터 3년 이내에 체신관서가 정한 절차에 따라 계약의 부활(효력회복)을 청약할 수 있다.

오답분석 ① 우체국예금·보험에 관한 법률 시행규칙 제48조(보험료의 할인) ②우정사업본부장은 보험계약자가 보험료(최초의 보험료는 제외한다)를 제47조제3항제2호(보험계약자가 체신관서에 직접 납입하는 방법) 또는 제3호(자동적으로 계좌에서 이체하여 납입하는 방법)의 방법으로 납입하는 경우에는 보험료의 2퍼센트에 해당하는 금액의 범위에서 그 보험료를 할인할 수 있다. ⇒ 우정사업본부장은 보험계약자가 보험료(최초의 보험료는 제외한다)를 제47조제3항제2호 또는 제3호의 방법으로 납입하는 경우에는 재무건전성을 해치지 않는 범위 내에서 그 보험료를 할인할 수 있다. 〈개정 2020. 12. 17.〉

② 우체국예금·보험에 관한 법률 시행규칙 제49조(보험료의 단체 납입) ① 보험계약자는 5명 이상의 단체를 구성하여 보험의 단체 납입을 청구할 수 있다. ② 우정사업본부장은 보험계약자가 보험료를 단체납입하는 경우에는 보험료의 2퍼센트에 해당하는 금액의 범위에서 그 보험료를 할인할 수 있다. ⇒ 우정사업본부장은 보험계약자가 보험료를 단체 납입하는 경우에는 재무건전성을 해치지 않는 범위 내에서 그 보험료를 할인할 수 있다. 〈개정 2020. 12. 17.〉
④ 환급금 대출의 금액은 저축성(꿈나무 제외) 및 연금보험(일부상품 제외)은 해약환급금의 95% 이내, 보장성보험과 즉시연금보험 및 우체국연금보험 1종은 해약환급금의 85% 이내, 실손보험과 교육보험은 해약환급금의 80% 이내이다.

정답 : ③

08 우체국보험의 보험금 지급청구에 대한 설명으로 옳은 것은? (2023 기출)

① 보험금청구권은 지급사유 발생일로부터 2년간 행사하지 않으면 소멸된다.

② 체신관서는 보험금 청구서류를 접수한 날부터 10일 이내에 보험금을 지급하여야 한다.

③ 소송제기, 분쟁조정신청, 수사기관의 조사, 해외에서 발생한 보험사고에 대한 조사는 보험금 지급예정일 30일 초과사유에 해당된다.

④ 사망보험금 선지급제도는 피보험자의 남은 생존기간이 6개월 이내인 경우 사망보험금액의 60%를 선지급사망보험금으로 수익자에게 지급하는 제도이다.

해설 체신관서가 보험금 지급사유를 조사·확인하기 위하여 지급기일 이내에 보험금을 지급하지 못할 것으로 예상되는 경우에는 그 구체적인 사유, 지급예정일 및 보험금 가지급제도에 대하여 피보험자 또는 보험수익자에게 즉시 통지한다. 지급예정일은 아래 보험금 지급예정일 30일 초과사유에 해당하는 경우를 제외하고는 보험금 청구서류를 접수한 날부터 30영업일 이내에서 정한다.

③ 보험금 지급 예정일 30일 초과 사유에는 소송제기, 분쟁조정신청, 수사기관의 조사, 해외에서 발생한 보험사고에 대한 조사, 체신관서의 조사요청에 대한 동의 거부 등 계약자, 피보험자 또는 보험수익자의 책임 있는 사유로 보험금 지급사유의 조사와 확인이 지연되는 경우, 보험금 지급사유 등에 대해 제3자의 의견에 따르기로 한 경우 등이 포함된다.

오답 분석 ① 보험금청구권, 보험료 반환청구권, 해약환급금청구권 및 책임준비금 반환청구권은 3년간 행사하지 않으면 소멸 시효가 완성된다.

② 체신관서가 보험금 청구서류를 접수한 때에는 접수증을 교부하고 휴대전화 문자메세지 또는 전자우편 등으로도 송부하며, 그 서류를 접수한 날부터 3영업일 이내에 보험금을 지급하거나 보험료 납입을 면제한다. 다만, 보험금 지급사유 또는 보험료 납입면제 사유의 조사나 확인이 필요한 때에는 접수 후 10영업일 이내에 보험금을 지급하거나 보험료 납입을 면제한다.

④ 사망보험금 선지급은 보험기간 중에 「의료법 제3조(의료기관) 제2항」에서 정한 종합병원의 전문의 자격을 가진 자가 실시한 진단결과 피보험자의 남은 생존기간이 6개월 이내라고 판단한 경우에 체신관서가 정한 방법에 따라 사망보험금액의 60%를 선지급사망보험금으로 피보험자에게 지급하는 제도이다.

정답 : ③

1. 연금보험

1 우체국보험 중 일정 연령 이후에 생존하는 경우 연금의 지급을 주된 보장으로 하는 보험은?

2. 국민체력100

2 국민체육진흥공단이 국민의 체력 및 건강 증진에 목적을 두고 체력상태를 과학적 방법에 의해 측정·평가를 하여 운동 상담 및 처방을 해주는 대국민 스포츠 복지 서비스는?

3. 간편고지

3 보험시장에서 소외되고 있는 유병력자나 고연령자 등이 보험에 가입할 수 있도록 간소화된 계약전 고지의무 사항을 활용하여 계약심사 과정을 간소화함을 의미하는 것은?

4. 무배당 우체국New건강클리닉보험

4 우체국의 보장성 보험 중 0세부터 70세까지 가입 가능한 건강보험으로 각종 질병과 사고를 종합적으로 보장하는 온가족 건강보험으로, 고액의 치료비가 소요되는 3대질병 진단(최대 3,000만 원)과 중증수술(최대 500만 원) 및 중증장해(최대 2,000만원)에 대하여 고액 보장을 하는 상품은?

5. 이륜자동차 운전 및 탑승중 재해부담보특약

5 이륜자동차 운전자(소유 및 관리하는 경우 포함)를 대상으로 이륜자동차 운전(탑승 포함) 중에 발생한 재해로 인하여 주계약 및 특약에서 정한 보험금 지급사유 또는 보험료 납입면제사유가 발생한 경우에 보험금을 지급하지 않으며, 보험료 납입을 면제하지 않는 특약은?

6. 지정대리청구서비스특약

6 계약자, 피보험자 및 수익자(사망 시 수익자 제외)가 모두 동일한 계약을 대상으로 보험금을 직접 청구할 수 없는 특별한 사정이 있을 경우에 대비하여 대리청구인을 지정하는 특약은?

7. 장애인전용보험전환특약

7 피보험자 또는 수익자가 소득세법상 장애인인 계약을 대상으로 계약자가 증빙서류(장애인증명서, 국가유공자 확인서, 장애인등록증 등 확인서류 등)를 제출하고 특약 가입을 신청하면 장애인전용보험으로 전환되어 납입된 보험료부터 장애인전용 보장성보험료로 처리하는 특약은?

8. 플러스보험기간

8 보험기간이 만료되는 시점에 플러스적립금이 발생하는 경우, 보험기간 만료 후부터 10년동안 자동으로 연장되어 추가적인 보장을 받는 기간은?

9. 무배당 우체국더든든한자녀지킴이보험

9 자녀 출생시부터 최대 100세까지 꼭 필요한 보장만 담은 우체국의 어린이 종합보험은?

10 무배당 우체국예금제휴보험의 종별 가입나이는?
    (1) 1종(휴일재해보장형)   (2) 2종(주니어보장형)   (3) 3종(청년우대형)

10. (1) 만15세 이상, (2) 0~19세. (3) 20~34세

11 과학기술정보통신부 소속 공무원 및 산하기관 직원을 대상으로 한 단체보험은?

11. 무배당 우체국단체보장보험

12 교통재해로 인한 사망, 장해 및 각종 의료비 등 교통사고를 종합적으로 보장하는 우체국 보험은?

12. 무배당 우체국안전벨트보험

13 실손의료비보험 계약전환, 단체실손의료비보험 개인실손전환 및 개인실손의료비보험 중지후 재개시 가입 가능한 실손의료비 상품은?

13. 무배당 우체국급여실손의료비보험(계약전환·단체개인전환·개인중지재개용)(갱신형)

14 보철치료(임플란트, 브릿지, 틀니), 크라운치료, 충전치료, 치수치료, 영구치발거, 치석제거(스케일링), 구내 방사선·파노라마 촬영, 잇몸질환치료 및 재해로 인한 치과치료 등을 보장하는 치과치료 전문 종합보험은?

14. 무배당 우체국치아보험(갱신형)

15 우체국보험 최초의 당뇨전문보험으로 당뇨진단부터 인슐린치료, 장해, 사망까지 보장하는 종합보장보험은?

15. 무배당 우체국당뇨안심보험

16 경도치매부터 중증치매까지 체계적으로 보장하는 온라인전용 치매전문보험으로 '중증치매상태'로 최종 진단 확정되고 매년 생존시 최대 15년동안 중증치매진단간병자금을 매월 지급하는 우체국의 보장성 보험은?

16. 무배당 우체국온라인치매간병보험

17 공익보험으로서 가정위탁을 받는 청소년, 아동복지 시설의 수용자, 「북한이탈주민의 보호 및 정착 지원에 관한 법률」의 적용을 받는 탈북청소년 등 과학기술정보통신부장관이 별도로 정한 특정 피보험자 범위에 해당하는 청소년에게 무료로 보험가입 혜택을 주어 학자금을 지급하는 교육보험은?

17. 무배당 청소년꿈보험

18 보험계약에 따라 만기에 받는 보험금·공제금 또는 계약기간 중도에 해당 보험계약이 해지됨에 따라 받는 환급금에서 납입보험료를 뺀 금액은?

18. 보험차익

19 사망으로 인하여 상속이 개시되는 경우로서 상속재산가액 중 금융재산가액이 포함되어 있는 경우 이를 상속세 과세가액에서 공제하여 주는 제도는?

19. 금융재산상속공제

1. 이율

1 우정사업본부장은 보험상품의 개발 시 예정 ㅇㅇ ·예정사업비율 및 예정사망률 등을 기초로 하여 보험료를 산정하여야 한다.

2. 사회공익

2 우정사업본부장은 보험상품의 개발 시 재무건전성, 계약자보호 및 ㅅㅎㄱㅇ 등을 고려하여 사업방법서, 보험약관, 보험료 및 책임준비금 산출방법서 등 기초서류를 합리적으로 작성하여야 한다.

3. 보장성

3 우체국보험은 ㅂㅈㅅ보험(37종)과 저축성보험(5종), 연금보험(7종)으로 분류된다.

4. 지급사유

4 우체국보험 약관에는 보험금의 ㅈㄱㅅㅇ, 보험계약의 변경, 보험계약의 무효사유, 보험자의 면책사유, 보험자의 의무의 한계, 보험계약자 또는 피보험자가 그 의무를 이행하지 아니한 경우에 받는 손실, 보험계약의 전부 또는 일부의 해지사유와 해지한 경우의 당사자의 권리·의무, 보험계약자 또는 보험수익자가 이익금 또는 잉여금을 배당받을 권리가 있는 경우 그 범위, 그 밖에 보험계약에 관하여 필요한 사항이 기재되어야 한다.

5. 선지급

5 무배당 우체국든든한종신보험은 주계약에서 3대질병 진단 시 사망보험금 일부를 ㅅㅈㄱ하여 치료자금을 지원한다.

6. 비갱신

6 무배당 우체국든든한건강종신보험은 일부 특약을 갱신· ㅂㄱㅅ 선택형으로 설계할 수 있도록 하였다.

7. 주계약

7 무배당 우체국든든한건강종신보험은 다양한 특약부가로 암, 뇌졸중, 특정허혈성 심장질환 등 3대질병 진단 시 기납입한 ㅈㄱㅇ 보험료에 대한 환급을 제공한다.

8. 납입면제

8 무배당 우체국든든한건강종신보험은 보험료 ㄴㅇㅁㅈ 및 고액계약 할인(주계약)으로 보험료 부담을 완화하였다. 주계약에서 3대질병 진단 시 사망보험금 100%를 하여 치료자금을 지원한다.

9. 70

9 무배당 우체국든든한건강종신보험 주계약의 가입나이는 만15~ ▢▢ 세이며, 보험기간은 종신이다.

10. 4,000

10 무배당 우체국든든한건강종신보험 주계약의 보험가입금액은 500~ ▢▢▢▢ 만원이며, 500만원 단위로 가입할 수 있다.

11. 3대질병진단

11 무배당 우체국든든한건강종신보험 주계약의 보장은 사망보험금과 ㄷㅈㅂㅈㄷ 보험금으로 구분된다.

12 무배당 우체국든든한건강종신보험 주계약의 3대질병 진단보험금은 암보장개시일 이후에 최초의 암으로 진단이 확정되었거나, 보험기간 중 최초의 ㄴㅈㅈ 또는 특정허혈성심장질환으로 진단이 확정되었을 때 보험금이 지급된다.

12. 뇌졸중

13 암보장개시일은 계약일(부활일)부터 그 날을 포함하여 □□일이 지난 날의 다음 날로 한다.

13. 90

14 해약환급금 50%지급형의 계약이 보험료 납입기간 중 해지될 경우의 해약환급금은 표준형 예정해약환급금의 50%에 해당하는 금액에 ㅍㄹㅅㅈㄹㄱ을 더한 금액으로 한다.

14. 플러스적립금

15 '무배당 재해보장특약Ⅲ'는 재해장해와 재해외모수술 및 재해골절 보험금은 물론 재해ㅎㅅ 진단보험금, 재해깁스치료보험금을 보장한다.

15. 화상

16 지정대리청구서비스특약의 지정대리 청구인의 범위는 피보험자의 가족관계 등록부상의 배우자 또는 □촌 이내의 친족이다.

16. 3

17 갱신형 상품의 경우 보험기간 만료일 □□일 전까지 보험료 등 변경내용을 계약자에게 서면 또는 전화(음성녹음)로 안내하여야 한다.

17. 30

18 무배당 우체국New건강클리닉보험은 고객기반 보장 설계가 가능하도록 일반형과 ㅅㅅㅎ으로 구성하였다.

18. 실속형

19 무배당 우체국New건강클리닉보험과 무배당 우체국뇌심케어보험은 'ㄱㅁㅊㄹ100' 체력 인증 시 보험료 지원혜택을 제공한다.

19. 국민체력

20 무배당 우체국ㄴㅅㅋㅇ보험은 뇌심혈관질환을 예방, 진단, 치료, 회복까지 발병 전단계에 걸쳐 종합적으로 보장한다.

20. 뇌심케어

21 무배당 우체국뇌심케어보험은 주계약을 비갱신형으로 설계하여 보험료 인상 없이 최대 □□□세까지 집중보장한다.

21. 100

22 무배당 우체국뇌심케어보험은 뇌심혈관질환의 진단보험금을 중증도에 따라 최대 □천만 원까지 단계적으로 설계한다.

22. 6

23 무배당 우체국뇌심케어보험은 수술 난이도에 따라 관혈·비관혈수술 보험금을 ㅊㅌ지급한다.

23. 차등

24 무배당 우체국ㅇㄴㅅ주요치료비보험(20년갱신형)은 3대 질병 중심의 진단, 주요 치료, 입원, 통원의 위험까지 폭넓은 보장을 지속적으로 제공한다.

24. 암뇌심

25 무배당 우체국암뇌심주요치료비보험(20년갱신형)은 신규 항암 ㅈㅇㅈ 방사선 특약으로 고액의 항암치료 보장을 확대하였다.

26 무배당 우체국하나로OK건강종신보험은 주계약 사망보험금을 통해 ㅇㅈ 을 보장하고, 특약 가입을 통해 건강, 상해, 중대질병·수술, 3대질병을 보장한다.

27 무배당 우체국하나로OK건강종신보험의 특약 중 (무)요양병원암입원특약Ⅵ(20년갱신형)의 갱신계약의 가입나이는 만35~□□ 세이다.

28 무배당 우체국하나로OK건강종신보험 주계약의 가입나이는 만15~□□ 세이다.

29 무배당 우체국실속정기보험 주계약 2종(간편가입)은 병이 있어도 건강관련 3가지 ㄱㅍㄱㅈ 로 간편하게 가입할 수 있다.

30 무배당 우체국실속정기보험은 주계약 1종(일반가입)과 2종(간편가입) 모두 고객 형편 및 목적에 맞추어 순수형 또는 ㅎㄱㅎ 을 선택할 수 있다.

31 무배당 우체국실속정기보험 주계약의 1종(일반가입)과 2종(간편가입) 중복가입은 불가하지만, 순수형 및 환급형의 중복가입은 ㄱㅇㄱㅇ 이내에서 가능하다.

32 무배당 우체국실속정기보험 주계약의 1종(일반가입) 가입나이는 만15~최대 70세이고, 2종(간편가입) 가입나이는 □□~최대 70세이다.

33 (무)우체국실속정기보험의 2종(간편가입)에 가입 후 계약일부터 □ 개월 이내에 일반심사보험 가입을 희망하는 경우 일반계약 심사를 통하여 일반 심사보험인 1종에 청약할 수 있으며, 일반심사보험에 가입하는 경우에는 본 계약을 무효로 하며 이미 납입한 보험료를 보험계약자에게 돌려준다.

34 무배당 우체국암케어보험의 주계약을 암진단형으로 가입할 경우 암진단 시 최대 □□□□ 만 원까지 우체국보험 암진단보험금 최고액을 보장한다.

35 무배당 우체국암케어보험의 ㄱㅅㅂㄴ 암진단특약Ⅲ(20년갱신형)에 가입할 경우 암으로 재진단을 받더라도 계속하여 보장을 받을 수 있다.

36 무배당 우체국암케어보험은 신규 항암치료특약으로 고액의 ㅂㄱㅇ 항암치료에 대한 보장을 확대하였다.

37 무배당 우체국더든든한자녀지킴이보험은 태아부터 최대 □□ 세까지 가입 가능한 어린이보험으로, 보험금 면책 및 감액기간 없이 가입 즉시 100% 보장한다.

38 무배당 우체국더든든한자녀지킴이보험은 가입 목적 및 보험료 수준에 따라 1종(⬜⬜세만기) 또는 2종(80/100세만기) (순수형/환급형) 중 선택하여 가입할 수 있다.

38. 30

39 무배당 선천이상특약Ⅱ와 무배당 신생아보장특약은 임신 ⬜⬜주 이내 태아를 피보험자로 가입할 수 있다.

39. 23

40 무배당 우체국더든든한자녀지킴이보험에 임신 23주 이내의 태아가 피보험자로 가입할 경우 무배당 선천이상특약Ⅱ와 무배당 신생아보장특약이 ⬜⬜부가 된다.

40. 의무

41 무배당 선천이상특약Ⅱ의 보험기간은 3년, 무배당 신생아보장특약의 보험기간은⬜년이다.

41. 1

42 무배당 산모보장특약의 가입나이는 ⬜⬜~45세의 임신 23주 이내 산모이며, 보험기간은 1년이다.

42. 17

43 무배당 선천이상특약Ⅱ, 무배당 신생아보장특약, 무배당산모보장특약의 보험가입금액은 ⬜⬜⬜⬜만원으로 고정된다.

43. 1,000

44 무배당 어린이보장특약과 무배당 어린이교통재해특약의 가입나이는 0~15세이고, 보험기간은 ⬜⬜세 만기이다.

44. 30

45 무배당 어깨동무보험은 부양자 사망 시 장애인에게 생활안정자금을 지급하는 '⬜⬜⬜⬜형', 장애인의 암 발병 시에 치료비용을 지급하는 '암보장형', 장애인의 재해사고 시 사망은 물론 각종 치료비를 보장하는 '상해보장형' 중 여건에 맞게 가입할 수 있다.

45. 생활보장

46 무배당 어깨동무보험은 근로소득자에게 납입한 보험료(연간 100만원 한도)에 대하여 ⬜⬜% 세액공제, 증여세 면제(보험수익자가 장애인인 경우 연간 4,000만원 한도) 등 장애인전용보험만의 세제 혜택을 제공한다.

46. 15

47 무배당 어깨동무보험의 상해보장형의 경우 매 ⬜년마다 건강관리자금을 지급하여 각종 질환의 조기진단 및 사전예방 자금으로 활용할 수 있도록 한다.

47. 2

48 무배당 어깨동무보험의 1종(생활보장형)과 2종(암보장형)의 보험기간은 10년 만기, 20년 만기, 80세 만기이며 ⬜⬜세 이상 가입자의 경우 80세 만기 5년납으로 한정한다.

48. 50

49 무배당 어깨동무보험의 1종(생활보장형)의 가입나이는 주피보험자 만 15~☐☐세, 장애인 0~70세이다.

50 무배당 어깨동무보험 주계약의 가입한도액은 1종 4,000만 원, 2종 3,000만 원, 3종 ☐☐☐☐만 원이며 500만 원 단위로 가입할 수 있다.

51 무배당 어깨동무보험에서 장애인의 범위는 등록된 장애인과 상이자인데, 청약 시 장애인등록증, 장애인 ⬚ㅂㅈㅋㄷ⬚ 또는 국가유공자증 사본을 구비해야 하며, 상이자의 경우 국가유공자증에 기재된 상이등급(1~7급)으로 확인한다.

52 무배당 어깨동무보험 주계약 1종(생활보장형)의 경우 계약자가 주피보험자가 되며, 장애인생활안정자금의 보험수익자는 ⬚ㅈㅇㅇ⬚(변경 불가)으로 한정된다.

53 무배당 에버리치상해보험은 교통사고나 각종 재해로 인한 장해, 수술 또는 골절 시 치료비용을 체계적으로 보장하는데, 한번 가입으로 ☐☐세까지 보장하고 휴일재해 사망보장을 강화하였다.

54 무배당 에버리치상해보험의 보험기간은 90세 만기이고, 가입나이는 만 15~☐☐세이며, 가입한도액은 1,000만 원(500만 원 단위)이다.

55 무배당 우체국예금제휴보험은 특정 우체국예·적금 상품 가입 시 ⬚ㅁㄹ⬚로 가입이 가능한 보험이다.

56 무배당 우체국예금제휴보험의 보험기간은 1년 만기, 보험료 납입기간은 ☐년납, 보험료 납입주기는 연납, 가입한도액은 1구좌이다.

57 무배당 우체국예금제휴보험 3종(청년우대형)은 재해수술보험금, 교통재해장해보험금, 교통재해깁스치료(부목 제외)보험금, 교통재해응급실내원보험금, ⬚ㅅㅈㄷ⬚입원보험금, 결핵진단보험금이 보장된다.

58 무배당 우체국단체보장보험 주계약과 특약의 보험기간은 1년 만기, 가입나이는 만 ☐☐세 이상, 보험료 납입주기는 연납이다.

59 무배당 우체국단체보장보험의 (무)단체입원의료비보장특약과 (무)단체통원의료비보장특약, 무배당 단체공무상재해보장특약Ⅰ·Ⅱ의 가입한도액은 ☐☐☐☐만원이다.

60 무배당 우체국단체보장보험 주계약의 사망보험금은 사망 또는 80% 이상 장해 발생 시 보험금이 지급되고, 재해장해보험금은 재해로 장해지급률 ☐~80% 미만 발생 시 보험금이 지급된다.

61 무배당 우체국안전벨트보험의 보험료는 성별에 따른 차이는 있으나 $\boxed{ㄴㅇ}$에 관계없이 동일하게 책정된다.

61. 나이

62 무배당 우체국안전벨트보험은 교통재해 사망 시 최고 $\boxed{}$억 원, 교통재해 장해 시 최고 1억 원을 보장한다.

62. 2

63 무배당 우체국안전벨트보험의 보험기간은 $\boxed{}$년 만기이며, 납입기간은 20년 납이다.

63. 20

64 무배당 우체국안전벨트보험의 가입나이는 만15~$\boxed{}$세이다.

64. 70

65 무배당 우체국안전벨트보험의 가입한도액은 $\boxed{}$만원으로 고정되어 있다.

65. 1,000

66 무배당 우체국급여실손의료비보험(갱신형)은 한번 가입으로 평생 입원·통원 합산 $\boxed{}$천만 원, 통원(외래 및 처방 합산) 회당 20만 원까지 보장한다.

66. 5

67 무배당 우체국급여실손의료비보험(갱신형)은 주계약 종합형 및 $\boxed{ㅂㄱㅇ}$특약 의무가입으로 보장공백을 최소화한다.

67. 비급여

68 무배당 우체국급여실손의료비보험(갱신형) 주계약의 가입나이는 최초계약 0~60세, 갱신계약 1세부터, 재가입 5세부터이며 보험기간은 1년이고 보장내용 변경주기는 $\boxed{}$년이다.

68. 5

69 무배당 우체국급여실손의료비보험(갱신형)의 가입금액은 $\boxed{}$구좌로 고정되어 있다.

69. 1

70 무배당 우체국급여실손의료비보험(갱신형)은 질병급여와 상해급여를 모두 보장하는 $\boxed{ㅈㅎㅎ}$만 가입할 수 있지만 중복가입, 병력 등의 사유로 가입이 불가능한 경우에는 질병형(질병급여 보장) 또는 상해형(상해급여 보장)에 가입할 수 있다.

70. 종합형

71 무배당 우체국급여실손의료비보험(갱신형)은 갱신(또는 재가입) 직전 '무사고 할인판정기간' 동안 보험금 지급 실적[급여 의료비 중 본인부담금 및 4대 중증질환(암, 뇌혈관질환, 심장질환, 희귀난치성질환)으로 인한 비급여의료비에 대한 보험금은 제외]이 없는 계약을 대상으로 갱신일(또는 재가입일)부터 차기 보험기간 1년 동안 보험료의 $\boxed{}$%를 할인한다.

71. 10

72 '무사고 할인판정기간'은 갱신일(또는 재가입일)이 속한 달의 3개월 전 해당월의 말일을 기준으로 직전 $\boxed{}$년을 적용(최초계약으로부터 2회차 갱신계약은 예외)한다.

72. 2

73 비급여실손의료비특약은 갱신 직전 '□□□□□□ 판정기간' 동안의 비급여특약에 따른 보험금 지급 실적을 고려하여 보험료 갱신 시 순보험료(비급여특약의 순보험료 총액을 대상)에 요율 상대도(할인·할증요율)를 적용한다.

74 '요율상대도 판정기간'은 갱신일이 속한 달의 3개월전 해당월의 말일을 기준으로 □□개월 이내로 하며, 최초계약으로부터 1회차 갱신계약은 예외로 한다.

75 비급여실손의료비특약의 보험료 갱신 전 12개월 이내 기간 동안 보험금 지급 실적이 0초과~100만 원 미만인 경우 요율상대도가 100%이며, 이때 보험료는 □□(2단계)된다.

76 무배당 비급여실손의료비특약(갱신형)의 판매형태는 상해형, 질병형, 3대비급여형이 있는데, 3대비급여에는 도수치료·체외충격파치료·증식치료, 주사료, □□□□□□진단이 포함된다.

77 무배당 우체국급여실손의료비보험(계약전환·단체개인전환·개인중지재개용)(갱신형)은 입원·통원 합산 5천만 원, 통원(외래 및 처방 합산) 회당 □□만원까지 보장한다.

78 무배당 우체국급여실손의료비보험(계약전환·단체개인전환·개인중지재개용)(갱신형)의 가입나이는 최초계약 0~□□세, 갱신계약 1세부터, 재가입 5세부터이다.

79 무배당 우체국노후실손의료비보험(갱신형)은 □□~90세까지 가입할 수 있는 실버 전용보험이다.

80 무배당 우체국노후실손의료비보험(갱신형)은 상해 및 질병 최고 1억 원, 통원 건당 최고 100만 원, 요양병원의료비 5천만 원, □□□□□차액 2천만 원까지 보장한다.

81 무배당 우체국노후실손의료비보험(갱신형)의 보험기간은 1년이며, 갱신계약의 가입나이는 □□세부터이다.

82 무배당 요양병원의료비특약(갱신형)은 상해 또는 질병으로 인하여 요양병원에 입원 또는 통원하여 치료를 받거나 처방조제를 받은 경우 상해 및 질병을 통합하여 연간 5천만 원 한도로 보장되며, 통원은 회(건)당 최고 □□□만 원 한도로 보장된다.

83 무배당 상급병실료차액특약(갱신형)은 상해 또는 질병으로 인하여 병원의 상급병실에 입원하여 치료를 받은 경우 상해 및 질병을 통합하여 연간 2천만 원 한도로 보장되며, 1일당 평균금액 ☐☐만 원 한도로 보장된다.

83. 10

84 무배당 우체국간편실손의료비보험(갱신형)은 병이 있거나 나이가 많아도 3가지(건강관련) 간편고지로 간편하게 가입하는 실손보험으로, ☐세부터 90세까지 가입할 수 있다.

84. 5

85 무배당 우체국간편실손의료비보험(갱신형)의 자동갱신은 최대 ☐회까지 갱신 가능하다.

85. 2

86 무배당 만원의행복보험은 차상위계층 이하 ⃞ㅈㅅㄷㅊ을 위한 공익형 상해보험으로 성별·나이에 상관없이 보험료 1만 원(1년 만기 기준), 1회 납입 1만 원(1년 만기 기준) 초과 보험료는 체신관서가 공익자금으로 지원한다.

86. 저소득층

87 무배당 만원의행복보험은 사고에 따른 유족보장과 재해입원·수술비를 ⃞ㅈㅇ으로 보상한다.

87. 정액

88 무배당 만원의행복보험의 보험기간은 1년 만기와 ☐년 만기이며, 가입나이는 만15~65세이다.

88. 3

89 무배당 우체국나르미안전보험은 ⃞ㅇㅅㅇ종사자 전용 공익형 교통상해보험이다.

89. 운송업

90 무배당 우체국나르미안전보험은 나이에 상관없이 ⃞ㅅㅂ에 따라 1회 보험료 납입으로 보장을 받을 수 있다.

90. 성별

91 체신관서는 무배당 우체국나르미안전보험의 보험료 ☐☐%를 공익재원으로 지원한다.

91. 50

92 무배당 우체국나르미안전보험의 1종(일반형)의 피보험자는 업무상 이륜자동차운전자를 제외한 ⃞ㅍㄹㅍ 경제 운송업 종사자이다.

92. 플랫폼

93 무배당 우체국나르미안전보험의 2종(이륜자동차전용)의 피보험자는 유상운송배달용 및 대여용으로 이륜자동차를 운전하는 플랫폼 경제 운송업 종사자이며, ☐☐☐cc 초과 이륜자동차는 제외한다.

93. 260

94 무배당 우체국통합건강보험은 ⃞ㄷㅅㅍㅈ 및 통풍 등 생활형 질병을 보장한다.

94. 대상포진

95 무배당 우체국통합건강보험은 시니어 보장 강화로 ☐☐관련(다발경화증, 특정 류마티스관절염 등)질환 및 시니어수술(백내장·관절염·인공관절 치환 수술)을 특화하여 보장한다.

96 무배당 우체국통합건강보험은 일반 입원 및 중환자실 입원에 대하여 ☐☐부터 입원비를 보장한다.

97 무배당 우체국통합건강보험의 무배당 암입원수술특약의 갱신계약 가입나이는 만☐☐~(주계약 만기나이-1)세이며, 주계약의 만기는 90·95·100세이다.

98 무배당 시니어보장특약은 특정파킨슨병, 다발경화증, 중증재생불량성빈혈, 특정류마티스관절염의 진단보험금이 지급되는데, 특정파킨슨병보장개시일은 계약일(부활일)부터 그 날을 포함하여 ☐년이 지난 날의 다음날로 한다.

99 무배당 시니어수술특약(갱신형)은 인공관절치환, 관절염, ☐☐☐의 수술보험금 및 건강관리자금을 보장한다.

100 무배당 우체국간편가입건강보험(325)(20년갱신형)의 주계약은 1종(간편가입)과 2종(일반가입)의 중복가입이 불가능하며, 최초계약의 가입나이는 1종은 ☐☐~80세이고 2종은 15~70세이다.

101 무배당 우체국간편가입건강보험(325)(20년갱신형) 주계약 최초계약의 보험기간은 ☐☐년 만기이다.

102 무배당 우체국간편건강보험(355)(20년갱신형)은 건강을 장기간 유지한 유병자가 합리적인 보험료로 가입 가능한 ☐☐유병자보험으로, 보험가입이 어려웠던 고령자 및 젊은 경증질환자도 가입이 가능하다.

103 무배당 우체국간편건강보험(355)(20년갱신형)은 주계약을 ☐☐☐☐으로 간소화하고 필요한 담보는 특약으로 가입할 수 있도록 설계하여 고객의 선택권을 확대하였다.

104 무배당 우체국더간편건강보험(갱신형)은 ☐가지 건강관련 간편고지로 간편하게 가입할 수 있어 병이 있거나 나이가 많아도 가입이 가능하다.

105 무배당 우체국더간편건강보험(갱신형)은 특약 가입 시 고액의 치료비가 소요되는 3대질병 진단 시 암 최대 3,000만 원, 뇌출혈·급성심근경색증 최대 ☐☐☐☐만 원까지 보장된다.

106 무배당 우체국더간편건강보험(갱신형) 주계약은 1종(간편가입)과 2종(일반가입)으로 구분되는데, 암보장형과 ☐ㄷㅈㅂ보장형으로 구성하여 꼭 필요한 보장만 가입할 수 있다.

106. 2대질병

107 무배당 우체국더간편건강보험(갱신형) 주계약은 ☐☐년 만기 생존 시마다 건강관리자금을 지급한다.

107. 15

108 무배당 우체국더간편건강보험(갱신형) 주계약 1종(간편가입)의 보험가입금액은 1,000만 원~2,000만 원(500만 원 단위), 주계약 2종(일반가입)의 보험가입금액은 1,000만 원~☐☐☐☐만 원이다.

108. 2,500

109 무배당 우체국더간편건강보험(갱신형) 가입 당시 피보험자가 ☐☐세 이상인 경우 보험가입금액은 500만 원 또는 1,000만 원으로 제한된다.

109. 66

110 무배당 우체국더간편건강보험(갱신형) 주계약의 납입주기는 월납이며, 납입기간은 ㅈㄱㄴ이다.

110. 전기납

111 무배당 우체국더간편건강보험(갱신형)의 (무)더간편암진단특약(갱신형), (무)더간편암입원수술특약(갱신형)은 주계약 ㅇㅂㅈ형에 한하여 부가 가능하다.

111. 암보장

112 무배당 우체국더간편건강보험(갱신형)의 (무)더간편뇌출혈진단특약(갱신형), (무)더간편뇌경색증진단특약(갱신형), (무)더간편급성심근경색증진단특약(갱신형)은 주계약 ☐ㄷㅈㅂㅂㅈ형에 한하여 부가 가능하다.

112. 2대질병보장

113 무배당 우체국치아보험(갱신형)은 충전(치아 치료 1개당 최대 15만 원(인레이 · 온레이 충전치료시)) 및 크라운(치아 치료 1개당 최대 ☐☐만 원) 치료보험금 등을 보장한다.

113. 30

114 무배당 우체국치아보험(갱신형)의 특약 가입 시 임플란트(영구치 발거 1개당 최대 150만 원), 브릿지(영구치 발거 1개당 최대 ☐☐만 원), 틀니(보철물 1개당 최대 150만 원) 치료보험금을 지급한다.

114. 75

115 무배당 우체국치아보험(갱신형)의 주계약과 (무)보철치료보장특약(갱신형)의 보험기간은 ☐☐년 만기(갱신형)이지만, 71~79세의 갱신계약은 80세 만기이다.

115. 10

116 무배당 우체국치아보험(갱신형)의 최초계약 가입나이는 15~☐☐세이다.

116. 65

117. 장기요양간병비	**117** 무배당 우체국간병비보험의 ㅈㄱㅇㅇㄱㅂㅂ특약Ⅱ에 가입하면 장기요양 1~2등급으로 진단 확정되고 매년 생존시 최대 10년 동안 간병자금을 매월 지급(최대 120개월 한도)한다.
118. 30	**118** 무배당 우체국간병비보험의 가입나이는 1종(일반가입)은 만15~70세, 2종 (간편가입)은 ☐☐~70세이다.
119. 치매요양간병	**119** 치매·요양·간병까지 하나의 상품으로 보장하는 우체국 치매종합간병보험 은 무배당 우체국 ㅊㅁㅇㅇㄱㅂ보험이다.
120. 돌봄비용	**120** 무배당 우체국치매요양간병보험은 치매로 발생하는 ㄷㅂㅂㅇ을 시설급여, 재가급여, 일반간병인등에 대해 포괄적으로 지원한다.
121. 급여치매보장	**121** 무배당 우체국치매요양간병보험의 (무)ㄱㅇㅊㅁㅂㅈ특약(10년갱신형)에 가 입할 경우 치매 전후 단계까지 보장범위를 확대하여 치매로인한 검사부터 치 료까지 모두 보장한다.
122. 365	**122** 무배당 우체국치매요양간병보험의 (무)치매입원간병인사용특약(10년갱신 형)에 가입할 경우 치매 입원 환자의 개인 간병인 비용을 ☐☐☐일 한도로 보 장한다.
123. 당뇨안심	**123** 우체국보험 최초의 당뇨전문보험인 무배당 우체국ㄷㄴㅇㅅ보험은 당뇨진단 부터 인슐린치료, 장해, 사망까지 종합적으로 보장한다.
124. 중증도	**124** 무배당 우체국당뇨안심보험은 당뇨 ㅈㅈㄷ에 따라 체계적인 보장금액을 설 정할 수 있다.
125. 합병증	**125** 무배당 우체국당뇨안심보험은 해당 특약 가입 시 당뇨ㅎㅂㅈ을 집중보장함 은 물론 당뇨치료비를 강화할 수 있다.
126. 2	**126** 무배당 우체국당뇨안심보험은 해당 특약 가입 시 당뇨병 진단 후 4대중증질 환(3대질병/말기신부전)으로 진단되었을 때 보험금을 ☐배 지급하는 등 당뇨 합병증으로 인한 고액치료비를 집중보장한다.
127. 소아암	**127** 무배당 우체국온라인어린이보험은 암, 장해, 입원, 수술, 골절, 화상, 식중 독 등의 각종 일상 생활 위험을 포괄적으로 보장하는 어린이 종합보험으 로 ㅅㅇㅇ, 중증장해 등 중증질환을 고액 보장한다.
128. 15	**128** 무배당 우체국온라인어린이보험의 주계약 가입나이는 0~☐☐세이고, 무배 당선천이상특약Ⅱ의 가입나이는 임신 23주 이내의 태아이다.

129 무배당 우체국온라인암보험을 3구좌 가입할 경우 일반암 진단 시 최대 3,000만 원, 고액암 진단 시 최대 ☐☐☐☐만 원까지 보험금을 지급한다.

129. 6,000

130 무배당 내가만든희망보험은 각종 질병과 사고 보장을 본인이 선택하여 설계할 수 있는 상품으로 3대질병보장, 생활보장, 상해보장 중 최소 1가지 이상, 최대 ☐개를 계약자가 선택하여 가입할 수 있다.

130. 3

131 무배당 내가만든희망보험의 3대질병보장 가입 시 3대질병 진단 최대 2,000만 원 및 ☐☐☐☐진단 최대 500만 원을 보장한다.

131. 뇌경색증

132 무배당 내가만든희망보험의 ☐☐☐☐ 가입 시 12대성인질환을 보장한다.

132. 생활보장

133 무배당 내가만든희망보험은 ☐☐세부터 60세까지 가입 가능한 건강보험으로 보험기간은 10년 만기, 20년 만기, 30년 만기이다.

133. 20

134 무배당 내가만든희망보험은 보험기간 중 매☐☐년마다 생존 시 건강관리자금을 지급한다.

134. 10

135 무배당 우체국온라인정기보험은 비갱신형 상품으로 보험료 변동 없이 처음과 동일한 보험료로 보험기간 동안 보장하며, 보험료 납입면제 및 ☐☐☐☐ 할인으로 보험료 부담을 완화한다.

135. 고액계약

136 무배당 우체국온라인정기보험은 생존기간 6개월 이내 판단 시 사망보험금의 ☐☐%를 선지급한다.

136. 60

137 무배당 우체국온라인정기보험 주계약 1종 기본형은 사망보험금을 보장하고, 2종 ☐☐☐☐형은 일반사망보험금과 재해사망보험금을 보장한다.

137. 재해보장

138 무배당 우체국온라인3대질병보험은 ☐☐% 이상 장해상태가 되었거나, 암, 뇌출혈 또는 급성심근경색증으로 진단 시 보험료 납입을 면제한다.

138. 50

139 무배당 우체국온라인3대질병보험의 가입나이는 20~60세이고 보험기간은 ☐☐세 만기이다.

139. 80

140 무배당 win-win단체플랜보험의 가입나이는 ☐~70세이며, 보험기간은 1년 만기이다.

140. 0

141 무배당 win-win단체플랜보험의 무배당 단체화상치료특약과 무배당 단체식중독치료특약의 가입나이는 0~☐☐세이다.

141. 10

142 무배당 win-win단체플랜보험은 ㅈㅇㅇ의 복지 증진강화 및 불의의 사고에 대한 유가족의 안정적인 생활 보장을 위해 특약으로 재해·교통 재해사망보장을 강화하였다.

143 법인사업자는 근로자를 위해 납입한 무배당 win-win단체플랜보험의 보험료를 ㅅㄱ처리하여 세제상 혜택을 볼 수 있다.

144 무배당 우체국ㅇㄹㅇㅇㅇㅅㅅ보험은 건강보험의 핵심보장인 입원 및 수술을 보장하는 온라인전용 보험상품이다.

145 무배당 우체국온라인입원수술보험은 질병 또는 재해로 인하여 그 직접적인 치료를 목적으로 4일 이상 입원하였을 때 □□□일 한도로 3일 초과 입원일수 1일당 입원보험금을 지급한다.

146 무배당 우체국온라인종합건강보험(갱신형)의 주계약의 최초계약 가입나이는 20~60세이며, 갱신계약의 가입나이는 □□세 이상이다.

147 무배당 우체국온라인종합건강보험(갱신형)은 특약 가입 시 부담 없는 보험료로 각종 질병과 사고는 물론 고액치료비 및 백내장·ㄱㅈㅇ·인공관절치환수술 등 시니어 질환을 보장한다.

148 무배당 우체국온라인치매간병보험은 경도치매부터 중증치매까지 체계적으로 보장하는 온라인전용 치매전문보험으로서 "중증치매상태"로 최종 진단 확정되고, 매년 생존 시 최대 □□년동안 중증치매진단간병자금을 매월 지급한다.

149 무배당 우체국ㄷㅎㅁㄱㅇㅁ보험은 산모의 건강하고 안정적인 출산부터 자녀의 성장 지원을 위한 공익보험으로, 별도의 조건 없이 체신관서가 보험료 전액을 지원한다.

150 무배당 우체국대한민국엄마보험은 □□년간 자녀의 희귀질환을 보장한다.

151 무배당 우체국대한민국엄마보험은 임신 □□주 이내에 특약에 가입한 경우 산모의 임신질환을 추가로 보장한다.

152 무배당 우체국대한민국엄마보험의 주계약 가입나이는 ㅌㅇ로 한정된다.

153 무배당 우체국대한민국엄마보험은 개별 보험계약자와 ㄱㅎㄱㅅㅈㅂㅌㅅ부장관을 공동 보험계약자로 하며, 개별 보험계약자를 대표자로 한다.

154 무배당 [ㅇㅅㅈㅎㅈㄷ]특약의 피보험자는 무배당 우체국대한민국엄마보험의 주계약 피보험자를 임신한 산모에 한하며, 임신 22주 이내 태아가 주계약에 가입하는 경우에 이 특약을 선택하여 가입할 수 있다.

154. 임신질환진단

155 무배당 임신질환진단특약은 보험기간을 [ ]개월을 기준으로 체결하나, 실제 보험기간은 계약일부터 분만시까지로 하고, 분만 이후에 해당하는 보험료는 정산하여 계약자에게 지급한다.

155. 10

156 무배당 우체국대한민국엄마보험의 주계약과 무배당 임신질환진단특약의 보험가입금액은 [   ]만 원 고정이다.

156. 1,000

157 무배당 청소년꿈보험은 5년만기 일시납으로 가입나이는 만6~[ ]세이며 가입한도액은 250만원(생존학자금 50만원 기준)이다.

157. 17

158 무배당 청소년꿈보험은 생존학자금과 입원보험금을 지급하는데, 입원보험금은 질병 또는 재해로 인하여 그 치료를 직접목적으로 4일 이상 입원(3일 초과 입원일수 1일당, [   ]일 한도)하였을 때 지급된다.

158. 120

159 무배당 청소년꿈보험의 피보험자는 가정위탁을 받는 청소년, [ㅇㄷㅂㅈ] 시설의 수용자, 「북한이탈주민의 보호 및 정착 지원에 관한 법률」의 적용을 받는 탈북청소년 등 과학기술정보통신부장관이 별도로 정한 바에 따른다.

159. 아동복지

160 무배당 그린보너스저축보험플러스와 무배당 파워적립보험, 무배당 우체국온라인저축보험은 적립부분 순보험료를 신공시이율Ⅳ로 부리·적립하며, 시중금리가 떨어지더라도 최저 [ ].[ ]%의 금리를 보증한다.

160. 1.0

161 무배당 그린보너스저축보험플러스는 만기 유지 시 계약일로부터 최초 1년간 보너스금리가 추가로 제공되는데 3년 만기 [ ].[ ]%, 5년 만기 1.5%, 10년 만기 3.0%의 보너스금리가 추가 제공된다.

161. 1.0

162 무배당 그린보너스저축보험플러스는 관련 세법에서 정하는 요건에 부합하는 경우 일반형은 이자소득이 비과세되고 [ㄱㅇㅅㄷㅈㅎㄱㅅ]에서도 제외되며, 비과세종합저축은 조세특례제한법 제88조의2에서 정한 노인 및 장애인 등의 계약자에게 만기뿐만 아니라 중도 해약 시에도 이자소득에 비과세한다.

162. 금융소득종합과세

163 무배당 그린보너스저축보험플러스는 [ㅇㅊ]형과 적립형의 선택 및 보험기간(3년, 5년, 10년)에 따라 단기목돈 마련, 교육자금, 노후설계자금 등 다양한 목적의 재테크 수단으로 활용할 수 있다.

163. 예치

164 무배당 파워적립보험은 기본보험료 ☐☐만원 초과금액에 대해 수수료를 인하함으로써 수익률을 증대한다.

165 무배당 파워적립보험은 1종(☐☐☐☐형), 2종(이자지급형) 및 보험기간(3년, 5년, 10년)에 따라 단기목돈마련, 교육자금, 노후설계자금 등 다양한 목적의 재테크 수단으로 활용 가능하다.

166 무배당 파워적립보험의 1종과 2종 모두 가입나이가 0세 이상이며, 납입주기는 ☐☐이다.

167 무배당 파워적립보험의 기본보험료 납입한도액은 1종(만기목돈형) 3년납 5~100만 원, 5년납 5~50만 원, 10년납 5~30만 원이고 2종(이자지급형)은 5~☐☐만원이다.

168 무배당 파워적립보험과 무배당 우체국온라인저축보험의 보험기간 중 납입할 수 있는 1회 납입 가능한 추가납입보험료의 납입한도는 시중금리 등 금융환경에 따라 "기본보험료 × ☐☐☐% × 해당년도 가입경과월수 - 해당년도 이미 납입한 추가납입보험료" 이내에서 체신관서가 정한 한도로 한다.

169 무배당 파워적립보험 1종(만기목돈형)의 경우 1회에 인출할 수 있는 최고 한도는 인출 당시 해약환급금의 ☐☐%를 초과할 수 없고 총 인출금액은 계약자가 실제 납입한 보험료 총액을 초과할 수 없다.

170 무배당 우체국온라인저축보험은 가입 ☐개월 유지 후 언제든지 해약해도 납입보험료의 100% 이상을 보장하는 신개념 저축보험이며, 중도에 긴급자금 필요시 이자부담 없이 중도인출로 자금활용이 가능하고, 자유롭게 추가납입으로 고객편의를 제공한다.

171 무배당 우체국온라인저축보험은 관련 세법이 정한 바에 따라 보험차익 비과세 요건 충족시 이자소득세가 ☐☐ 면제되고 금융소득종합과세 대상에서도 제외된다.

172 무배당 우체국온라인저축보험의 가입나이는 만 ☐☐~65세이다.

173 무배당 우체국온라인저축보험의 기본보험료 납입주기는 월납, 추가납입보험료 납입주기는 ☐☐☐이다.

174 무배당 우체국온라인저축보험의 기본보험료 납입한도액은 1년납 1~☐☐☐만 원, 3년납 1~100만 원, 5년납 1~50만 원, 10년납 1~30만 원이다.

175 무배당 우체국온라인저축보험은 계약일 이후 1개월이 지난 후부터 보험기간 중에 보험년도 기준 연 ☐☐회에 한하여 적립금액의 일부를 인출할 수 있으며, 1회에 인출할 수 있는 최고 한도는 인출 당시 해약환급금의 80%를 초과할 수 없다.

175. 12

176 무배당 알찬전환특약은 만기보험금 ㅈㅇㅊ로 알찬 수익을 보장하는 상품으로 적립부분 순보험료를 신공시이율Ⅳ로 부리하여 시중금리 하락과 관계없이 최저 1.0% 금리를 보증한다.

176. 재예치

177 무배당 알찬전환특약은 보험기간을 2, 3, 4, 5, 7, 10년으로 다양화하여 학자금, 결혼비용, 주택마련자금, 사업자금 등 경제적 ㅍㅇ에 맞춰 자유롭게 선택 가능하며 다양한 목적의 재테크 수단으로 활용할 수 있다.

177. 필요

178 무배당 알찬전환특약의 가입가능계약은 에버리치복지보험(일반형), 무배당 에버리치복지보험(일반형), 복지보험, 파워적립보험, 무배당 파워적립보험, 무배당 빅보너스저축보험, 무배당 그린보너스저축보험(일반형), 무배당 그린보너스저축보험플러스(일반형) 및 무배당 우체국저축보험(확정금리형) 중 유효계약으로 전환전계약의 만기일 1개월 전~만기일 ㅈㅇ까지 가입을 신청한 것이다.

178. 전일

179 무배당 우체국보너스팡팡연금보험은 연금개시나이의 계약해당일까지 ☐년 마다 기납입보험료에 운용보너스율을 곱한 금액만큼 계약자적립액에 더하여 신공시이율Ⅳ로 부리적립한다.

179. 3

180 무배당 우체국보너스팡팡연금보험의 연금강화형은 연금개시나이의 계약해당일에 기납입보험료에 유지보너스율 ☐☐%를 곱한 금액만큼 계약자적립액에 가산한다.

180. 11

181 무배당 우체국보너스팡팡연금보험의 종신연금형은 평생 연금수령을 통한 생활비 확보가 가능하고, 조기 사망 시 ☐☐년 또는 100세까지 안정적인 연금 수령을 보장한다.

181. 20

182 무배당 우체국보너스팡팡연금보험의 ㅎㅈㄱㄱ연금형은 연금개시 후에도 해지 가능하므로 다양한 목적자금으로 활용할 수 있다.

182. 확정기간

183 무배당 우체국보너스팡팡연금보험의 연금개시나이는 ☐☐~75세이다.

183. 45

184 무배당 우체국보너스팡팡연금보험에 20세에 가입하고 보험료를 일시납으로 납부할 경우 500~☐☐☐☐만 원까지 납부할 수 있다.

184. 5,000

185. 전일	**185** 무배당 우체국보너스팡팡연금보험 주계약의 제1보험기간은 보험계약일~연금개시나이 계약해당일 [ㅈㅇ]이고, 제2보험기간은 종신연금형은 연금개시나이 계약해당일부터 종신까지, 확정기간연금형은 연금개시나이 계약해당일부터 최종연금 지급일까지이다.
186. 0.5	**186** 무배당 우체국보너스팡팡연금보험, 무배당 우체국연금보험, 어깨동무연금보험, 우체국연금저축보험 및 무배당 우체국연금저축보험(이전형), 무배당 우체국온라인연금저축보험은 실세금리 등을 반영한 신공시이율Ⅳ로 적립되며, 시중금리가 하락하더라도 최저 1.0%의 금리가 보장되지만 가입 후 10년 초과시 [ ].[ ]%의 금리가 보장된다.
187. 종신연금	**187** 우체국연금보험 중 [ㅈㅅㅇㄱ]형은 20년, 30년, 90세, 100세 보증지급되어 평생 연금수령을 통한 안정적인 생활비 확보가 가능하다.
188. 해지	**188** 우체국연금보험 중 확정기간연금형은 연금개시 후에도 [ㅎㅈ]가 가능하므로 다양한 목적자금으로 활용 가능하다.
189. 비과세	**189** 우체국연금보험은 관련 세법에서 정하는 요건에 부합하는 경우 이자소득 [ㅂㄱㅅ] 및 금융소득종합과세에서 제외된다.
190. 45	**190** 우체국연금보험의 연금개시나이는 [ ][ ]~80세이다.
191. 유배당	**191** 우체국연금보험과 어깨동무연금보험, 우체국연금저축보험은 [ㅇㅂㄷ] 상품으로, 향후 운용이익금이 발생할 경우 배당혜택이 제공된다.
192. 어깨동무	**192** [ㅇㅁㄷㅁ]연금보험은 장애인전용연금보험으로서 일반연금보다 더 많은 연금을 받도록 설계되어 장애인의 안정적인 노후생활을 보장한다.
193. 100	**193** 어깨동무연금보험은 보증지급기간을 20년 보증지급, 30년 보증지급, [ ][ ][ ]세 보증지급 중에서 선택할 수 있다.
194. 20	**194** 어깨동무연금보험은 장애인 부모의 부양능력 약화 위험 및 장애아동을 고려하여 [ ][ ]세부터 연금수급이 가능하다.
195. 600	**195** 우체국연금저축보험은 관련 세법이 정한 바에 따라 납입한 보험료에 대하여 세액공제 혜택을 제공하는데 연간 [ ][ ][ ]만 원 한도로 납입금액의 12% 세액공제(종합소득금액이 4천500만 원(근로소득만 있는 경우에는 총급여액 5천500만 원) 이하인 경우 납입금액의 15% 세액공제) 혜택이 주어진다.

196 우체국연금저축보험은 자유롭게 추가납입할 수 있는데, 추가납입보험료는 계약일 이후 1개월이 지난 후부터 (연금개시나이−1)세 계약해당일까지 납입이 가능하고 추가납입보험료의 연간 납입한도는 연간 총 기본보험료의 ☐배 이내이다.

197 우체국연금저축보험의 기본보험료는 10년납 미만은 10~75만원, 10년납 이상은 5~75만원이며 ☐ㅊ원 단위로 납입할 수 있다.

198 우체국연금저축보험 중 종신연금형은 20년간 매년 보증지급이 되고, ㅎㅈㄱㄱ연금형은 계약자가 선택한 연금지급기간(10년, 15년, 20년)동안 매년 지급한다.

199 무배당 우체국연금저축보험(이전형)은 가입은 소득세법시행령에서 정하는 연금저축계좌 범위에 속하는 다른 금융기관의 연금저축을 ㅇㅈ받는 경우로 한정한다.

200 무배당 우체국온라인연금저축보험은 만☐☐세부터 80세까지 연금개시 나이를 선택할 수 있고, 가입나이는 만19~(연금개시나이−5)세이다.

201 무배당 우체국개인연금보험(이전형)의 가입은 종전의 조세특례제한법에서 정한 바에 따라 다른 금융기관의 개인연금저축을 이전받는 경우에 한하며, 계약이전 받기 전 계약과 계약이전 받은 후 계약의 총 보험료 납입기간은 ☐☐년 이상이어야 한다.

202 무배당 우체국개인연금보험(이전형)의 가입나이는 만20~80세이고, 연금개시나이는 만55~80세이며 납입기간과 납입주기는 ㅇㅅㄴ이다.

203 무배당 우체국개인연금보험(이전형)의 재해장해보험금(제1보험기간)은 동일한 재해로 여러 신체부위의 합산 장해지급률이 50% 이상 장해 시에 지급하고, 생존연금(제2보험기간)은 매년 계약해당일에 살아 있을 때 지급하며 ☐☐년 보증지급한다.

204 우체국보험의 보장성보험 세액공제 한도액은 연간 납입보험료(100만원 한도)의 12%이지만, (무)어깨동무보험(1종, 2종, 3종) 및 장애인전용보험전환특약을 부가한 보장성보험 등 장애인전용보험은 ☐☐%이다.

205 2000년 12월 31일 이전에 가입된 ㅅㅈㅈㄱ 개인연금저축보험은 관련 세법에 의해 연간 납입보험료의 40%(72만원 한도)를 소득공제하며, 연금개시 이후 연금으로 수령받는 연금소득에 대해 비과세가 적용된다.

196. 2

197. 1천

198. 확정기간

199. 이전

200. 55

201. 10

202. 일시납

203. 20

204. 15

205. 세제적격

206 보험차익은 소득세법상 이자소득으로 분류되어 저축성보험의 보험차익 비과세요건을 충족한 경우를 제외한 나머지에 대해 이자소득세로 지방소득세 포함 □□.□%가 과세된다.

207 비과세종합저축의 가입 대상자는 만□□세 이상인 거주자, 「장애인복지법」 제32조에 따라 등록한 장애인, 「독립유공자 예우에 관한 법률」 제6조에 따라 등록한 독립유공자와 그 유족 또는 가족, 「국가유공자 등 예우 및 지원에 관한 법률」에 따라 등록한 상이자(傷痍者), 「국민기초생활보장법」에 따른 수급자(생계급여 및 의료급여 수급자에 한함), 「고엽제후유의증 등 환자지원 및 단체설립에 관한 법률」에 따른 고엽제후유의증환자, 「5 · 18민주유공자 예우 및 단체설립에 관한 법률」에 따른 5 · 18민주화운동부상자 등이다.

208 금융재산 상속공제액은 2천만 원 이하는 순금융재산가액, 2천만 원 초과는 2억 원의 한도 내에서 순금융재산가액의 □□% 또는 2천만 원 중 큰 금액이다.

209 □□란 당사자 일방(증여자)이 자신의 재산을 무상으로 상대방에게 양도하는 의사를 표시하고 상대방(수증자)이 이를 승낙함으로써 효력이 발생하는 계약이다.

210 증여재산 공제한도액(10년간)은 배우자 □억 원, 직계존속 5,000만 원(미성년자는 2,000만 원), 직계비속 5,000만 원, 직계 존 · 비속 이외 4촌 이내의 혈족과 3촌 이내의 인척은 1,000만 원이다.

211 증여와 양도소득의 차이는 자산의 양도가 무상이냐, 유상이냐를 기준으로 구분되므로 대가를 받고 자산을 양도할 때는 양도소득세, 대가를 받지 않고 양도할 때는 □□□가 각각 부과된다.

212 「상속세 및 증여세법 제46조(비과세되는 증여재산)」에 의한 장애인을 보험금수취인으로 하는 보험 가입 시, 장애인이 수령하는 보험금에 대해서는 연간 □□□□만 원을 한도로 증여세가 비과세된다.

213 과세표준이 1억 원 이하인 경우 상속 및 증여세율은 과세표준의 □□%이다.

214 과세표준이 30억 원 초과인 경우 상속 및 증여세율은 10억 4천만 원 + 30억 원을 초과하는 금액의 □□%이다.

1 우체국보험의 종류에는 보장성보험, 저축성보험, 연금보험이 있다. ○|×

2 우체국보험 중 보장성보험은 저축성보험과 달리 생존 시 지급되는 보험금의 합계액이 이미 납입한 보험료를 초과하는 보험이다. ○|×

2. 보장성보험은 생존 시 지급되는 보험금의 합계액이 이미 납입한 보험료를 초과하지 않는 보험이고, 저축성보험은 생존 시 지급되는 보험금의 합계액이 이미 납입한 보험료를 초과하는 보험이다.

3 우체국보험 중 저축성 보험에는 무배당 청소년꿈보험, 무배당 그린보너스저축보험플러스, 무배당 파워적립보험, 무배당 우체국온라인저축보험, 무배당 내가만든희망보험이 있다. ○|×

3. 무배당 내가만든희망보험 대신 무배당 알찬전환특약이 포함되어야 한다. 무배당 내가만든희망보험은 보장성 보험에 해당한다.

4 우체국보험 중 연금보험에는 무배당 우체국보너스팡팡연금보험, 우체국연금보험, 어깨동무연금보험, 우체국연금저축보험, 무배당 우체국연금저축보험(이전형), 무배당 우체국온라인연금저축보험, 무배당 우체국개인연금보험(이전형)이 있다. ○|×

5 우체국보험의 계약보험금 한도액은 보험종류별로 피보험자 1인당 5천만 원이다. ○|×

5. 우체국보험의 계약보험금 한도액은 보험종류별로 피보험자 1인당 4천만 원이다.

6 우체국연금보험의 최초 연금액은 연금저축계좌에 해당하는 보험을 포함하여 피보험자 1인당 1년에 900만원 이하로 한다. ○|×

6. 우체국 연금보험의 최초 연금액은 피보험자 1인당 1년에 900만 원 이하로 하되, 연금저축계좌에 해당하는 보험은 제외된다.

7 우체국 보험상품의 개발 시 과학기술정보통신부장관은 예정이율·예정사업비율 및 예정사망률 등을 기초로 하여 보험료를 산정한다. ○|×

7. 보험상품의 개발 시 우정사업본부장은 예정이율·예정사업비율 및 예정사망률 등을 기초로 하여 보험료를 산정한다.

8 우체국 보험상품 개발 시 재무건전성, 계약자보호 및 사회공익 등을 고려하여 기초서류를 합리적으로 작성하여야 한다. ○|×

9 (무)우체국든든한건강종신보험의 주계약 1종은 표준형이고, 2종은 해약환급금 50%지급형이다. ○|×

9. 반대이다. 1종은 해약환급금 50% 지급형이고, 2종은 표준형이다.

10 (무)우체국든든한건강종신보험은 해약환급금 50%지급형 선택 시 표준형 대비 동일한 보장혜택을 제공하면서도 표준형 대비 저렴한 보험료로 고객 부담을 완화할 수 있다. ○|×

정답 | 1. ○ 2. × 3. × 4. ○ 5. × 6. × 7. × 8. ○ 9. × 10. ○

11 해약환급금 50%지급형은 보험료 납입기간 중 계약이 해지될 경우 표준형의 해약환급금 대비 적은 해약환급금을 지급하는 대신 표준형보다 저렴한 보험료로 보험을 가입할 수 있도록 한 상품이다. O|X

12. 해지율을 적용하지 않고 계산한다.

12 해약환급금 50%지급형의 해약환급금을 계산할 때 기준이 되는 표준형의 예정해약환급금은 "보험료 및 책임준비금 산출방법서"에서 정한 방법에 따라 산출된 금액으로 해지율을 적용하여 계산한다. O|X

13 해약환급금 50%지급형이 보험료 납입기간이 완료된 이후 계약이 해지되는 경우에는 표준형의 예정해약환급금과 동일한 금액에 플러스적립금을 더한 금액을 지급한다. O|X

14. 3대질병 진단 시 사망보험금 100%를 선지급하여 치료자금을 지원한다.

14 (무)우체국든든한건강종신보험은 주계약에서 3대질병 진단 시 사망보험금의 50%를 선지급하여 치료자금을 지원한다. O|X

15. 일부 특약에 대해 갱신·비갱신 선택형으로 설계할 수 있다.

15 (무)우체국든든한건강종신보험은 다양한 소비자 수요에 맞춰 모든 특약을 갱신·비갱신 선택형으로 설계할 수 있다. O|X

16. 특약 가입시에만 보장받을 수 있다.

16 (무)우체국든든한건강종신보험은 모든 가입자를 대상으로 중증질환자(암·뇌혈관·심장질환) 산정특례대상 등록시 진단보험금을 지급한다. O|X

17 (무)우체국든든한건강종신보험은 특약부가를 통해 암, 뇌졸중, 특정허혈성심장질환 등 3대 질병을 진단받는 경우 기납입한 주계약 보험료에 대해 환급을 제공한다. O|X

18. 재해골절보험금에는 치아파절이 제외되고, 재해깁스치료보험금에는 부목이 제외된다.

18 (무)재해보장특약Ⅲ의 재해골절보험금에는 치아파절이 제외되지만, 재해깁스치료보험금에는 부목이 포함된다. O|X

19 (무)요양병원암입원특약Ⅶ(20년갱신형)는 암보장개시일 이후 갑상선암·기타피부암·대장점막내암·제자리암·경계성 종양을 포함하여 암으로 진단이 확정되고 그 치료를 목적으로 4일 이상 요양병원에 입원한 경우 보험금을 수령할 수 있다. O|X

20 (무)항암방사선약물치료특약Ⅶ은 암보장개시일 이후에 암으로 진단이 확정되고 그 암의 직접적인 치료를 목적으로 항암방사선치료 또는 항암약물치료를 받았을 때 최초 1회에 한하여 보험금이 지급된다. O|X

21 무배당 항암방사선약물치료특약Ⅶ의 항암방사선·약물치료보험금은 보험기간 중 갑상선암, 기타피부암, 대장점막내암, 제자리암, 경계성 종양의 직접적인 치료를 목적으로 항암방사선치료 또는 항암약물치료를 받았을 때에도 수령할 수 있다. ○|×

22 갱신형 상품은 보험기간 만료일 30일 전까지 계약자에게 보험료 등 변경내용이 안내되어야 하며, 보험기간 만료일 15일 전까지 계약자의 별도 의사표시가 없거나 갱신 거절의사를 통지하면 계약이 종료된다. ○|×

23 특약의 보험가입금액(구좌수)은 주계약 보험가입금액(구좌수) 이내로 제한된다. ○|×

24 갱신계약의 보험료는 각각의 특약상품에 따라 나이의 증가, 적용기초율의 변동 등의 사유로 인상 가능하다. ○|×

25 (무)우체국든든한건강종신보험의 고액계약 할인율은 주계약 보험가입금액이 4천만 원인 경우 3.0%이다. ○|×

26 지정대리청구서비스특약에 가입한 뒤 보험수익자가 보험금을 직접 청구할 수 없는 특별한 사정이 발생하여 이를 증명하는 서류를 제출함에 따라 지정대리청구인에게 보험금을 지급한 경우, 그 이후 보험금 청구를 받더라도 체신관서는 이를 지급하지 않는다. ○|×

27 지정대리청구서비스특약에 가입한 경우 지정대리청구인은 보험수익자의 대리인으로서 사망보험금을 포함한 해당 보험금을 청구하고 수령할 수 있다. ○|×

28 (무)우체국New건강클리닉보험은 단 하나의 주계약으로 각종 질병과 사고를 종합적으로 보장하는 보험으로 0세부터 99세까지 신규 가입이 가능하다. ○|×

29 (무)우체국New건강클리닉보험은 고액의 치료비가 소요되는 3대질병 진단, 중증수술 및 중증장해를 고액으로 보장한다. ○|×

30 (무)우체국New건강클리닉보험 일반형은 실속형 보장 범위에 더하여 경증 뇌심을 포함한 3대질병 중점보장에 재해로 인한 장해, 골절, 깁스까지 보장한다. ○|×

22. 보험기간 만료일 15일 전까지 계약자의 별도 의사표시가 없으면 계약이 자동 갱신된다.

25. 고액계약 할인은 주계약 보험가입금액이 2천만 원 이상~3천만 원 미만인 경우 할인율이 3.0%, 3천만 원 이상~4천만 원 미만인 경우 4.0%, 4천만 원인 경우 5.0%이다.

27. 사망보험금은 제외된다.

28. 최초계약은 0세부터 70세까지 가입 가능한 온가족 건강보험이며, 갱신계약의 경우 20~99세가 가입나이이다.

30. 실속형 보장내용이다. 일반형은 이에 더해 중증 뇌심(뇌출혈, 급성심근경색증) 진단 보장 및 일반적인 질병·재해로 인한 입원·수술까지 보장한다.

31. 1종(20년갱신형)은 세부보장 운영으로, 2종(비갱신형)은 납입면제 운영으로 고객의 보험료 부담을 경감한다.

31 (무)우체국New건강클리닉보험의 1종(20년갱신형)은 납입면제 운영으로 고객의 보험료 부담을 경감하고, 2종(비갱신형)은 세부보장 운영을 특징으로 한다. ○│✕

32 (무)우체국New건강클리닉보험 1종의 경우 보험기간은 20년 만기(갱신형)으로 운영한다. ○│✕

33 (무)우체국New건강클리닉보험 주계약의 암보장개시일은 계약일(부활일)부터 그 날을 포함하여 90일이 지난 날의 다음날로 하지만, 피보험자 나이가 15세 미만인 경우에는 계약일(부활일)로 한다. ○│✕

34. 주계약 및 특약을 비갱신형으로 설계하여 보험료 인상없이 최대 100세까지 집중 보장한다.

34 (무)우체국뇌심케어보험은 갱신계약 시 주계약과 특약을 통해 최대 100세까지 뇌심혈관질환을 종합적으로 보장한다. ○│✕

35. 뇌심혈관질환의 진단보험금을 중증도에 따라 최대 6천만원까지 단계적으로 설계한다.

35 (무)우체국뇌심케어보험은 뇌심혈관질환의 진단보험금을 중증도에 따라 최대 4천만원까지 단계적으로 설계하고, 관혈·비관혈수술 보험금을 차등 지급한다. ○│✕

36. 신의료기술 및 고가 치료장비로 비용부담이 높고 중증질환자의 치료가 빈번한 상급종합병원주요치료는 별도 특약을 통해 보장금액을 확대할 수 있다.

36 (무)우체국암뇌심주요치료비보험은 비용부담이 높고 중증질환자의 치료가 빈번한 상급종합병원주요치료를 특약이 아닌 주계약을 통해 보장한다. ○│✕

37 (무)우체국암뇌심주요치료비보험은 간편가입 운영을 통해 보험 가입에 소외되었던 만성질환자나 고령자에 대한 포용적 보장을 제공한다. ○│✕

38. 일반심사보험에 가입하는 경우 간편가입 계약을 무효로 하며 이미 납입한 보험료를 보험계약자에게 돌려준다.

38 (무)우체국암뇌심주요치료비보험의 2종 간편가입 후 일반심사보험에 가입하는 경우 간편가입을 취소할 수 있다. ○│✕

39 (무)우체국하나로OK건강종신보험은 부담없는 보험료로 각종 질병과 사고 및 고액치료비를 보장한다. ○│✕

40 (무)우체국하나로OK건강종신보험의 1종 주계약 해약환급금 50%지급형을 선택하더라도 2종 표준형과 동일한 보장을 받을 수 있다. ○│✕

41 (무)우체국하나로OK건강종신보험은 일부 특약을 갱신형 또는 비갱신형으로 선택하여 설계할 수 있다. ○│✕

42. 고액 할인은 특약보험료를 제외한 주계약보험료에 한하여 적용한다.

42 (무)우체국하나로OK건강종신보험의 고액 할인은 주계약보험료와 특약보험료를 합하여 적용한다. ○│✕

31. ○ 32. ○ 33. ○ 34. ✕ 35. ✕ 36. ✕ 37. ○ 38. ✕ 39. ○ 40. ○ 41. ○ 42. ✕

43 (무)우체국하나로OK건강종신보험 주계약의 보험가입금액은 1,000만원 ~4,000만원으로 500만원 단위로 가입할 수 있다. O|X

44 (무)우체국실속정기보험은 비갱신형 보험료로 사망과 50% 이상 중증장 해를 보장하며, 주계약을 통해 일상생활 재해 및 암, 뇌출혈, 급성심근경 색증까지 보장한다. O|X

45 (무)우체국실속정기보험의 1종 일반가입은 2종 간편가입과 달리 순수형 또는 환급형의 선택이 가능하다. O|X

46 (무)우체국실속정기보험 주계약과 특약의 보험가입금액은 1,000만원 ~4,000만원으로 동일하다. O|X

47 (무)우체국실속정기보험의 주계약은 1종(일반가입)과 2종(간편가입)을 중복하여 가입할 수 있다. O|X

48 (무)우체국실속정기보험 주계약 2종에 가입하는 경우 무배당 재해사망 특약, 무배당 생활재해보장특약, 무배당 3대질병진단특약 등의 특약을 부가할 수 있다. O|X

49 간편고지 상품은 유병력자 등 일반심사보험에 가입하기 어려운 피보험 자를 대상으로 하므로 일반심사보험보다 보험료를 낮게 책정한다. O|X

50 일반심사를 할 경우 간편고지 상품보다 저렴한 일반심사보험에 가입할 수 있으므로 간편고지 상품에 가입 시 간편고지상품과 일반심사보험의 보험 료 수준을 비교하여 설명하고, 이에 대한 계약자 확인을 받아야 한다. O|X

51 일반심사보험의 경우 건강 상태나 가입나이에 따라 가입이 제한될 수 있 으며 보장하는 담보에는 차이가 있을 수 있다. O|X

52 (무)우체국실속정기보험의 2종(간편가입)에 가입 후 보험금이 이미 지급 되었거나 청구서류를 접수한 경우라 할지라도 계약일부터 3개월 이내에 일반 심사보험인 1종에 청약할 수 있다. O|X

---

44. 일상생활 재해 및 암, 뇌출 혈, 급성심근경색증의 보장은 특약 선택 시에 보장된다.

45. 1종 일반가입과 2종 간편가 입 모두 순수형과 환급형을 선 택할 수 있다.

46. 주계약 1종(일반가입)과 무 배당 재해사망특약 2504, 무배 당 생활재해보장특약 2504, 무 배당 3대질병진단특약 2504 등 의 보험가입금액은 1,000만원 ~4,000만원이지만, 주계약 2 종(간편가입)의 보험가입금액은 1,000만원~2,000만원이다.

47. 1종과 2종의 중복가입은 불 가하다. 단, 순수형 및 환급형의 중복가입은 가입금액 이내에서 가능하다.

48. 해당 특약은 1종(일반가입) 에 한하여 부가 가능하다.

49. 간편고지 상품은 일반심사 보험보다 보험료가 다소 높다.

52. 보험금이 이미 지급되었거 나 청구서류를 접수한 경우에는 1종에 청약할 수 없다.

---

43. O 44. × 45. × 46. × 47. × 48. × 49. × 50. O 51. O 52. ×

53 (무)우체국실속정기보험의 주계약은 사망보험금과 장해보험금이 보장 되며, 환급형의 경우 만기보험금, 플러스보험기간이 적용되는 경우 플러 스사망보험금과 플러스장해보험금이 보장된다. ○|✕

54. 암진단형·암사망형 1종은 20년 갱신형, 암진단형·암사망형 2종은 비갱신형, 3종은 실버형이다.

54 (무)우체국암케어보험의 1종은 암진단형, 2종은 암사망형, 3종은 실버형이다. ○|✕

55 (무)우체국암케어보험을 주계약 암진단형으로 가입할 경우 암진단 시 최대 4,000만 원까지 최고액을 보장한다. ○|✕

56. 1종 기본형은 보험기간이 30세 만기이지만, 2종 든든형은 보험기간이 80세 만기와 100세 만기이다.

56 (무)우체국더든든한자녀지킴이보험은 출생시부터 최대30세까지 꼭 필요한 보장만 담은 어린이 종합보험이다. ○|✕

57 (무)우체국더든든한자녀지킴이보험은 장해, 골절, 깁스 등 재해관련 일상생활 위험을 주계약에서 기본 보장하고, 다양한 특약 구성으로 암 진단 및 치료(입원, 수술, 통원), 뇌·심장질환 진단, 질병·재해 입원 및 수술 등 고객의 필요에 따라 맞춤형으로 설계할 수 있다. ○|✕

58. 주계약 가입나이는 0~15세이다.

58 (무)우체국더든든한자녀지킴이보험 주계약의 가입나이는 0~20세이다. ○|✕

59 (무)우체국더든든한자녀지킴이보험은 임신 사실이 확인된 태아도 가입할 수 있다. ○|✕

60 (무)우체국더든든한자녀지킴이보험의 무배당 2대질병진단특약은 뇌출혈, 뇌경색증, 뇌혈관질환, 급성심근경색증, 허혈성심장질환의 진단 확정 시 최초 1회에 한해 진단보험금이 지급된다. ○|✕

61 (무)어깨동무보험은 보험가입시 장애인에게 적용되는 고지사항을 생략하거나 최대한 완화하여 장애인에게 적용되는 가입 장벽을 낮추었다. ○|✕

62 (무)어깨동무보험은 가입나이를 확대하여 어린이와 고령자도 가입이 가능하며, 장애로 인한 추가지출이 많은 장애인 가구의 경제적 여건을 고려하여 보험료를 저렴하게 책정하였다. ○|✕

63. 3종(상해보장형)의 가입나이는 만15~70세이며 보험기간은 10년 만기, 납입기간은 5년 납이다.

63 (무)어깨동무보험의 2종(암보장형)과 3종(상해보장형)의 가입나이는 0~70세이다. ○|✕

64 (무)어깨동무보험의 계약자가 근로소득자인 경우 연간 100만 원 한도에서 납입한 보험료의 12%를 세액공제한다. ○|✕

65 (무)어깨동무보험의 보험수익자가 장애인인 경우 연간 4,000만 원 한도에서 증여세가 면제된다. ○|✕

66 (무)에버리치상해보험은 한번 가입으로 90세까지 교통사고나 각종 재해로 인한 장해, 수술 또는 골절 시 치료비용을 체계적으로 보장한다. ○|✕

67 (무)우체국예금제휴보험은 보험료 납입기간과 보험기간이 동일하다. ○|✕

68 (무)우체국단체보장보험은 과학기술정보통신부 소속 공무원 및 산하기관 직원을 가입대상으로 하며, 가입나이는 만 15세 이상이다. ○|✕

69 (무)우체국예금제휴보험 1종은 휴일에 재해로 사망하였거나 장해지급률이 50% 이상인 장해상태가 되었을 때 휴일재해사망보험금을 지급한다. ○|✕

70 (무)우체국예금제휴보험 2종은 소아암진단보험금, 재해장해보험금, 재해화상진단보험금, 식중독입원보험금, 재해외모수술보험금 등을 보장한다. ○|✕

71 (무)우체국단체보장보험 주계약의 가입한도액은 1,000만 원이다. ○|✕

72 (무)우체국단체보장보험의 무배당 단체재해사망특약의 가입한도액(과학기술정보통신부 산하기관 포함)은 2억 원, 무배당 단체질병사망특약의 가입한도액은 1억 원이다. ○|✕

73 (무)단체통원의료비보장특약의 통원의료비는 외래와 처방조제비 모두 1회당 20만 원 한도로 연간 180회까지 보험금이 지급된다. ○|✕

74 (무)우체국안전벨트보험은 교통재해로 사망 또는 장해 시 최고 2억원을 보장한다. ○|✕

75 (무)우체국안전벨트보험은 교통재해로 인한 입원, 수술, 골절, 외모수술 및 깁스치료까지 각종 치료비를 종합적으로 보장하며, 휴일교통재해 사망에 대한 보장을 강화하였다. ○|✕

---

64. 근로소득자는 납입한 보험료(연간 100만 원 한도)에 대하여 15% 세액공제가 제공된다.

66. 교통사고나 각종 재해로 인한 장해, 수술 또는 골절 시 치료비용 체계적으로 보장하는 보험상품으로, 한번 가입으로 90세까지 보장한다.

69. 휴일에 재해로 사망하였거나 장해지급률이 80% 이상인 장해상태가 되었을 때 보험금을 지급한다.

71. 가입한도액은 10,000만 원(1억 원)이다.

72. 산하기관의 가입한도액은 차이가 있다. 과학기술정보통신부 산하기관의 경우 주계약, (무)단체재해사망특약 및 (무)단체질병사망특약의 가입한도는 4,000만 원으로 한다.

73. 외래는 1회당 20만 원 한도, 연간 180회 한도이지만 처방조제비는 1건당 10만 원 한도, 연간 180건 한도이다.

74. 교통재해 사망 시 최고 2억 원 보장, 교통재해 장해 시 최고 1억원을 보장한다.

---

76 (무)우체국급여실손의료비보험(갱신형)은 주계약을 질병형, 상해형, 종합형 중에서 자유롭게 선택할 수 있다. ○ | ✕

77 (무)우체국급여실손의료비보험(갱신형)의 주계약 상해형은 비급여특약 상해형을, 주계약 질병형은 비급여특약 질병형을 함께 가입하여야 한다. ○ | ✕

78 (무)우체국급여실손의료비보험(갱신형)은 부담없는 가격의 의료비 전문 보험으로 보험금 지급실적이 없는 경우에는 보험료 할인혜택을 부여하고, 개인별 의료이용량에 따라 보험료를 차등(할인·할증) 적용한다. ○ | ✕

79 (무)우체국급여실손의료비보험(갱신형)은 임신 23주 이내의 태아도 가입 가능하며, 재가입 종료 나이는 종신이다. ○ | ✕

80 (무)우체국급여실손의료비보험(갱신형)의 종합형에 가입할 수 없는 경우 주계약 상해형과 비급여특약 상해형, 주계약 질병형과 비급여특약 질병형은 함께 가입하여야 한다. ○ | ✕

81 보험금 지급 실적이 없는 경우 보험료 할인을 위한 '무사고 할인판정기간'은 2회차 갱신계약부터 적용하며, 주계약만 가입한 계약은 할인대상에서 제외된다. ○ | ✕

82 비급여실손의료비특약의 요율상대도 계산을 위한 증빙자료를 계약자 또는 피보험자(보험대상자)가 지연제출할 경우 이로 인해 발생한 보험료 차액에 대해서는 이자를 더하여 지급하지 않지만, 국민건강보험법상 산정특례대상질환(암질환, 뇌혈관질환, 심장질환, 희귀난치성질환 등) 및 노인장기요양보험법상 장기요양대상자 중 1~2등급 판정 받은 자에 대한 비급여의료비는 제외한다. ○ | ✕

83 비급여실손의료비특약의 보험료 갱신 전 12개월 이내 기간동안 보험금 지급실적이 0원으로 보험금 지급실적이 없는 경우는 요율상대도가 '할인'에 해당하며 할인율은 매년 별도 산출한다. ○ | ✕

84 (무)우체국급여실손의료비보험(계약전환·단체개인전환·개인중지재개용)(갱신형)은 보험금 지급실적이 없는 경우 보험료 할인혜택을 제공하고, 개인별 의료이용량에 따라 보험료를 차등(할인·할증) 적용한다. ○ | ✕

85 (무)우체국급여실손의료비보험(계약전환·단체개인전환·개인중지재개용)(갱신형)은 주계약 종합형 및 비급여특약 의무가입으로 보장공백을 최소화한다. ○|×

86 (무)우체국급여실손의료비보험(계약전환·단체개인전환·개인중지재개용)(갱신형)은 종합형만 가입할 수 있지만 중복가입, 병력 등의 사유로 종합형 가입이 불가능한 경우에는 예외로 하며, 이 경우에도 주계약 상해형과 비급여특약 상해형, 주계약 질병형과 비급여특약 질병형은 함께 가입하여야 한다. ○|×

87 (무)우체국노후실손의료비보험(갱신형)은 최초계약의 가입나이가 최대 90세까지이다. ○|×

88 (무)우체국노후실손의료비보험(갱신형)의 주계약은 종합형으로 가입하여야 하지만, 종합형 가입이 불가능할 경우 질병형이나 상해형 중 한 가지를 선택하여 가입할 수 있다. ○|×

89 (무)우체국노후실손의료비보험(갱신형)의 보장내용 변경주기는 5년이며, 재가입나이는 64세부터이다. ○|×

90 (무)우체국노후실손의료비보험(갱신형)은 보험기간 종료일 15일 전까지 계약자의 별도 의사표시가 없으면 최대 2회 자동갱신된다. ○|×

91 (무)우체국급여실손의료비보험(갱신형)과 무배당 우체국노후실손의료비보험(갱신형)은 갱신안내 후 보험기간 종료일 15일 전까지 계약자의 별도 의사표시가 없으면 자동갱신이 되는데, 자동갱신은 최대 4회까지 가능하다. ○|×

92 보장내용 변경주기 종료일 전일(비영업일인 경우 전 영업일)까지 재가입 의사를 표시한 때에는 재가입일에 있어서 피보험자의 나이가 체신관서가 최초가입 당시 정한 나이의 범위 내이어야 하고, 재가입 전 계약의 보험료가 정상적으로 납입완료된 경우 재가입이 가능하다. ○|×

93 (무)우체국노후실손의료비보험(갱신형)은 종료일 전일(비영업일인 경우 전 영업일)까지 계약자로부터 별도의 의사표시가 없으면 자동으로 재가입이 된다. ○|×

94 (무)우체국노후실손의료비보험(갱신형)은 계약자로부터 별도의 의사표시가 없더라도 보험료가 정상적으로 납입완료되었을 경우 종신까지 재가입이 연장된다. ○|×

88. 종합형, 질병형, 상해형 중 한 가지 형태를 계약자가 선택하여 가입할 수 있다.

89. 보장내용 변경주기는 3년이며, 따라서 61세부터 가입 가능한 해당 보험의 재가입나이는 64세부터이다.

91. 우체국급여실손의료비보험은 최대 4회까지 가능하지만, 우체국노후실손의료비보험은 최대 2회까지 가능하다.

93. 무배당 우체국노후실손의료비보험(갱신형)의 경우 계약자로부터 별도의 재가입 의사표시가 없을 때에는 계약이 종료된다.

94. 계약자로부터 별도의 의사표시가 없을 때에는 계약이 종료된다.

95 (무)우체국간편실손의료비보험(갱신형)은 입원 최대 5천만 원, 처방조제비 포함 통원 건당 20만 원까지 보장한다. O|X

96 (무)우체국간편실손의료비보험(갱신형)은 필요에 따라 종합형, 질병형, 상해형 중 한 가지 형태를 계약자가 선택하여 가입할 수 있다. O|X

97 (무)우체국간편실손의료비보험(갱신형) 주계약 종합형은 질병과 상해에 대하여 입원과 통원을 모두 보장한다. O|X

98 (무)우체국간편실손의료비보험(갱신형) 주계약 종합형은 도수치료·체외충격파치료·증식치료로 발생한 비급여의료비, 비급여 주사료 및 자기공명영상진단(MRI/MRA)으로 발생한 비급여의료비까지 보상에 포함된다. O|X

99 (무)만원의행복보험은 차상위계층 이하 저소득층을 위한 공익형 상해보험으로, 만기보험금을 통해 납입보험료를 100% 환급한다. O|X

100 (무)만원의행복보험은 납입보험료를 만기보험금(1년만기 1만 원, 3년만기 3만 원) 지급으로 100% 환급한다. O|X

101 (무)만원의행복보험의 보험계약자는 개별 보험계약자와 과학기술정보통신부장관을 공동 보험계약자로 하며, 개별 보험계약자를 대표자로 한다. O|X

102 (무)만원의행복보험의 개별 보험계약자는 1년 만기의 경우 1만원, 3년 만기의 경우 3만원의 보험료를 납입하며, 나머지 보험료는 과학기술정보통신부장관이 납입한다. O|X

103 (무)우체국나르미안전보험의 보험료 중 개별 보험계약자는 50%를 납입하고, 나머지 보험료는 과학기술정보통신부장관이 납입하는 것을 원칙으로 한다. O|X

104 (무)우체국나르미안전보험은 교통재해로 인한 사망, 장해 및 교통사고에 대한 의료비(중환자실 입원 제외) 등 교통재해사고를 종합 보장한다. O|X

105 (무)우체국나르미안전보험은 1종(일반형)과 2종(이륜자동차전용)의 중복가입이 가능하다. O|X

106 (무)우체국통합건강보험은 백내장·관절염·인공관절 치환 수술 등 시니어수술 보장에 특화하였다. O|X

95. × 96. ○ 97. ○ 98. × 99. ○ 100. ○ 101. ○ 102. ○ 103. ○ 104. × 105. × 106. ○

107 (무)우체국통합건강보험은 일반 입원과 달리 중환자실에 입원할 경우 첫날부터 입원비를 보장한다. ○│✕

107. 일반 입원 및 중환자실 입원 모두 첫날부터 입원비를 보장한다.

108 (무)우체국통합건강보험은 사망부터 생존(진단, 입원, 수술 등)까지 종합적으로 보장하는 통합건강보험이다. ○│✕

109 (무)우체국통합건강보험은 중증치매로 최종 진단 확정시 중증치매진단간병자금을 지급한다. ○│✕

110 (무)우체국통합건강보험은 보험료 납입면제 및 주계약 보험료와 특약에 대한 고액계약 할인이 적용된다. ○│✕

110. 고액계약 할인은 주계약 보험료로 한정된다.

111 61세~65세의 경우 (무)우체국통합건강보험의 주계약을 2,000만원 한도로 가입할 수 있으며, 납입기간은 5·10·15·20년납, 납입주기는 월납이다. ○│✕

111. 20년납은 제외하여야 한다. 납입기간은 만15세~50세는 5·10·15·20·30년납, 51세~60세는 5·10·15·20년납, 61세~65세는 5·10·15년납이 가능하다.

112 (무)우체국통합건강보험의 (무)요양병원암입원특약Ⅲ(갱신형)의 경우, 피보험자 나이 70세를 초과하는 경우에는 이 특약을 갱신할 수 없다. ○│✕

113 (무)중증치매간병비특약Ⅱ의 보험금 대리청구인은 피보험자의 법률혼 및 사실혼의 배우자 또는 피보험자의 3촌 이내의 친족이어야 한다. ○│✕

113. 지정대리청구인 중 배우자는 '가족관계등록부상의 배우자'이므로 사실혼 배우자는 제외된다.

114 (무)중증치매간병비특약Ⅱ의 치매보장개시일은 계약일(부활일)부터 그 날을 포함하여 1년이 지난 날의 다음날로 하되, 질병으로 인한 "중증치매상태"가 없는 상태에서 재해로 인한 뇌의 손상을 직접적인 원인으로 "중증치매상태"가 발생한 경우 치매보장개시일은 계약일(부활일)로 한다. ○│✕

115 (무)첫날부터입원특약(갱신형)의 입원보험금과 중환자실입원보험금은 보험기간 중 질병 또는 재해로 인하여 그 직접적인 치료를 목적으로 입원하였을 때 1일 이상 입원일수 1일당 120일 한도로 보장된다. ○│✕

115. 입원보험금은 120일 한도이지만, 중환자실입원보험금은 60일 한도로 보장된다.

116 (무)12대질병입원수술특약(갱신형)의 12대성인질환 입원보험금은 1일 이상 입원일수 1일당, 120일 한도로 보장된다. ○│✕

116. 3일 초과 입원일수 1일당, 120일 한도로 보장된다.

117 (무)우체국간편건강보험(325)(20년갱신형)의 (무)간편뇌경색증진단특약(갱신형)의 경우 피보험자에게 뇌경색증진단보험금 지급사유가 발생한 경우에는 특약을 갱신할 수 없다. ○│✕

118 (무)우체국간편건강보험(355)(20년갱신형)은 고령자 및 중증질환자도 합리적인 보험료로 가입할 수 있다. ○ | ×

119 (무)우체국간편건강보험(355)(20년갱신형)은 고객의 선택권 확대를 위해 주계약을 간소화하고 재해사망 등 필요 담보를 특약으로 가입할 수 있도록 하였다. ○ | ×

120 (무)우체국더간편건강보험(갱신형)은 나이가 많아도 2가지 건강관련 간편고지로 간편하게 가입할 수 있지만, 유병자는 가입할 수 없다. ○ | ×

121 (무)우체국더간편건강보험(갱신형)을 1종 '간편가입'으로 가입할 경우 주계약을 통해 뇌경색증·뇌혈관질환·허혈성심장질환 진단 시 최대 500만 원까지 보장한다. ○ | ×

122 (무)우체국더간편건강보험(갱신형) 주계약을 '암보장형'과 '2대질병보장형'으로 중복가입하는 것은 불가능하다. ○ | ×

123 (무)우체국더간편건강보험(갱신형) 주계약의 보험기간은 15년 만기 종신갱신형이다. ○ | ×

124 (무)우체국치아보험(갱신형)은 특약을 통해 크라운 치료 시 1개당 최대 30만원까지 치료보험금을 지급한다. ○ | ×

125 (무)우체국간병비보험은 특약을 통해 장기요양 1~2등급으로 진단이 확정되면 매년 생존시 최대 10년동안 매월 간병자금을 지급한다. ○ | ×

126 (무)우체국간병비보험의 2종 '간편가입'은 병이 있어도 2가지 건강관련 간편고지로 계약을 체결할 수 있다. ○ | ×

127 (무)우체국간병비보험은 1종(일반가입)과 2종(간편가입) 모두 만 15세부터 70세까지 폭 넓게 가입할 수 있는 간병비 보험이다. ○ | ×

128 (무)우체국치매요양간병보험은 시설급여와 입원간병인 등의 돌봄비용을 제공하지만, 재가급여는 지원하지 않는다. ○ | ×

118. × 119. × 120. × 121. × 122. × 123. × 124. ○ 125. ○ 126. × 127. × 128. ×

129 (무)우체국치매요양간병보험은 특약을 통해 검사부터 치료까지 치매의 전후 단계를 전반적으로 보장한다.　　　　　　　○ | ×

130 (무)우체국당뇨안심보험은 당뇨 중증도(당화혈색소 6.5%/7.5%/9.0%)에 따라 체계적인 보장금액을 설정하고 있다.　　　　○ | ×

131 (무)우체국당뇨안심보험은 주계약 기본 당뇨보장에 더해 특약 가입 시 당뇨관련 주요질환 입원·수술, 중대수술, 뇌경색증 등 폭넓은 치료비를 보장한다.　　　　　　　　　　　　　　　　○ | ×

132 (무)우체국당뇨안심보험은 주계약 비갱신형 설계 및 보험료 납입면제로 보험료 부담을 완화하였다.　　　　　　　○ | ×

133 (무)우체국당뇨안심보험은 첫날부터 입원비 보장 및 질병·재해 중 원하는 보장만 선택하여 가입할 수 있다.　　　　○ | ×

134 (무)우체국당뇨안심보험은 특약 가입 시 당뇨병 진단 후 말기신부전 등 4대중증질환으로 합병증 진단을 받은 경우 보험금을 2배 지급한다.　　　　　　　　　　　　　　　　　　○ | ×

135 어린이 종합보험인 (무)우체국온라인어린이보험은 소아암, 중증장해 등 중증질환을 고액 보장한다.　　　　　　　○ | ×

136 (무)우체국온라인어린이보험은 암, 장해, 입원, 수술, 골절, 화상, 식중독 등의 각종 일상 생활 위험을 포괄적으로 보장하는 어린이 종합보험이다.　　　　　　　　　　　　　　　　　○ | ×

137 (무)우체국온라인어린이보험은 만기 시 만기보험금 지급으로 계약자의 형편에 따라 다양한 목적자금으로 활용 가능하다.　　○ | ×

138 (무)우체국온라인어린이보험의 주계약과 무배당 선천이상특약Ⅱ의 가입한도액은 1,000만 원이며 500만 원 단위로 가입할 수 있다.　○ | ×

138. 가입한도액은 1,000만 원 고정이다.

139 (무)우체국온라인어린이보험은 임신 사실이 확인된 태아도 가입 가능하다.　　　　　　　　　　　　　　　　　○ | ×

140 (무)우체국온라인어린이보험의 '무배당 선천이상특약Ⅱ2504'는 임신 23주 이내의 태아를 대상으로 선택할 수 있도록 한다.　○ | ×

140. 임신 23주 이내의 태아에게 '무배당 선천이상특약Ⅱ2504'를 의무부가한다.

141 (무)우체국온라인암보험은 보험료 인상없이 처음과 동일한 보험료로 보험기간 동안 보장되며, 암 진단시 보험료 납입이 면제된다.　　○|×

142 (무)우체국온라인암보험은 1구좌 가입만으로도 일반암 진단 시 최대 3,000만 원까지 지급한다.　　○|×

143 (무)우체국온라인암보험에 3구좌 가입을 하고 고액암 진단을 받을 경우 최대 6,000만 원까지 보험금을 지급받을 수 있다.　　○|×

144 (무)내가만든희망보험은 50% 장해 시 또는 3대질병 최초 진단 시 보험료 납입이 면제되며, 비갱신형 상품으로 보험료 변동이 없다.　　○|×

145 (무)내가만든희망보험의 보험가입금액은 500~1,000만 원이며 500만 원 단위로 가입할 수 있다.　　○|×

146 (무)내가만든희망보험의 생활보장 가입 시 뇌경색진단을 최대 500만 원까지 보장한다.　　○|×

147 (무)우체국온라인정기보험은 생존기간 6개월 이내 판단 시 사망보험금의 100%를 선지급한다.　　○|×

148 (무)우체국온라인정기보험 주계약의 가입나이는 20~60세이다.　　○|×

149 (무)우체국온라인3대질병보험은 경증질환(소액암, 뇌혈관질환 및 허혈성심장질환)부터 중증질환(암·뇌출혈·급성심근경색증)까지 체계적으로 보장한다.　　○|×

150 (무)우체국win-win단체플랜보험은 0세부터 가입 가능하여 유치원 등의 어린이 단체도 가입할 수 있으며, 어린이 단체를 위해 화상, 식중독, 깁스 등을 보장한다.　　○|×

151 근로자를 위해 (무)우체국win-win단체플랜보험에 가입한 법인사업자는 납입한 보험료를 손금처리를 할 수 있다.　　○|×

152 (무)win-win단체플랜보험은 단체에서 요구하는 보장내용 충족을 위해 다양한 특약을 구성하여 각종 사고에 대한 맞춤형 보장 설계가 가능하다.　　○|×

142. 저렴한 보험료로 일반암 진단 시 최대 3,000만원까지 지급하지만, 3구좌에 가입한 경우에 지급받을 수 있는 금액이다.

146. 3대질병보장 가입 시 3대질병 진단(최대 2,000만원) 및 뇌경색증진단(최대 500만원)을 보장한다.

147. 생존기간 6개월 이내 판단 시 사망보험금의 60%를 선지급한다.

148. 20년 만기, 70세 만기, 80세 만기의 가입나이는 20~60세이지만 60세 만기의 가입나이는 20~50세이다.

153 (무)win-win단체플랜보험 주계약 및 무배당 단체재해사망보장특약과 무배당 단체교통재해사망보장특약의 보험가입금액은 1,000만 원 ~4,000만 원이며 500만 원 단위로 가입할 수 있다. O|X

153. 500만 원 단위가 아니라 1,000만 원 단위로 가입할 수 있다.

154 (무)win-win단체플랜보험은 단체별 피보험자수에 따라 특약을 제외한 주계약 보험료에 대하여 할인이 적용된다. O|X

154. 할인 적용 시 특약보험료도 포함된다.

155 (무)win-win단체플랜보험의 피보험자수가 21인~100인인 경우 보험료 할인율은 2%이다. O|X

155. 피보험자수가 5인~20인이면 1%, 21인~100인이면 1.5%, 101인 이상이면 2.0%가 할인된다.

156 (무)win-win단체플랜보험은 단체 구성원의 입사 등의 사유로 피보험자의 변동이 있을 경우 보험계약자는 체신관서의 동의를 얻어 계약단체의 보험기간 중 피보험자를 추가할 수 있는데, 이 경우 추가된 피보험자의 보험기간은 그 계약단체의 남은 보험기간으로 하며 보험료 및 책임준비금 산출방법서에 의해 계산된 보험료를 적용한다. O|X

157 (무)win-win단체플랜보험의 보험계약자가 보험료를 전액 부담하는 경우(다만, 피보험자가 보험료의 일부를 부담하는 경우에는 피보험자의 동의 필요) 피보험자가 보험계약에서 보장하지 않는 사유로 사망하거나 피보험자가 퇴직 등으로 피보험단체에서 탈퇴하는 경우에는 보험계약자는 새로운 피보험자의 동의 및 체신관서의 승낙을 얻어 피보험자를 교체할 수 있다. O|X

158 (무)온라인입원수술보험은 건강보험의 핵심보장인 입원 및 수술을 보장하는 온라인전용 보험상품이다. O|X

159 (무)온라인입원수술보험은 비갱신형 상품으로 보험료 인상없이 처음과 동일한 보험료로 만기까지 보장한다. O|X

160 피보험자가 51~60세인 경우 (무)온라인입원수술보험의 100세 만기는 가입 가능하지만, 80세 만기에는 가입할 수 없다. O|X

160. 80세 만기에도 가입할 수 있다. 다만, 100세만기는 10년납, 20년납, 30년납이 가능한 반면 80세 만기는 10년납과 20년납만 가능하다.

161 (무)우체국온라인종합건강보험(갱신형)은 부담없는 보험료로 특약에 가입하지 않아도 시니어 질환을 보장받을 수 있다. O|X

161. 특약 가입 시 부담없는 보험료로 각종 질병과 사고는 물론 고액치료비 및 백내장·관절염·인공관절치환 수술 등 시니어질환을 보장한다.

162 (무)우체국온라인종합건강보험(갱신형)은 주계약을 통해 부담없는 보험료로 각종 질병과 사고는 물론 고액치료비 및 백내장·관절염·인공관절치환 수술 등 시니어질환을 보장한다. ○|×

163 (무)우체국온라인종합건강보험(갱신형)의 주계약 보험가입금액은 1,000~2,000만 원이며, 500만 원 단위로 가입할 수 있다. ○|×

164 (무)암보장특약Ⅱ(갱신형) 2504의 경우, 피보험자에게 암진단보험금 지급사유가 발생한 경우에는 이 특약을 갱신할 수 없지만 갑상선암, 기타 피부암, 대장점막내암, 제자리암 또는 경계성 종양으로 진단 확정받은 경우에는 특약을 갱신할 수 있다. ○|×

165 (무)뇌질환진단특약(갱신형) 2504와 (무)심장질환진단특약(갱신형) 2504의 경우, 세부보장은 동시에 갱신하여야 하며, 특히 보험금이 지급된 세부보장은 갱신 대상에서 누락되지 않도록 유의하여야 한다. ○|×

166 (무)우체국온라인치매간병보험은 비갱신형 상품으로 보험료 인상없이 처음과 동일한 보험료로 만기까지 보장한다. ○|×

167 (무)우체국온라인치매간병보험은 중증치매에 초점을 맞춘 온라인전용 치매전문보험이다. ○|×

168 (무)우체국온라인치매간병보험은 치매진단을 받을 때마다 주계약을 통해 진단보험금을 지급한다. ○|×

169 (무)우체국온라인치매간병보험은 중증치매상태로 최종 진단 확정된 날을 최초로 하여 최대 10년(120개월) 동안 매년 최종진단 확정일에 생존 시 간병자금을 지급한다. ○|×

170 (무)우체국대한민국엄마보험은 산모의 건강하고 안정적인 출산부터 자녀의 성장 지원을 위한 공익보험으로, 별도의 조건 없이 체신관서가 보험료 전액을 지원한다. ○|×

171 (무)우체국대한민국엄마보험은 특약을 통해 10년간 자녀의 희귀질환을 보장함은 물론, 산모의 임신질환까지 보장한다. ○|×

162. × 163. × 164. ○ 165. × 166. ○ 167. × 168. × 169. × 170. ○ 171. ×

172 (무)청소년꿈보험의 보험계약자는 가정위탁을 받는 청소년, 아동복지시설의 수용자, 탈북청소년 등 과학기술정보통신부장관이 별도로 정한 특정 청소년이다. ○│×

173 (무)청소년꿈보험의 가입나이는 0세부터 19세 미만의 미성년자이다. ○│×

174 (무)청소년꿈보험의 보험계약자는 과학기술정보통신부장관으로 한다. ○│×

175 (무)그린보너스저축보험플러스의 만기 유지 시 계약일로부터 최초 1년간 보너스금리를 추가로 제공한다. ○│×

176 (무)그린보너스저축보험플러스의 일반형은 이자소득을 비과세한다. ○│×

177 (무)그린보너스저축보험플러스의 비과세종합저축은 노인 및 장애인 등의 계약자에게 중도 해약 시에도 이자소득 비과세의 혜택을 제공한다. ○│×

178 (무)그린보너스저축보험플러스의 일반형, 비과세종합저축 모두 19세 이상이면 가입 가능하며 예치형의 납입주기는 일시납, 적립형의 납입주기는 월납이다. ○│×

179 (무)그린보너스저축보험플러스 예치형의 보험료 납입한도액은 1,000~4,000만 원이다. ○│×

180 (무)파워적립보험은 시중금리가 떨어지더라도 최저 1.0%의 금리를 보증한다. ○│×

181 (무)파워적립보험은 중도에 긴급자금이 필요한 경우 낮은 이자부담으로 중도인출을 통해 자금을 활용할 수 있다. ○│×

182 (무)파워적립보험은 보험기간 중 제한없이 자유롭게 추가납입을 할 수 있다. ○│×

172. 열거된 특정 청소년은 피보험자이고, 보험계약자는 과학기술정보통신부장관이다.

173. (무)청소년꿈보험의 가입나이는 만6~17세이다.

178. 0세 이상 누구나 가입할 수 있지만, 비과세종합저축의 계약자는 직전 3개 과세기간 중 연속하여 소득의 합계액이 연 2천만 원 이하인 자로 한정한다.

179. 예치형의 보험 납입한도액은 100~4,000만 원이다. 적립형의 경우 3년납 10~100만 원, 5년납 10~60만 원, 10년납 10~30만 원이다.

181. 중도에 긴급자금이 필요한 경우 이자부담 없이 중도인출로 자금을 활용할 수 있다.

182. 보험료 납입기간 중 추가납입이 가능하며, 1회 납입 가능한 추가납입보험료의 납입한도는 시중금리 등 금융환경에 따라 "기본보험료 × 200% × 해당년도 가입경과월수 – 해당년도 이미 납입한 추가납입보험료" 이내에서 체신관서가 정한 한도이다.

183 (무)파워적립보험은 기본보험료 30만원 초과금액에 대해 수수료를 인하함으로써 수익률을 증대하였다.　　　　○|×

184 (무)파워적립보험은 단기납(3년, 5년)으로 납입기간 부담을 완화하였다.　　　　○|×

185. 연 1회 → 연 12회

185 (무)파워적립보험 1종(만기목돈형)의 경우 계약일 이후 1년이 지난 후부터 보험기간 중에 보험년도 기준 연 1회에 한하여 적립금액의 일부를 인출할 수 있다.　　　　○|×

186. 가입 1개월 유지 후 언제든지 해약해도 납입보험료의 100% 이상을 보장하는 신개념 저축보험이다.

186 (무)우체국온라인저축보험은 가입 3개월 유지 후 언제든지 해약을 하더라도 납입보험료의 전액을 보장한다.　　　　○|×

187 (무)우체국온라인저축보험은 경과이자에 비례하여 사업비를 공제하므로, 신공시이율Ⅳ가 변동되면 사업비 공제금액(상한금액 설정)도 함께 변동한다.　　　　○|×

188 (무)파워적립보험과 (무)우체국온라인저축보험은 고객편의를 위해 자유롭게 추가납입을 할 수 있도록 상품이 설계되었다.　　　　○|×

189 (무)우체국온라인저축보험은 보험차익 비과세 요건 충족시 이자소득세가 전액 면제된다.　　　　○|×

190 (무)알찬전환특약은 만기보험금을 재예치하여 알찬 수익을 보장하는 상품이다.　　　　○|×

191 (무)알찬전환특약은 보험기간을 2, 3, 4, 5, 7, 10년으로 다양화할 수 있다.　　　　○|×

192. 가입후 10년 초과 시에는 0.5%의 금리가 보장된다.

192 (무)우체국보너스팡팡연금보험은 실세금리 등을 반영한 신공시이율Ⅳ로 적립되므로 보험기간 동안 시중금리가 하락하더라도 최저 1.0%의 금리가 보장된다.　　　　○|×

193. 5년 → 3년, 연금개시나이의 계약해당일까지 3년마다 운용보너스를 제공한다.

193 (무)우체국보너스팡팡연금보험은 연금개시나이의 계약해당일까지 5년마다 기납입보험료에 운용보너스율을 곱한 금액만큼 계약자적립액에 더하여 신공시이율Ⅳ로 부리적립한다.　　　　○|×

194. 기본형 → 연금강화형

194 (무)우체국보너스팡팡연금보험의 기본형은 연금개시나이의 계약해당일에 기납입보험료에 유지보너스율 11%를 곱한 금액만큼 계약자적립액에 가산한다.　　　　○|×

183. ○ 184. ○ 185. × 186. × 187. ○ 188. ○ 189. ○ 190. ○ 191. ○ 192. ×
193. × 194. ×

195 (무)우체국보너스팡팡연금보험의 종신연금형은 평생 연금수령을 통한 생활비 확보가 가능하지만, 조기 사망 시에는 연금수령이 정지된다.
O|✕

195. 조기 사망시 20년 또는 100세까지 안정적인 연금 수령을 보장한다.

196 (무)우체국보너스팡팡연금보험의 확정기간연금형은 연금개시 후에도 해지가 가능하다.
O|✕

197 우체국연금보험은 유배당 상품으로, 향후 운용이익금이 발생할 경우 배당혜택이 제공된다.
O|✕

198 우체국연금보험의 주계약 납입주기는 월납만 가능하고, 추가납입보험료의 납입주기는 수시납이다.
O|✕

198. 주계약의 납입주기는 일시납과 월납이고, 추가납입보험료는 수시납이다.

199 우체국연금보험은 중도에 긴급자금이 필요할 경우 낮은 이자율로 중도인출을 하여 활용할 수 있다.
O|✕

199. 중도인출에는 이자부담이 없다.

200 우체국연금보험 종신연금형의 조기집중연금형은 초기연금액을 증액하여 소득절벽기를 보완할 수 있다.
O|✕

201 우체국연금보험의 확정기간연금형은 연금개시 후에는 해지가 불가하다는 점에 유의하여야 한다.
O|✕

201. 연금개시 후에도 해지 가능하므로 다양한 목적자금으로 활용이 가능하다.

202 어깨동무연금보험은 모든 계약에 100세 보증지급을 일률적으로 적용하여 보장을 강화하였다.
O|✕

202. 고객의 필요에 따라 지급보증기간을 20년 보증지급, 30년 보증지급, 100세 보증지급 중에서 선택할 수 있다.

203 어깨동무연금보험은 장애인 부모의 부양능력 약화 위험 및 장애아동을 고려하여 30세부터 연금수급을 받을 수 있다.
O|✕

203. 30세 → 20세

204 어깨동무연금보험의 100세보증지급 상품은 연금개시나이가 20~70세이다.
O|✕

204. 20년보증지급과 100세 보증지급은 연금개시나이가 20~80세이고, 30년보증지급은 연금개시나이가 20~70세이다.

205 50세에 어깨동무연금보험에 20년납으로 가입한 경우 보험료의 납입한도액은 80만 원이다.
O|✕

205. 50세 이상이 어깨동무연금보험에 가입한 경우 보험료 납입한도액은 5년납 120만 원, 10년납 80만 원, 15년납 50만 원, 20년납 40만 원이다.

206 어깨동무보험의 보험수익자는 장애인인 피보험자와 동일하며, 변경은 불가하다.
O|✕

207 우체국연금저축보험은 유배당 상품으로 향후 운용이익금 발생시 배당혜택이 제공된다.
O|✕

208 우체국연금저축보험의 기본보험료의 납입한도액은 최고 75만 원(1천 원 단위)으로 제한된다. ○|×

209. 추가납입보험료는 계약일 이후 1개월이 지난 후부터 (연금개시나이-1)세 계약해당일까지 납입할 수 있다.

209 우체국연금저축보험은 계약 성립 직후부터 추가납입보험료를 납입할 수 있다. ○|×

210. 추가납입보험료의 연간 납입한도는 연간 총 기본보험료의 2배 이내이다.

210 우체국연금저축보험의 추가납입보험료의 연간 납입한도는 연간 총 기본보험료 이하로 제한된다. ○|×

211 (무)우체국연금저축보험(이전형)의 가입은 소득세법시행령에서 정하는 연금저축계좌 범위에 속하는 다른 금융기관의 연금저축을 이전받는 경우로 제한된다. ○|×

212. 가입나이는 '0~연금개시나이'이고 연금개시나이가 만 55~80세이다.

212 (무)우체국연금저축보험(이전형)의 가입나이는 만55~80세이다. ○|×

213 (무)우체국연금저축보험(이전형)을 연금개시나이에 가입한 경우 기본보험료를 일시납으로만 납입할 수 있다. ○|×

214. 추가납입이 불가하다.

214 (무)우체국연금저축보험(이전형)을 연금개시나이에 가입한 경우 추가납입보험료를 수시납으로 납입할 수 있다. ○|×

215 (무)우체국연금저축보험(이전형)의 보험료를 일시납으로 납입하는 경우 납입한도액에 제한이 없다. ○|×

216 (무)우체국온라인연금저축보험의 연금개시나이는 만55~80세이다. ○|×

217. 가입나이는 만19~(연금개시나이-5)세이다.

217 (무)우체국온라인연금저축보험의 가입나이는 0~(연금개시나이-5)세이다. ○|×

218. 기본보험료의 납입기간은 5년~전기납이고 납입주기는 월납이다. 한편, 추가납입보험료의 납입주기는 수시납이다.

218 (무)우체국온라인연금저축보험의 기본보험료의 최소 납입기간은 5년이고, 납입주기는 수시납이다. ○|×

219. 월 납입한도액은 10년납 미만인 경우 10만 원~75만 원이고, 10년납 이상인 경우에는 5만 원~75만 원이다.

219 (무)우체국온라인연금저축보험을 10년납으로 가입한 경우 월 납입한도액은 10만 원~75만 원이다. ○|×

220 (무)우체국온라인연금저축보험의 추가납입보험료는 계약일 이후 1개월이 지난 후부터 (연금개시나이-1)세 계약해당일까지 납입할 수 있다. ○|×

208. ○ 209. × 210. × 211. ○ 212. × 213. ○ 214. × 215. ○ 216. ○ 217. × 218. × 219. × 220. ○

221 (무)우체국개인연금보험(이전형)의 경우 계약이전을 받기 전부터 이미 연금을 지급받고 있었던 계약을 이전한 경우에는 가입 즉시부터 연금 지급을 개시한다. ○│✕

222 (무)우체국개인연금보험(이전형)의 가입은 종전의 조세특례제한법에서 정한 바에 따라 다른 금융기관의 개인연금저축을 이전받는 경우로 한정한다. ○│✕

223 (무)우체국개인연금보험(이전형)의 계약이전 받기 전 계약과 계약이전 받은 후 계약의 총 보험료 납입기간은 10년 이상이어야 한다. ○│✕

224 계약이전 받기 전 이미 연금을 지급받고 있었던 계약을 (무)우체국개인연금보험(이전형)으로 이전한 경우 가입 후 1년 경과 후부터 연금지급을 개시한다. ○│✕

224. 가입즉시부터 연금지급을 개시한다.

225 (무)우체국개인연금보험(이전형)의 제2보험기간에는 매년 계약해당일에 살아 있을 때 생존연금을 지급(20년 보증지급)한다. ○│✕

226 우체국보험의 보장성보험 세액공제 대상자는 근로소득자, 일용근로자 등이며 사업소득자는 제외된다. ○│✕

226. 일용근로자와 사업소득자는 제외된다.

227 「상속세 및 증여세법 제34조(보험금의 증여)」에 의거 계약자와 보험수익자가 서로 다른 경우에는 계약자가 납부한 보험료 납부액에 대한 보험금 상당액을 증여재산으로 간주하여 증여세를 부과한다. ○│✕

01 무배당 우체국든든한건강종신보험에 관한 설명으로 옳은 것은?

① 특약부가를 통해 암, 뇌졸중, 특정허혈성심장질환 등 3대 질병을 진단받는 경우 기납입한 주계약 보험료에 대해 환급을 제공한다.

② 주계약에서 3대 질병 진단 시 사망보험금의 50%를 선지급하여 치료자금을 지원한다.

③ 다양한 소비자 수요에 맞춰 모든 특약을 갱신·비갱신 선택형으로 설계할 수 있다.

④ 모든 가입자를 대상으로 암·뇌혈관·심장질환 등 중증질환자에 대하여 산정특례대상 등록 시 진단보험금을 지급한다.

> **해설** 특약부가로 3대질병(암, 뇌졸중, 특정허혈성심장질환) 진단 시 기납입한 주계약 보험료 환급이 제공된다.
>
> **오답분석** ② 3대 질병 진단 시 사망보험금 100%를 선지급하여 치료자금을 지원한다.
> ③ 일부 특약에 대해 갱신·비갱신 선택형으로 설계할 수 있다.
> ④ 중증질환자에 대한 진단보험금의 지급은 특약 가입 시에만 보장받을 수 있다.
>
> 정답 : ①

02 우체국 보험상품에 대한 설명으로 옳지 않은 것은?

① (무)우체국든든한건강종신보험은 주계약 보험료에 한하여 고액 할인이 적용된다.

② 어깨동무연금보험은 장애인 부모의 부양능력 약화 위험 및 장애아동을 고려하여 30세부터 연금수급이 가능하다.

③ (무)내가만든희망보험은 3대 질병보장, 생활보장, 상해보장 중 계약자가 선택하여 가입한 보장에 한하여 보험금이 지급된다.

④ (무)청소년꿈보험은 공익보험으로 특정 피보험자 범위에 해당하는 청소년에게 무료로 보험가입 혜택을 주어 학자금을 지급하는 교육보험이다.

> **해설** 어깨동무연금보험은 장애인전용연금보험으로 일반연금보다 더 많은 연금을 받도록 설계하여 장애인의 안정적인 노후 생활을 보장한다. 고객의 니즈에 부합하도록 보증지급기간을 20년, 30년, 100세 중 선택할 수 있고, 장애인 부모의 부양능력 약화 위험 및 장애아동을 고려하여 20세부터 연금수급이 가능하다. 어깨동무연금보험은 배당상품으로 향후 운용이익금 발생 시 배당혜택이 제공된다.

① (무) 우체국든든한종신보험, (무) 온라인종신보험, (무) 우체국온라인정기보험, (무) 우체국와이드건강보험, (무) 우체 국통합건강보험, (무) 우체국하나로OK건강종신보험, (무) 우체국하나로OK보험('18.6.1.판매분부터) 및 (무)우 체국 든든한건강종신보험이 있다.

③ 각종 질병과 사고 보장을 본인이 선택하여 설계하는 (무)내가만든희망보험은 3대 질병보장, 생활보장, 상해보장 중 계약자가 선택하여 가입한 보장에 한하여 보험금이 지급된다.

④ (무)청소년꿈보험의 피보험자는 가정위탁을 받는 청소년, 아동복지 시설의 수용자, 「북한이탈주민의 보호 및 정 착 지원에 관한 법률」의 적용을 받는 탈북청소년 등 과학기술정보통신부장관이 별도로 정한 바에 따른다.

정답 : ②

03 〈보기〉의 내용을 모두 충족하는 보험상품으로 옳은 것은?

〈 보 기 〉

- 단 하나의 주계약으로 각종 질병과 사고 종합 보장
- 0세부터 70세까지 가입 가능한 온가족 건강보험
- 고액의 치료비가 소요되는 3대질병 진단(최대 3,000만 원), 중증수술(최대 500만 원) 및 중증장해(최대 2,000만 원) 고액 보장

① 무배당 우체국와이드건강보험
② 무배당 우체국급여실손의료비보험(갱신형)
③ 무배당 우체국New건강클리닉보험(갱신형)
④ 무배당 우체국간편가입건강보험(갱신형)

해설 0세부터 70세까지 가입 가능한 건강보험으로 단 하나의 주계약으로 각종 질병과 사고를 종합적으로 보장하는 우체국 보험상품은 '무배당 우체국New건강클리닉보험'이다. "국민체력100" 체력 인증 시 보험료 지원혜택도 제공한다.

정답 : ③

04 우체국 보험상품 중 '국민체력100' 체력 인증 시 보험료 지원혜택이 제공되는 상품으로만 묶은 것은?

〈 보 기 〉

ㄱ. 무배당 우체국New건강클리닉보험 2509
ㄴ. 무배당 우체국뇌심케어보험 2506
ㄷ. 무배당 우체국든든한건강종신보험 2506
ㄹ. 무배당 우체국실속정기보험 2504

① ㄱ, ㄴ   ② ㄱ, ㄷ   ③ ㄴ, ㄷ   ④ ㄷ, ㄹ

05 '무배당 우체국암뇌심주요치료비보험(20년갱신형) 2511'에 대한 설명으로 옳지 <u>못한</u> 것은?

① 전이암, 혈관장애로 "주요치료"를 다시 받더라도 최초 진단부터 10년 이내 치료 시 횟수 제한 없이 보험금을 지급한다.

② 비용부담이 높고 중증질환자의 치료가 빈번한 상급종합병원 주요치료에 대한 보장금액을 별도 특약을 통해 확대할 수 있다.

③ 3대질병 중심으로 진단, 주요치료, 입원, 통원의 위험까지 폭넓은 보장을 지속적으로 제공한다.

④ 간편가입을 통해 만성질환자나 고령자에 대하여도 포용적 보장을 제공한다.

06 '무배당 우체국암케어보험 2504'에 대한 설명으로 옳은 것은?

① 모든 가입자(피보험자)에게 우체국보험 암진단보험금 최고액 보장으로 암진단 시 최대 4,000만 원까지 보장한다.

② '계속받는암진단특약Ⅲ(20년갱신형)'에 가입한 경우 암으로 재진단 시 계속 보장을 받을 수 있다.

③ 암진단과 암사망을 보장하는 1종과 2종 모두 비갱신형으로 고객의 부담을 경감하였다.

④ 보험료 납입면제 혜택은 제공되지 않는다.

07 '무배당 우체국더든든한자녀지킴이보험 2504'에 대한 내용으로 옳지 <u>않은</u> 것은?

① 태아부터 15세까지 가입 가능한 어린이보험으로 보험금 면책 및 감액기간 없이 가입 즉시 100% 보장된다.

② 가입 목적 및 보험료 수준에 따라 1종(기본형, 30세 만기) 또는 2종(부가형, 80/100세 만기) 중 선택하여 가입할 수 있다.

③ 주계약을 통해 태아의 선천이상과 신생아 질병 및 산모 위험까지 보장받을 수 있다.

④ '무배당 산모보장특약 2504'에 가입한 경우 유산 또는 입원·출산질환에 대하여 입원과 수술보험금이 보장된다.

> **해설** '무배당 우체국더든든한자녀지킴이보험 2504'는 출생시부터 최대 100세까지 꼭 필요한 보장만 담은 어린이 종합보험이다. 태아가 특약 가입시 선천이상, 신생아질병은 물론 산모 위험까지 보장을 받을 수 있다.
>
> **오답분석** '무배당 산모보장특약 2504'에 가입한 경우 유산입원보험금, 유산수술보험금, 임신·출산질환입원보험금, 임신·출산질환수술보험금 등이 보장된다.
>
> 정답 : ③

08 ㉠~㉢에 들어갈 내용이 순서대로 바르게 연결된 것은?

〈 보 기 〉

- '무배당 우체국더든든한자녀지킴이보험 2504'는 출생 시부터 최대 (㉠)세까지 꼭 필요한 보장만 담은 어린이 종합보험이다.
- '무배당 에버리치상해보험 2504'는 한 번 가입으로 (㉡)세까지 보장 및 휴일재해 사망보장을 강화하였다.
- '무배당 우체국더간편건강보험(갱신형) 2504' 1종(간편가입)에 가입할 경우 특약을 통해 뇌출혈·급성심근경색증 진단시 최대 (㉢)만원까지 보장받을 수 있다.

	㉠	㉡	㉢
①	90	90	3,000
②	90	100	3,000
③	100	90	3,500
④	100	100	3,500

09 갑은 자신의 0세 자녀를 피보험자로 하여 '무배당 더든든한우체국자녀지킴이보험 2504'에 가입하려고 한다. 이때 선택할 수 있는 특약에 해당하는 것을 모두 고른 것은?

〈 보 기 〉

ㄱ. 무배당 어린이보장특약 2504
ㄴ. 무배당 2대질병진단특약 2504
ㄷ. 무배당 신생아보장특약 2504
ㄹ. 무배당 선천이상특약Ⅱ 2504

① ㄱ, ㄴ   ② ㄱ, ㄹ   ③ ㄴ, ㄷ   ④ ㄷ, ㄹ

10 '무배당 어깨동무보험'에 대한 설명으로 옳지 <u>않은</u> 것은?

① 보험가입 시 장애인에게 적용되는 고지사항을 생략하거나 최대한 완화하는 등 가입 장벽을 낮추었다.
② 장애로 인한 추가지출이 많은 장애인 가구의 경제적 여건을 고려하여 보험료를 저렴하게 책정하였다.
③ 가입나이를 확대하여 고령자도 가입이 가능하게 하였으나, 어린이는 가입이 제한된다.
④ 상해보장형의 경우 매 2년마다 건강진단자금의 지급으로 각종 질환의 조기진단 및 사전예방자금으로 활용하도록 하였다.

① 보험가입시 장애인에게 적용되는 고지사항을 생략하거나 최대한 완화하여 가입을 용이한게 하여 장애인에게 적용되는 가입 장벽을 완화하였다.

② 장애로 인한 추가지출이 많은 장애인 가구의 경제적 여건을 고려한 저렴한 보험료가 주요 특징이다.

④ 상해보장형의 경우, 매 2년마다 건강관리자금 지급으로 각종 질환 조기진단 및 사전예방 자금으로 활용할 수 있다.

정답 : ③

11 '무배당 어깨동무보험 2504'의 가입자 자격요건 등에 대한 내용으로 옳지 <u>않은</u> 것은?

① 장애인의 범위는 「장애인복지법」 제32조에 의하여 등록한 장애인 및 「국가유공자 등 예우 및 지원에 관한 법률」 제6조에 의하여 등록한 상이자로 한다.

② 청약 시 구비서류는 장애인등록증, 장애인복지카드 또는 국가유공자증 사본이다.

③ 1종(생활보장형)의 경우 계약자는 주피보험자이며, 주피보험자의 가입나이는 만15~60세이다.

④ 1종(생활보장형) "장애인생활안정자금"의 보험수익자는 변경이 가능하지만 반드시 장애인으로 한정된다.

해설 '무배당 어깨동무보험 2504'는 부양자 사망 시 장애인에게 생활안정자금을 지급하는 '생활보장형', 장애인의 암 발병 시에 치료비용을 지급하는 '암보장형', 장애인의 재해사고 시 사망은 물론 각종 치료비를 보장하는 '상해보장형' 중 여건에 맞게 가입할 수 있으며, 보험가입 시 장애인에게 적용되는 고지사항을 생략하거나 최대한 완화하여 가입이 용이하다.

④ 1종(생활보장형)은 장애인 생활안정자금, 재해장해보험금, 만기보험금이 보장되는데, "장애인생활안정자금"의 보험수익자는 반드시 장애인으로 한정되며 변경이 불가하다.

오답분석
② 청약 시 구비서류는 장애인등록증, 장애인복지카드 또는 국가유공자증 사본이며, 상이자의 경우에는 국가유공자증에 기재된 상이등급(1~7급)으로 확인한다.

③ 1종(생활보장형)의 경우 계약자는 만15~60세인 주피보험자이며, 장애인의 가입나이는 0~70세이다.

정답 : ④

12 '무배당 우체국급여실손의료비보험(갱신형)'에 대한 설명으로 옳은 것은? (2022 기출)

① 보장내용 변경주기는 3년이며, 종신까지 재가입이 가능하다.

② 최초계약 가입나이는 0세부터 60세까지이며, 임신 23주 이내의 태아도 가입이 가능하다.

③ 갱신 직전 '무사고 할인판정기간' 동안 보험금 지급 실적이 없는 경우, 갱신일부터 차기 보험기간 1년 동안 보험료의 5%를 할인해 준다.

④ 비급여실손의료비특약의 갱신보험료는 갱신 직전 '요율상대도 판정기간' 동안의 비급여특약에 따른 보험금 지급 실적을 고려하여 영업보험료에 할인·할증요율을 적용한다.

> **해설** 부담없는 가격의 의료비 전문보험인 무배당 우체국급여실손의료비보험(갱신형)의 최초계약 가입나이는 0~60세까지이며, 임신 23주 이내의 태아도 가입이 가능하다.
>
> **오답분석** ① 무배당 우체국급여실손의료비보험(갱신형)2109의 보장내용 변경주기는 5년이며, 재가입 종료 나이는 종신이다.
> ③ 무배당 우체국급여실손의료비보험(갱신형)2109는 갱신(또는 재가입) 직전 '무사고 할인판정기간' 동안 보험금 지급실적[급여 의료비 중 본인부담금 및 4대 중증질환(암, 뇌혈관질환, 심장질환, 희귀난치성질환)으로 인한 비급여의료비에 대한 보험금은 제외]이 없는 계약을 대상으로 갱신일(또는 재가입일)부터 차기 보험기간 1년 동안 보험료의 10%를 할인한다.
> ④ 비급여실손의료비특약의 갱신보험료는 갱신 직전 '요율상대도 판정기간' 동안의 비급여특약에 따른 보험금 지급 실적을 고려하여 보험료 갱신시 순보험료(비급여특약의 순보험료 총액을 대상)에 요율 상대도(할인·할증요율)를 적용한다.
>
> 정답 : ②

13 무배당 우체국급여실손의료비보험(갱신형) 2504에 대한 설명으로 옳은 것은?

① 최초 계약 가입나이는 0세부터 70세까지이다.

② 입원과 통원에 대하여 각각 5천만원까지 보장한다.

③ 주계약 종합형의 의무가입과 비급여 특약의 선택가입으로 보장공백을 최소화하였다.

④ 종합형만 가입할 수 있지만 중복가입, 병력 등의 사유로 종합형 가입이 불가능한 경우에는 예외로 한다.

> **해설** 종합형만 가입할 수 있지만 중복가입, 병력 등의 사유로 종합형 가입이 불가능한 경우에는 예외로 하며, 이 경우에도 주계약 상해형과 비급여특약 상해형, 주계약 질병형과 비급여특약 질병형은 함께 가입하여야 한다.
>
> **오답분석** ① 최초계약의 가입나이는 0~60세이다.
> ② 입원과 통원을 합산하여 5천만 원까지 보장한다.
> ③ 주계약 종합형 및 비급여특약의 의무가입으로 보장공백을 최소화하였다.
>
> 정답 : ④

14 현재 판매 중인 우체국 보험상품에 대한 설명으로 옳지 <u>않은</u> 것은?

① (무)우체국노후실손의료비보험(갱신형)은 최초계약의 가입나이가 최대 90세까지이다.

② (무)우체국노후실손의료비보험(갱신형)은 보험기간 종료일 15일 전까지 계약자의 별도 의사표시가 없으면 최대 2회 자동갱신된다.

③ (무)우체국노후실손의료비보험(갱신형)은 계약자로부터 별도의 의사표시가 없더라도 보험료가 정상적으로 납입완료되었을 경우 종신까지 재가입이 연장된다.

④ (무)만원의행복보험은 차상위계층 이하 저소득층을 위한 공익형 상해보험으로, 만기보험금을 통해 납입보험료를 100% 환급한다.

> **해설** 계약자로부터 별도의 의사표시가 없을 때에는 계약이 종료된다.
>
> **오답분석** ① 최초계약의 가입나이는 61~90세이다.
> ② 보장내용의 변경주기가 3년으로, 보험기간 종료일 15일 전까지 계약자의 별도 의사표시가 없으면 최대 2회 자동갱신된다.
> ④ 개별 보험계약자는 1년 만기의 경우 1만 원, 3년 만기의 경우 3만 원의 보험료를 납입한 뒤 만기보험금으로 되돌려 받으므로 사실상 계약자의 보험료 부담이 없다.
>
> 정답 : ③

15 현재 판매 중인 우체국 보험상품에 대한 설명으로 옳은 것은?

① (무)우체국더든든한자녀지킴이보험은 출생 시부터 최대 30세까지 꼭 필요한 보장만 담은 어린이 종합보험이다.

② (무)어깨동무보험의 계약자가 근로소득자인 경우 연간 100만 원 한도에서 납입한 보험료의 12%를 세액공제한다.

③ (무)우체국안전벨트보험은 교통재해로 사망 또는 장해 시 최고 2억 원을 보장한다.

④ (무)우체국나르미안전보험의 보험료 중 개별 보험계약자는 50%를 납입하고, 나머지 보험료는 과학기술정보통신부장관이 납입하는 것을 원칙으로 한다.

> **해설** 운송업종사자 전용 공익형 교통상해보험으로, 보험료의 50%를 체신관서가 공익재원으로 지원한다.
>
> **오답분석** ① 1종 기본형은 보험기간이 30세 만기이지만, 2종 든든형은 보험기간이 80세 만기와 100세 만기이다.
> ② 근로소득자는 납입한 보험료(연간 100만원 한도)에 대하여 15% 세액공제가 제공된다.
> ③ 교통재해 사망 시 최고 2억원 보장, 교통재해 장해 시 최고 1억 원을 보장한다.
>
> 정답 : ③

16 우체국 보험상품 중 〈보기〉의 특성을 갖는 상품에 대한 설명으로 옳지 <u>않은</u> 것은?

〈 보 기 〉

- 대상포진 및 통풍 등 생활형 질병 보장
- 면역관련(다발경화증, 특정 류마티스관절염 등) 질환 및 시니어수술(백내장 · 관절염 · 인공관절 치환 수술) 특화 보장
- 중증치매로 최종 진단 확정 시 평생 중증치매간병생활자금 지급
- 첫날부터 입원비 보장(일반 입원 및 중환자실 입원)
- 세제혜택: 근로소득자는 납입보험료(연간 100만 원 한도)에 대하여 12% 세액공제

① 주계약의 가입나이는 만15~65세이다.
② 보험가입금액은 1,000만 원~2,000만 원이다.
③ 보험기간은 90, 95, 100세 만기이다.
④ 주계약 보험료에 대하여 고액 할인이 적용된다.

> **해설** 〈보기〉에 제시된 우체국 보험상품은 사망부터 생존(진단, 입원, 수술 등)까지 종합적으로 보장하는 무배당 우체국 통합건강보험이다. 이 보험의 보험가입금액은 1,000만 원~4,000만 원(500만 원 단위)이지만, 피보험자가 가입 당시 61세 이상인 경우는 2,000만 원 한도이다.
>
> **오답분석** ① 주계약의 가입나이가 만15~50세인 경우 5, 10, 15, 20, 30년납, 51~60세인 경우 5, 10, 15, 20년납, 61~65세인 경우 5, 10, 15년납이 있다.
> ④ (무)우체국통합건강보험은 장해(50% 이상) 발생 시 보험료 납입면제 제공 및 주계약 보험료 고액계약 할인으로 보험료 납입부담을 완화한다.
>
> 정답 : ②

17 우체국 보험상품에 관한 설명으로 옳은 것은 모두 몇 개인가?

〈 보 기 〉

ㄱ. (무)우체국통합건강보험은 백내장 · 관절염 · 인공관절 치환 수술 등 시니어수술 보장에 특화된 보험 상품이다.
ㄴ. (무)우체국통합건강보험은 일반 입원과 달리 중환자실에 입원할 경우 첫날부터 입원비를 보장한다.
ㄷ. (무)우체국간편건강보험(355)(20년갱신형)은 고령자 및 중증질환자도 합리적인 보험료로 가입할 수 있다.
ㄹ. (무)우체국간편건강보험(355)(20년갱신형)은 고객의 선택권 확대를 위해 주계약을 간소화하고 재해사망 등 필요 담보를 특약으로 가입할 수 있도록 하였다.

① 1개   ② 2개   ③ 3개   ④ 4개

시니어보장강화로 면역관련(다발경화증, 특정 류마티스관절염 등) 질환 및 시니어수술(백내장 · 관절염 · 인공관절 치환 수술)을 특화 보장한다.

ㄴ. 일반 입원 및 중환자실 입원 모두 첫날부터 입원비를 보장한다.
ㄷ. 건강을 장기간 유지한 유병자가 합리적인 보험료로 가입 가능한 경증 유병자보험으로, 보험가입이 어려웠던 고령자 및 젊은 경증질환자도 가입이 가능하다.
ㄹ. 주계약은 재해사망으로 간소화하고 필요 담보는 특약으로 가입할 수 있도록 설계하여 고객의 선택권을 확대하였다.

정답 : ①

18 〈보기〉의 내용을 모두 충족하는 보험상품으로 옳은 것은?

─〈 보 기 〉─

- 병이 있거나 나이가 많아도 3가지(건강관련) 간편고지로 간편하게 가입하는 실손보험
- 5세부터 90세까지 가입 가능
- 입원 최대 5천만 원, 통원 건당 20만 원(단, 처방조제비 제외) 보장
- 필요에 따라 종합형, 질병형, 상해형 중 선택
- 세제혜택 : 근로소득자 납입 보험료(연간 100만 원 한도) 12% 세액공제

① 무배당 우체국간편실손의료비보험(갱신형)
② 무배당 우체국노후실손의료비보험(갱신형)
③ 무배당 우체국실손의료비보험(갱신형)
④ 무배당 에버리치상해보험

유병자도 간편고지로 가입할 수 있는 실손보험으로서 〈보기〉의 설명에 부합하는 우체국 보장성보험상품은 '무배당 우체국간편실손의료비보험(갱신형)'이다.

정답 : ①

19 무배당 만원의행복보험에 관한 내용으로 옳지 않은 것은?

① 국민기초생활보장법에서 정한 차상위계층 이하 저소득층을 위한 공익형 상해보험이다.
② 개별 보험계약자는 1년 만기의 경우 1만 원, 3년 만기의 경우 3만 원의 보험료를 납입하며, 나머지 보험료는 과학기술정보통신부장관이 납입한다.
③ 보험기간이 끝날 때까지 살아 있으면 만기보험금을 지급하고, 재해를 직접적인 원인으로 사망하였을 때에는 유족위로금을 지급한다.
④ 재해로 인하여 그 직접적인 치료를 목적으로 수술을 받았을 때에는 최초 수술 1회에 한해 재해수술보험금이 지급된다.

무배당 만원의행복보험은 차상위계층 이하 저소득층을 위한 공익형 상해보험으로 성별·나이에 상관없이 보험료 1만 원(1년 만기 기준), 1회 납입 1만 원(1년 만기 기준) 초과 보험료를 체신관서가 공익자금으로 지원한다. 사고에 따른 유족보장과 재해입원·수술비를 정액 보상하고 만기보험금(1년만기 1만 원, 3년만기 3만 원) 지급으로 납입보험료를 100% 환급한다.

④ 재해로 인하여 그 직접적인 치료를 목적으로 수술을 받았을 때에는 수술 1회당 재해수술보험금이 지급되고, 4일 이상 입원하였을 때 3일 초과 입원일수 1일당 120일 한도로 재해입원급부금이 지급된다.

① 무배당 만원의행복보험의 피보험자 자격요건이 국민기초생활보장법에서 정한 차상위계층 이하이므로 피보험자가 차상위계층에 해당하는지를 차상위계층 확인서 또는 수급자 증명서를 통해 확인하여야 한다.

② 개별 보험계약자는 1년 만기의 경우 1만 원, 3년 만기의 경우 3만 원의 보험료를 납입하며, 나머지 보험료는 과학기술정보통신부장관이 납입한다.

③ 만기보험금은 보험기간이 끝날 때까지 살아 있을 때 지급되며, 유족위로금은 재해를 직접적인 원인으로 사망하였을 때 지급된다.

정답 : ④

20 우체국 보험상품에 대한 설명으로 옳은 것은?

① (무)우체국온라인어린이보험의 '무배당 선천이상특약Ⅱ 2504'는 임신 23주 이내의 태아를 대상으로 선택할 수 있도록 한다.

② (무)우체국치아보험(갱신형)은 특약을 통해 크라운 치료 시 1개당 최대 30만 원까지 치료보험금을 지급한다.

③ (무)우체국더간편건강보험(갱신형)을 1종 '간편가입'으로 가입할 경우 주계약을 통해 뇌경색증·뇌혈관질환·허혈성심장질환 진단 시 최대 500만 원까지 보장한다.

④ (무)우체국간병비보험의 2종 '간편가입'은 병이 있어도 2가지 건강관련 간편고지로 계약을 체결할 수 있다.

특약 가입 시 임플란트(영구치 발거 1개당 최대 150만 원), 브릿지(영구치발거 1개당 최대 75만 원), 틀니(보철물 1개당 최대 150만 원) 치료보험금을 지급한다.

① 임신 23주 이내의 태아에게 '무배당 선천이상특약Ⅱ 2504'를 의무부가한다.

③ 고액의 치료비가 소요되는 3대질병 진단(암 최대 3,000만 원, 뇌출혈·급성심근경색증 최대 3,500만 원)에, 뇌경색증·뇌혈관질환·허혈성심장질환 진단(최대 500만 원)까지 보장(1종(간편가입) 기준, 특약 가입시)한다.

④ 2종(간편가입)은 병이 있어도 3가지(건강관련) 간편고지로 간편하게 가입할 수 있다.

정답 : ②

21 우체국 보험상품에 대한 설명으로 옳지 <u>못한</u> 것은?

① (무)우체국치매요양간병보험은 시설급여와 입원간병인 등의 돌봄비용을 제공하지만, 재가급여는 지원하지 않는다.

② (무)우체국치매요양간병보험은 특약을 통해 검사부터 치료까지 치매의 전후 단계를 전반적으로 보장한다.

③ (무)우체국당뇨안심보험은 특약 가입 시 당뇨병 진단 후 말기신부전 등 4대중증질환으로 합병증 진단을 받은 경우 보험금을 2배 지급한다.

④ 어린이 종합보험인 (무)우체국온라인어린이보험은 소아암, 중증장해 등 중증질환을 고액 보장한다.

> **해설** 치매로 발생하는 돌봄비용(시설급여, 재가급여, 입원간병인 등)을 포괄적으로 지원한다.
>
> **오답 분석** ② (무)급여치매보장특약(10년갱신형) 가입 시 치매 전후 단계(검사~치료)까지 보장범위를 확대할 수 있다.
> ③ 해당 특약에 가입할 경우 당뇨병 진단 후 4대중증질환(3대질병/말기신부전)으로 진단 시 보험금을 2배 지급하여 고액치료비를 보장한다.
> ④ 암, 장해, 입원, 수술, 골절, 화상, 식중독 등의 각종 일상생활 위험을 포괄적으로 보장하는 어린이 종합보험으로, 중증질환(소아암, 중증장해 등)을 고액으로 보장한다.
>
> 정답 : ①

22 우체국 보장성 보험에 대한 설명으로 옳은 것을 모두 고른 것은?

〈 보 기 〉

ㄱ. (무)우체국온라인암보험은 1구좌 가입만으로도 일반암 진단 시 최대 3,000만 원까지 지급한다.

ㄴ. (무)우체국온라인암보험에 3구좌 가입을 하고 고액암 진단을 받을 경우 최대 6,000만원까지 보험금을 지급받을 수 있다.

ㄷ. (무)내가만든희망보험의 생활보장 가입 시 뇌경색진단을 최대 500만 원까지 보장한다.

ㄹ. (무)내가만든희망보험은 50% 장해 시 또는 3대질병 최초 진단 시 보험료 납입이 면제된다.

① ㄱ, ㄴ   ② ㄱ, ㄷ   ③ ㄴ, ㄹ   ④ ㄷ, ㄹ

> **해설** ㄴ과 ㄹ은 옳은 설명이고, ㄱ과 ㄷ은 틀린 설명이다.
> ㄴ. 3구좌 가입 시 고액암(백혈병, 뇌종양, 골종양, 췌장암, 식도암 등) 진단을 받으면 최대 6,000만 원까지 지급한다.
> ㄹ. 50% 장해 시 또는 3대질병 최초 진단 시 보험료 납입이 면제되고, 10, 20, 30년 만기 비갱신형 상품으로 보험료 변동이 없다.
>
> **오답 분석** ㄱ. 저렴한 보험료로 일반암 진단 시 최대 3,000만 원까지 지급하지만, 3구좌에 가입한 경우에 지급받을 수 있는 금액이다.
> ㄷ. 3대질병보장 가입 시 3대질병 진단(최대 2,000만 원) 및 뇌경색증진단(최대 500만 원)을 보장한다.
>
> 정답 : ③

23 우체국 보험상품에 관한 설명으로 옳지 않은 것은?

① (무)우체국온라인3대질병보험은 허혈성심장질환 등 경증질환부터 급성심근경색증 등 중증질환까지 체계적으로 보장하는 상품이다.

② (무)win-win단체플랜보험은 0세부터 가입 가능하여 유치원 등의 어린이 단체도 가입 가능하며, 어린이 단체를 위해 화상, 식중독, 깁스 등을 보장한다.

③ (무)win-win단체플랜보험에 가입한 법인사업자는 근로자를 위해 납입한 보험료를 손금처리할 수 있다.

④ (무)우체국온라인정기보험은 생존기간 6개월 이내 판단 시 사망보험금의 100%를 선지급한다.

> **해설** (무)우체국온라인정기보험은 생존기간 6개월 이내 판단 시 사망보험금의 60%를 선지급한다.
>
> **오답분석** ① (무)우체국온라인3대질병보험은 경증질환(소액암, 뇌혈관질환 및 허혈성심장질환)부터 중증질환(암·뇌출혈·급성심근경색증)까지 체계적으로 보장한다.
> ② (무)win-win단체플랜보험은 0세부터 가입 가능하여 유치원 등의 어린이 단체도 가입 가능하고, 성인 직장인에게 꼭 필요한 사망보장뿐만 아니라 어린이 단체를 위한 화상, 식중독, 깁스 등의 보장을 설계할 수 있다.
> ③ (무)win-win단체플랜보험 가입 시 세제 혜택으로 법인사업자는 근로자를 위해 납입한 보험료를 손금처리할 수 있다.
>
> 정답 : ④

24 우체국 보험상품에 대한 설명으로 옳지 않은 것은?

① (무)우체국온라인종합건강보험(갱신형)은 부담 없는 보험료로 특약에 가입하지 않아도 시니어 질환을 보장받을 수 있다.

② (무)우체국온라인입원수술보험은 비갱신형 상품으로 보험료 인상 없이 처음과 동일한 보험료로 만기까지 보장받을 수 있다.

③ (무)우체국단체보장보험은 과학기술정보통신부 소속 공무원 및 산하기관 직원을 대상으로 한 단체보험이다.

④ (무)우체국노후실손의료비보험(갱신형)은 최대 90세까지 가입할 수 있는 실버 전용보험이다.

> **해설** 우체국 보험상품 중 (무)우체국온라인종합건강보험(갱신형)은 특약 가입 시 부담 없는 보험료로 각종 질병과 사고는 물론 고액치료비 및 백내장·관절염·인공관절치환 수술 등 시니어 질환을 보장한다.
>
> **오답분석** ② (무)우체국온라인입원수술보험은 질병 또는 재해로 50% 이상 장해상태가 되었을 때 차회 이후의 보험료 납입을 면제할 뿐 아니라, 비갱신형 상품으로 보험료 인상 없이 처음과 동일한 보험료로 만기까지 보장한다.
> ④ (무)우체국노후실손의료비보험(갱신형)은 최대 90세까지 가입할 수 있는 실버 전용보험으로 필요에 따라 종합형·질병형·상해형 중 한가지를 선택할 수 있다.
>
> 정답 : ①

25 우체국 보험상품에 대한 설명으로 옳은 것은? (2023 기출)

① 무배당 청소년꿈보험은 체신관서가 공익재원으로 보험료를 50% 지원하는 상품이다.

② 무배당 우체국예금제휴보험은 체신관서가 공익재원으로 보험료를 80% 지원하는 상품이다.

③ 무배당 우체국나르미안전보험은 체신관서가 공익재원으로 보험료를 50% 지원하는 상품이다.

④ 무배당 만원의행복보험은 성별·나이에 상관없이 체신관서가 공익재원으로 보험료 1만 원(1년 만기 기준)을 지원하는 상품이다.

해설 무배당 우체국나르미안전보험은 운송업종사자 전용 공익형 교통상해보험으로, 보험료의 50%를 체신관서가 공익재원으로 지원한다.

오답 분석 ① 무배당 청소년꿈보험은 공익보험으로 특정 피보험자 범위에 해당하는 청소년에게 무료로 보험가입 혜택을 주어 학자금을 지급하는 교육보험이다.
② 무배당 우체국예금제휴보험은 우체국예금 가입시 무료로 가입할 수 있는 보험상품이다.
④ 무배당 만원의행복보험은 차상위계층 이하 저소득층을 위한 공익형 상해보험으로 성별·나이에 상관없이 보험료 1만 원(1년 만기 기준)만 납부하도록 하고 1회 납입 1만 원(1년 만기 기준) 초과 보험료는 체신관서가 공익자금으로 지원한다. 게다가 만기보험금(1년 만기 1만 원, 3년 만기 3만 원) 지급을 통해 납입보험료를 100% 환급한다.

정답 : ③

---

26 〈보기〉와 같은 내용을 담고 있는 우체국 보험상품은?

〈 보 기 〉

현대인의 건강한 생활을 위하여 사망부터 생존(진단, 입원, 수술 등)까지 종합적으로 보장하는 온라인전용 상품으로, 특약가입 시 부담 없는 보험료로 각종 질병과 사고는 물론 고액치료비 및 백내장·관절염·인공관절치환 수술 등 시니어질환을 보장받을 수 있다.

① 무배당 우체국온라인종합건강보험(갱신형) 2504

② 무배당 우체국간편건강보험(355)(20년갱신형) 2504

③ 무배당 우체국통합건강보험 2504

④ 무배당 우체국실속정기보험 2504

해설 무배당 우체국온라인종합건강보험(갱신형) 2504는 현대인의 건강한 생활을 위하여 사망부터 생존(진단, 입원, 수술 등)까지 종합적으로 보장하는 온라인전용 종합건강보험상품으로, 꼭 필요한 보장을 선택하여 맞춤형으로 가입할 수 있다. 특약 가입 시 부담 없는 보험료로 각종 질병과 사고는 물론 고액치료비 및 백내장·관절염·인공관절치환 수술 등 시니어질환을 보장받을 수 있다.

정답 : ①

27 (무)우체국대한민국엄마보험에 대한 설명으로 옳지 못한 것은?

① 산모의 건강하고 안정적인 출산부터 자녀의 성장 지원을 위한 공익보험이다.

② 별도의 조건 없이 체신관서가 보험료 전액을 지원한다.

③ 5년간 자녀의 희귀질환을 보장하고, 임신 22주 이내 특약에 가입한 경우 산모의 임신질환을 추가보장한다.

④ 보험금 면책 및 감액기간 없이 가입 즉시 100% 보장한다.

> **해설** 10년간 자녀의 희귀질환을 보장하고, 임신 22주 이내 특약에 가입한 경우 산모의 임신질환을 추가보장한다.
>
> 정답 : ③

28 우체국보험의 특약에 대한 설명으로 옳지 않은 것은?

① '이륜자동차 운전 및 탑승중 재해부담보특약 2109'는 이륜자동차 운전 또는 탑승 중에 발생한 재해로 이륜자동차를 소유·관리자 또는 운전 중에 발생한 재해로 인하여 주계약 및 특약에서 정한 보험금 지급사유 또는 보험료 납입면제사유가 발생한 경우 보험금을 지급하지 않는다.

② '지정대리청구서비스특약 2109'의 지정대리 청구인의 범위는 피보험자의 가족관계등록부상의 배우자 또는 4촌 이내의 친족이다.

③ '장애인전용보험전환특약 2007'은 계약자가 증빙서류를 제출하고 특약 가입을 신청한 경우 장애인전용보험으로 전환한 뒤 이후 납입된 보험료부터는 장애인전용 보장성보험료로 처리하도록 한다.

④ 위 ①~③은 상이한 우체국보험 상품이라 하더라도 동일 특약 가입 시 동일한 내용으로 적용된다.

> **해설** '지정대리청구서비스특약 2109'는 계약자, 피보험자 및 수익자(사망 시 수익자 제외)가 모두 동일한 계약을 대상으로 보험금을 직접 청구할 수 없는 특별한 사정이 있을 경우에 대리청구인을 지정할 수 있도록 한다. 지정대리 청구인은 피보험자의 가족관계등록부상의 배우자 또는 3촌 이내의 친족이다.
>
> **오답 분석** ① '이륜자동차 운전 및 탑승중 재해부담보특약 2109'의 가입대상은 이륜자동차 운전자 또는 이륜자동차를 소유 및 관리하는 경우이다. 해당 특약 가입자에게는 이륜자동차 운전 또는 탑승 중에 발생한 재해로 이륜자동차를 소유·관리자 또는 운전 중에 발생한 재해로 인하여 주계약 및 특약에서 정한 보험금 지급사유 또는 보험료 납입면제사유가 발생한 경우 보험금을 지급하지 않는다. 또한 보험료의 납입을 면제하지도 않는다.
> ③ '장애인전용보험전환특약 2007'의 대상계약은 피보험자 또는 수익자가 소득세법상 장애인인 계약이다. 장애인전용보험으로 전환하면 전환 이후 납입된 보험료부터 장애인전용 보장성보험료로 처리한다.
>
> 정답 : ②

29 우체국 보험상품 중 〈보기〉의 성격을 갖는 보험상품에 해당하지 <u>않는</u> 것은?

〈 보 기 〉

생존 시 지급되는 보험금의 합계액이 이미 납입한 보험료를 초과하는 보험상품이다.

① 무배당 파워적립보험　　　　　　　　② 무배당 그린보너스저축보험플러스
③ 무배당 내가만든희망보험　　　　　　④ 무배당 알찬전환특약

> **해설** 우체국보험의 종류에는 보장성보험, 저축성보험, 연금보험이 있다. 보장성보험은 생존 시 지급되는 보험금의 합계액이 이미 납입한 보험료를 초과하지 아니하는 보험이고, 저축성보험은 생존 시 지급되는 보험금의 합계액이 이미 납입한 보험료를 초과하는 보험이며, 연금보험은 일정 연령 이후에 생존하는 경우 연금의 지급을 주된 보장으로 하는 보험이다. 따라서 〈보기〉의 내용은 저축성보험에 해당한다. 저축성보험에는 무배당 청소년꿈보험, 무배당 그린보너스저축보험플러스, 무배당 파워적립보험, 무배당 우체국온라인저축보험, 무배당 알찬전환특약이 있다.
> ③ 무배당 내가만든희망보험은 보장성보험에 해당한다.
>
> 정답 : ③

30 우체국 저축성 보험상품 중 무배당 그린보너스저축보험플러스에 대한 설명으로 옳은 것은?

① 이 보험의 피보험자는 가정위탁을 받는 청소년, 아동복지 시설의 수용자, 「북한이탈주민의 보호 및 정착 지원에 관한 법률」의 적용을 받는 탈북청소년 등 과학기술정보통신부장관이 별도로 정한 바에 따른다.
② 가입 1개월 유지 후 언제든지 해약해도 납입보험료의 100% 이상을 보장하는 신개념 저축보험이다.
③ 예치형, 적립형 및 보험기간(3년, 5년, 10년)에 따라 단기목돈 마련, 교육자금, 노후설계자금 등 다양한 목적의 재테크 수단으로 활용할 수 있다.
④ 만기보험금 재예치로 알찬 수익을 보장하는 상품으로 학자금, 결혼비용, 주택마련자금, 사업자금 등 경제적 필요에 맞춰 보험기간을 자유롭게 선택 가능하며 다양한 목적의 재테크 수단으로 활용할 수 있다.

> **해설** 우체국의 저축성 보험상품에는 무배당 청소년꿈보험, 무배당 그린보너스저축보험플러스, 무배당 파워적립보험, 무배당 우체국온라인저축보험, 무배당 알찬전환특약이 있다. 이 중 무배당 그린보너스저축보험플러스는 예치형, 적립형 및 보험기간(3년, 5년, 10년)에 따라 단기목돈 마련, 교육자금, 노후설계자금 등 다양한 목적의 재테크 수단으로 활용이 가능한 상품이다. 실세금리를 적용하고, 만기 유지 시 계약일부터 최초 1년간 보너스금리가 추가로 제공(3년 만기 1.0%, 5년 만기 1.5%, 10년 만기 3.0%)되며, 절세형 상품에 해당한다.
>
> **오답분석** ① 무배당 청소년꿈보험에 대한 설명이다.
> ② 무배당 우체국온라인저축보험에 대한 설명이다.
> ④ 무배당 알찬전환특약에 대한 설명이다.
>
> 정답 : ③

31 우체국의 저축성 보험 중 〈보기〉와 같은 특징을 갖는 상품은?

―――――――〈 보 기 〉―――――――

- 적립부분 순보험료를 신공시이율Ⅳ로 부리·적립하며, 시중금리가 떨어지더라도 최저 1.0% 금리를 보증한다.
- 긴급자금 필요시 이자부담 없이 중도인출로 자금을 활용할 수 있고, 자유롭게 추가납입도 할 수 있다.
- 1종(만기목돈형), 2종(이자지급형) 및 보험기간(3년, 5년, 10년)에 따라 단기목돈마련, 교육자금, 노후설계자금 등 다양한 목적의 재테크 수단으로 활용할 수 있다.

① 무배당 파워적립보험
② 무배당 그린보너스저축보험플러스
③ 무배당 청소년꿈보험
④ 무배당 알찬전환특약

해설 '무배당 파워적립보험'의 주요 특징은 다음과 같다.

- 실세금리 적용 : 적립부분 순보험료를 신공시이율Ⅳ로 부리·적립하며, 시중금리가 떨어지더라도 최저 1.0% 금리 보증
- 중도에 긴급자금 필요시 이자부담 없이 중도인출로 자금활용, 자유롭게 추가납입 가능
- 기본보험료 30만 원 초과금액에 대해 수수료를 인하함으로써 수익률 증대
- 단기납(3년, 5년)으로 납입기간 부담 완화
- 1종(만기목돈형), 2종(이자지급형) 및 보험기간(3년, 5년, 10년)에 따라 단기목돈마련, 교육자금, 노후설계자금 등 다양한 목적의 재테크 수단으로 활용
- 절세형상품 : 관련 세법에서 정하는 요건에 부합하는 경우 이자소득 비과세 혜택

오답 분석 ② '무배당 그린보너스저축보험플러스'는 예치형, 적립형 및 보험기간(3년, 5년, 10년)에 따라 단기목돈 마련, 교육자금, 노후설계자금 등 다양한 목적의 재테크 수단으로 활용할 수 있다. 실세금리가 적용되고 만기 유지 시 계약일부터 최초 1년간 보너스금리가 추가로 제공된다. 관련 세법에서 정하는 요건에 부합하는 경우 일반형은 이자소득이 비과세되고 금융소득종합과세에서도 제외되며, 비과세종합저축은 조세특례제한법 제88조의2에서 정한 노인 및 장애인 등의 계약자에게 만기뿐만 아니라 중도해약 시에도 이자소득 비과세되는 등 절세형 상품으로서의 이점이 있다.
③ '무배당 청소년꿈보험'은 공익보험으로 특정 피보험자 범위에 해당하는 청소년에게 무료로 보험가입 혜택을 주어 학자금을 지급하는 교육보험이다.
④ '무배당 알찬전환특약'은 만기보험금 재예치로 알찬 수익을 보장한다.

정답 : ①

32 우체국 보험상품 중 〈보기〉의 설명에 해당하는 것은?

〈 보 기 〉

- 연금개시나이의 계약해당일까지 3년마다 기납입보험료에 운용보너스율을 곱한 금액만큼 계약자적립 액에 더하여 신공시이율Ⅳ로 부리적립하여 운용보너스를 제공한다.
- 실세금리 등을 반영한 신공시이율Ⅳ로 적립되며, 시중금리가 하락하더라도 최저 1.0%(가입 후 10년 초 과 시 0.5%)의 금리를 보장한다.
- '연금강화형'에 대하여 연금개시나이의 계약해당일에 기납입보험료에 유지보너스율(11%)을 곱한 금액 만큼 계약자적립액에 가산한다.

① 우체국연금보험 2504
② 우체국연금저축보험 2504
③ 무배당 우체국온라인연금저축보험 2504
④ 무배당 우체국보너스팡팡연금보험 2511

해설 〈보기〉에서 설명하고 있는 내용에 부합하는 우체국 보험상품은 '무배당 우체국보너스팡팡연금보험 2511'이다. '무 배당 우체국보너스팡팡연금보험 2511'은 실세금리를 반영한 이율로 적립되며, 운용보너스와 유지보너스를 제공 한다. 또한 다양한 목적의 재테크 기회로 활용할 수 있는 연금보험 상품이다.

정답 : ④

33 우체국연금보험의 가입요건으로 옳지 <u>않은</u> 것은?

① 연금개시나이는 45~70세이다.
② 확정기간 연금형은 5년, 10년, 15년, 20년, 30년 확정지급이 보장된다.
③ 납입기간은 일시납, 3년납, 5년납, 7년납, 10년납, 15년납, 20년납이 있다.
④ 종신연금형의 조기집중연금형은 초기연금액 증액으로 소득절벽기를 보완해 준다.

해설 우체국연금보험은 45세 이후부터 연금을 받을 수 있어 노후를 위한 준비에 적합한 보험상품으로, 관련 세법에서 정하는 요건에 부합하는 경우 이자소득이 비과세되며 금융소득종합과세에서 제외된다. 실세금리 등을 반영한 신공 시이율Ⅳ로 적립되며 시중금리가 하락하더라도 최저 1.0%(다만, 가입 후 10년 초과 시 0.5%)의 금리가 보장된다. ① 우체국연금보험의 연금개시나이는 45~80세이다.

정답 : ①

34 우체국보험 상품에 대한 설명으로 옳지 **않은** 것은?

① (무)우체국든든한건강종신보험은 주계약 보험료에 한하여 고액계약 할인이 적용된다.

② 어깨동무연금보험은 장애인 부모의 부양능력 약화 위험 및 장애아동을 고려하여 30세부터 연금수급이 가능하다.

③ (무)내가만든희망보험은 3대 질병보장, 생활보장, 상해보장 중 계약자가 선택하여 가입한 보장에 한하여 보험금이 지급된다.

④ (무)청소년꿈보험은 공익보험으로 특정 피보험자 범위에 해당하는 청소년에게 무료로 보험가입 혜택을 주어 학자금을 지급하는 교육보험이다.

> **해설** 어깨동무연금보험은 장애인전용연금보험으로 일반연금보다 더 많은 연금을 받도록 설계하여 장애인의 안정적인 노후생활을 보장한다. 고객의 니즈에 부합하도록 보증지급기간을 20년, 30년, 100세 중 선택할 수 있고, 장애인 부모의 부양능력 약화 위험 및 장애아동을 고려하여 20세부터 연금수급이 가능하다. 어깨동무연금보험은 배당상품으로 향후 운용 이익금 발생 시 배당혜택이 제공된다.
>
> **오답분석** ① (무)우체국든든한건강종신보험은 주계약 보험가입금액이 2천만 원 이상 3천만 원 미만인 경우 3.0%, 3천만 원 이상 4천만 원 미만인 경우 4.0%, 4천만 원인 경우 5.0%의 할인을 적용한다.
> ③ 각종 질병과 사고 보장을 본인이 선택하여 설계하는 (무)내가만든희망보험은 3대 질병보장, 생활보장, 상해보장 중 계약자가 선택하여 가입한 보장에 한하여 보험금이 지급된다.
> ④ (무)청소년꿈보험의 피보험자는 가정위탁을 받는 청소년, 아동복지 시설의 수용자, 「북한이탈주민의 보호 및 정착 지원에 관한 법률」의 적용을 받는 탈북청소년 등 과학기술정보통신부장관이 별도로 정한 바에 따른다.
>
> 정답 : ②

35 '무배당 우체국온라인연금저축보험 2504'에 대한 설명으로 옳은 것을 모두 고른 것은?

〈 보 기 〉
ㄱ. 실세금리를 반영한 높은 금리로 부리 적립하며, 가입기간동안 1.0%를 최저보증한다.
ㄴ. 추가납입제도로 자유롭게 추가납입이 가능하다.
ㄷ. 다양한 연금형태 제공: '종신연금형'과 '확정기간연금형' 중 여건에 맞는 연금형태 선택 가능
ㄹ. 가입자 모두 만55세부터 연금이 개시된다.

① ㄱ, ㄴ   ② ㄴ, ㄷ   ③ ㄱ, ㄹ   ④ ㄷ, ㄹ

> **해설** '무배당 우체국온라인연금저축보험 2504'는 추가납입제도로 자유롭게 추가납입이 가능하고, 다양한 연금형태를 제공하여 '종신연금형'과 '확정기간연금형' 중 여건에 맞는 연금형태를 선택할 수 있다.
>
> **오답분석** ㄱ. 실세금리를 반영한 높은 금리로 부리 적립하며, 가입 후 10년 이내 1.0%, 10년 초과 0.5%를 최저보증한다.
> ㄹ. 만55세부터 80세까지 연금개시 나이를 선택할 수 있다.
>
> 정답 : ②

36 우체국 연금보험상품에 대한 설명으로 옳지 <u>않은</u> 것은?

① 우체국연금보험은 45세 이후부터 연금을 수령할 수 있어서 노후를 위한 준비에 유리한 연금보험상품이다.

② 우체국연금저축보험은 유배당상품으로 향후 운용이익금이 발생할 경우 배당혜택이 제공된다.

③ 무배당 우체국연금저축보험(이전형)은 니즈에 맞는 연금지급형태를 선택으로 종신(종신연금형) 또는 확정기간(확정기간연금형)동안 안정적으로 연금이 지급된다.

④ 무배당 우체국온라인연금저축보험은 종전의 조세특례제한법에서 정한 바에 따라 다른 금융기관의 개인연금저축을 이전받는 경우에 한하여 가입할 수 있다.

> **해설** 종전의 조세특례제한법에서 정한 바에 따라 다른 금융기관의 개인연금저축을 이전받는 경우에 한하여 가입할 수 있는 우체국 연금보험상품은 '무배당 우체국개인연금보험(이전형)'이다. 참고로 무배당 우체국연금저축보험(이전형)의 가입은 소득세법시행령에서 정하는 연금저축계좌 범위에 속하는 다른 금융기관의 연금저축을 이전받는 경우에 한한다.
>
> 정답 : ④

37 우체국 연금보험상품에 대한 설명으로 옳은 것은? (2022 기출 변형)

① '무배당 우체국연금저축보험(이전형)'은 기본보험료가 일시납일 경우에는 납입한도액이 없다.

② '어깨동무연금보험'은 장애인전용연금보험으로 55세부터 연금 수령이 가능하다.

③ '우체국연금보험'은 연간 400만 원 한도 내에서 납입한 보험료에 대해 세액공제 혜택을 제공한다.

④ '우체국연금저축보험'은 계약일 이후 1개월이 지난 후부터 연금 개시 나이 계약해당일까지 보험료 추가납입이 가능하다.

> **해설** '무배당 우체국연금저축보험(이전형)'의 기본보험료는 다음 표와 같다.
>
> | 납입한도액 | | |
> |---|---|---|
> | 일시납 | 한도 없음 | |
> | 월납 | 10년납 미만 | 10만 원 ~ 75만 원(1천원 단위) |
> | | 10년납 이상 | 5만 원 ~ 75만 원(1천원 단위) |

② '어깨동무연금보험'은 장애인 부모의 부양능력 약화 위험 및 장애아동을 고려하여 20세부터 연금수급이 가능하다.

③ '우체국연금보험'은 관련 세법에서 정하는 요건에 부합하는 경우 이자소득 비과세 및 금융소득종합과세에서 제외한다. 한편, 우체국연금저축보험은 관련 세법이 정한 바에 따라 납입한 보험료에 대하여 세액공제[연간 600만 원 한도로 납입금액의 12% 세액공제(종합소득금액이 4천500만 원(근로소득만 있는 경우에는 총급여액 5천500만 원) 이하인 경우 납입금액의 15% 세액공제)] 혜택을 제공 혜택을 제공한다.

④ '우체국연금저축보험'은 추가납입보험료는 계약일 이후 1개월이 지난 후부터 (연금개시나이-1)세 계약해당일까지 납입 가능하다. 추가납입보험료의 연간 납입한도는 연간 총 기본보험료의 2배 이내이며, 추가납입보험료의 최고한도는 기본보험료 총액(기본보험료×12×기본보험료 납입기간)의 2배로 한다.

정답 : ①

38   보장성보험료의 세액공제에 대한 설명으로 옳은 것은? (2023 기출)

① 근로소득이 없는 연금소득 거주자도 세액공제 대상이다.

② 보장성보험을 해지할 경우, 이미 세액공제 받은 보험료는 기타 소득세로 과세된다.

③ 보험료를 미리 납부했을 경우, 그 보험료는 실제 납부일이 속하는 과세기간에 세액공제가 가능하다.

④ 장애인전용보장성보험의 경우, 납입한 보험료(100만 원 한도)의 12%에 해당하는 금액을 해당 과세기간의 종합소득산출세액에서 공제한다.

일용근로자를 제외한 근로소득자가 기본공제대상자를 피보험자로 하는 일반 보장성보험에 가입한 경우 과세기간에 납입한 보험료(100만 원 한도)의 12%에 해당되는 금액을 종합소득산출세액에서 공제받을 수 있다.

③ 보장성보험의 보험료를 미리 일시 납부했을 경우에는 납부일이 속하는 과세기간의 근로소득에서 세액공제를 받을 수 있다. 세액공제는 기간별 안분 계산을 하지 않는다.

① 세액공제 대상을 근로소득자로 제한하고 있어 연금소득자 또는 개인사업자 등은 보장성보험에 가입하더라도 세액공제를 받을 수 없다.

② 과세기간 중 보장성보험을 해지할 경우 해지 시점까지 납입한 보험료에 대해 세액공제가 가능하며 이미 세액공제 받은 보험료에 대한 추징 또한 없다.

④ 근로소득자가 기본공제대상자 중 장애인을 피보험자 또는 수익자로 하는 장애인전용보험(보험계약 또는 보험료 납입영수증에 장애인전용보험으로 표시) 및 장애인전용보험전환특약을 부가한 보장성 보험의 경우 과세기간 납입 보험료(1년 100만 원 한도)의 15%에 해당되는 금액을 종합소득산출세액에서 공제받을 수 있다.

정답 : ③

39   보장성보험의 관련 세제에 대한 설명으로 옳지 않은 것은?

① 보장성보험의 보험료에 대해 소득세법에 따라 종합소득산출세액에서 일정금액을 공제해 준다.

② 현재 판매중인 보장성보험 상품 중 (무)우체국 예금제휴보험, (무)우체국 단체보장보험은 세액공제 대상 상품에 해당한다.

③ 근로소득자는 세액공제 대상자에 포함되지만, 사업소득자와 일용근로자 등은 제외된다.

④ 세액공제의 한도액은 연간 납입보험료(100만원 한도)의 12%이며, 장애인전용보험은 15%이다.

40 우체국 보험상품의 보험세제에 대한 설명으로 옳은 것은? (2019 기출 변형)

① 무배당 어깨동무보험의 경우, 연간 납입보험료 100만 원 한도 내에서 연간 납입보험료의 12%가 세액공제 금액이 된다.

② 무배당 그린보너스저축보험플러스는 보험계약자, 피보험자, 보험수익자가 동일하여야 월적립식 저축성보험 비과세를 받을 수 있다.

③ 무배당 파워적립보험은 보험기간이 10년인 경우, 납입기간은 보험 종류에 관계없이 월적립식 저축성보험 비과세 요건의 납입기간을 충족한다.

④ 우체국연금보험에 가입한 만 65세 연금소득자가 종신연금형으로 연금수령 시 연금소득에 대해 적용되는 세율은 종신연금형을 기준으로 한다.

해설 저축성 보험 중 무배당 파워적립보험 2109의 1종(만기목돈형)은 보험기간이 3년, 5년, 10년이고 2종(이자지급형)의 보험기간은 10년이다. 1종 중 보험기간이 3년, 5년인 경우는 납입기간이 3년, 전기납이고 보험기간이 10년인 경우에는 납입기간이 5년, 전기납이다. 그리고 보험기간이 10년인 2종의 납입기간은 5년이다. 한편, 무배당 파워적립보험의 납입주기는 월납이다. 이런 내용을 바탕으로 볼 때 무배당 파워적립보험의 보험기간이 10년인 경우 납입기간은 5년 이상이고 월적립식 계약이 된다. 소득세법 시행령 제25조에 의하면 월적립식 저축성보험은 최초로 보험료를 납입한 날부터 만기일 또는 중도해지일까지의 기간이 10년 이상으로서 최초납입일로부터 납입기간이 5년 이상인 월적립식 계약 등의 요건을 충족하면 보험차익의 비과세 대상에 해당한다.

〈월적립식 저축성보험의 보험차익 비과세 요건〉
최초로 보험료를 납입한 날부터 만기일 또는 중도해지일까지의 기간이 10년 이상으로서, 아래 요건을 모두 충족하는 계약
1. 최초납입일로부터 납입기간이 5년 이상인 월적립식 계약일 것
2. 최초납입일부터 매월 납입하는 기본보험료가 균등(최초 계약한 기본보험료의 1배 이내로 기본보험료를 증액하는 경우를 포함한다)하고, 기본보험료의 선납기간이 6개월 이내일 것
3. 계약자 1명당 매월 납입하는 보험료 합계액[계약자가 가입한 모든 월적립식 보험계약(만기에 환급되는 금액이 납입보험료를 초과하지 아니하는 보험계약으로서 기획재정부령으로 정하는 것은 제외한다)의 기본보험료, 추가로 납입하는 보험료 등 월별로 납입하는 보험료를 기획재정부령으로 정하는 방식에 따라 계산한 합계액을 말한다]이 150만 원 이하일 것(2017년 4월 1일부터 체결하는 보험계약으로 한정한다)

① 무배당 어깨동무보험의 경우, 연간 납입보험료 100만 원 한도 내에서 연간 납입보험료의 15%가 세액공제 금액이 된다.

② 무배당 그린보너스저축보험플러스 2203은 관련 세법에서 정하는 요건에 부합하는 경우 일반형은 이자소득이 비과세되고 금융소득종합과세에서도 제외되며, 비과세종합저축은 조세특례제한법 제88조의2에서 정한 노인 및 장애인 등의 계약자에게 만기뿐만 아니라 중도해약 시에도 이자소득이 비과세되는 절세형 상품이다.

④ 우체국연금저축보험에 가입한 만 65세 연금소득자가 종신연금형으로 연금수령 시 연금소득에 대해 적용되는 세율은 종신연금형을 기준으로 한다.

정답 : ③

41 연금저축보험 관련 세제에 관한 내용으로 옳지 <u>않은</u> 것은?

① 연금저축 세액공제는 근로소득 외의 종합소득이 있는 경우에도 가능하다.

② 종합소득금액이 4천만 원인 거주자는 연금저축 연간 납입보험료 600만 원 한도의 12%를 세액공제받을 수 있다.

③ 연 1,800만 원 이내(체신관서는 월 75만 원 한도)에서 납입하여야 세액공제를 받을 수 있다.

④ 연금저축보험을 중도에 해지하는 경우에는 일반 연금 외 수령으로 기타소득세(지방소득세 포함 16.5%)가 부과된다.

해설 연금저축보험 관련 세제로는 연금저축보험료에 대한 세액공제가 있다. 이는 연금저축보험에 납입하는 보험료에 대해 종합소득산출세액에서 일정금액을 공제해 주어 소득세 절세 효과를 주는 대신에 연금을 수령할 때 과세하는 제도이다.

② 연금저축 연간 납입보험료 600만원 한도의 12%를 세액공제한다. 단, 종합소득금액 4천500만원 이하(근로소득만 있는 경우 총급여액 5천500만 원 이하)인 거주자는 15%를 세액공제한다. 따라서 종합소득금액이 4천만 원인 거주자의 경우 연금저축 연간 납입보험료 600만 원 한도의 15%를 세액공제받을 수 있다.

오답분석
① 연금저축 세액공제는 보장성보험료 세액공제가 근로소득자만을 대상으로 하는 것과는 달리, 근로소득 외의 종합소득이 있는 경우에도 가능하다.

③ 세액공제가 가능한 대상계약의 가입조건은 (1) 취급 금융기관(「우체국예금·보험에 관한 법률」에 의한 체신관서), (2) 연 1,800만 원 이내에서 납입할 것(체신관서는 월 75만 원 한도), (3) 연금수령 개시 이후에는 보험료를 납입하지 않을 것 등이다.

④ 연금저축보험을 중도에 해지하는 경우에는 분리과세를 적용한다. 이는 일반 연금 외 수령으로 기타소득세(지방소득세 포함 16.5%)가 부과되나, 만약 부득이한 사유로 인한 연금 외 수령이 인정되는 경우에는 연금소득세(지방소득세 포함 3.3~5.5%)를 부과한다. 부득이한 사유의 범위에는 (1) 천재·지변, (2) 사망, (3) 가입자 또는 부양가족의 3개월 이상 요양이 필요한 질병 및 부상, (4) 연금취급자 영업정지, 인허가 취소, 해산 결의, 파산선고, (5) 해외이주, (6) 가입자의 파산 또는 개인회생절차 개시, (7) 재난으로 15일 이상의 입원치료가 필요한 피해를 입은 경우 등이 있다.

정답 : ②

42 40세인 A씨의 우체국연금저축보험 가입 현황이 〈보기〉와 같을 때 연금수령 1차년도 산출세액(지방소득세 포함)으로 옳은 것은? (2021 기출 변형)

〈 보 기 〉

- 연금 지급구분: 종신연금형
- 연금수령 개시 나이: 만 55세
- 연금수령한도 이내 연금수령액: 1,200,000원
- 연금수령한도 초과 연금수령액: 1,000,000원

(단, 납입보험료 전액을 세액공제 받았으며, 의료목적 또는 부득이한 사유로 인한 연금수령액 및 다른 연금소득은 없는 것으로 한다.)

〈적용세율〉

연금소득세율(지방소득세 포함)		기타소득세율 (지방소득세 포함)
연금수령 나이(만 70세 미만)	종신연금형	
5.5%	4.4%	16.5%

① 96,800원 ② 121,000원
③ 217,800원 ④ 231,000원

해설 우체국연금저축보험의 연금소득에 대하여는 연금소득세를 부과한다. 이때 연금소득자의 나이(연금수령일 현재)에 따른 세율(지방소득세포함)은 만 70세 미만은 5.5%, 만 70세 이상 만 80세 미만은 4.4%, 만 80세 이상은 3.3.%이다. 다만, 종신연금형의 경우는 4.4%가 적용되는데, 연금소득자의 나이에 따른 세율과 종신연금형의 세율 중 낮은 세율을 적용한다. 한편, 연간 연금액이 연금수령한도를 초과하는 경우, 그 초과금액은 연금외소득으로 간주하여 기타소득세(지방소득세 포함 16.5%)를 부과한다.

③ 제시된 사례의 경우 연금수령 개시 나이가 만 55세이므로 만 70세 미만에 해당하여 5.5%의 세율이 적용된다. 하지만 종신연금형이므로 더 유리한 4.4%의 세율을 적용할 수 있다. 그러므로 연금소득세는 연금수령한도 이내 연금수령액인 1,200,000만 원에 4.4%의 세율을 적용하여 1,200,000×4.4/100=1,200,000×0.044=52,800로 산출할 수 있다. 한편, 연금수령한도 초과 연금수령액인 1,000,000만원에는 기타소득세율을 적용하여야 한다. 따라서 1,000,000×16.5/100=1,000,000×0.165=165,000을 산출할 수 있다. 따라서 A씨에 대한 연금수령 1차년도 산출세액(지방소득세 포함)은 52,800+165,000=217,800원이다.

정답 : ③

43 우체국보험 관련 세제와 관련한 설명으로 옳지 <u>않은</u> 것은?

① 연금저축 세액공제는 근로소득 외의 종합소득이 있는 경우에도 가능하다.

② 2000년 12월 31일 이전에 가입된 세제적격 개인연금저축보험은 관련 세법에 의해 연간 납입보험료의 40%(72만 원 한도)를 소득공제한다.

③ 사업소득자가 기본공제대상자 중 장애인을 피보험자 또는 보험수익자로 하는 보험에 가입한 경우 해당 과세기간의 종합소득산출세액에서 공제받을 수 있다.

④ 증여와 양도소득의 차이는 자산의 양도가 무상이냐, 유상이냐를 기준으로 구분된다.

> **해설** 근로소득자가 기본공제대상자 중 장애인을 피보험자 또는 보험수익자로 하는 (무)어깨동무보험(1종, 2종, 3종) 및 장애인전용보험전환특약을 부가한 보장성보험에 가입한 경우, 근로소득자가 실제로 납입한 보험료(연간 100만원 한도)의 15%에 해당하는 금액을 해당 과세기간의 종합소득산출세액에서 공제받을 수 있다.
>
> **오답 분석** ① 연금저축 세액공제는 보장성보험료 세액공제가 근로소득자만을 대상으로 하는 것과는 달리, 근로소득 외의 종합소득이 있는 경우에도 가능하다. 연금저축보험을 중도에 해지하는 경우에는 분리과세를 적용한다. 이는 일반연금 외 수령으로 기타소득세(지방소득세 포함 16.5%)가 부과되나, 만약 부득이한 사유로 인한 연금 외 수령이 인정되는 경우에는 연금소득세(지방소득세 포함 3.3 ~ 5.5%)를 부과한다.
> ② 2000년 12월 31일 이전에 가입된 세제적격 개인연금저축보험은 관련 세법에 의해 연간 납입보험료의 40%(72만 원 한도)를 소득공제하며, 연금개시 이후 연금으로 수령받는 연금소득에 대해 비과세가 적용된다. 또한, 중도해지 시에는 보험차익에 대한 소득세(지방소득세 포함 15.4%)와 해지추징세(5년 이내 해지 시, 지방소득세 포함 4.4%)가 부과된다. 다만, 천재·지변, 사망, 퇴직 등 불가피한 사유로 인한 해지 시에는 보험차익에 대해 소득세를 부과하지 아니한다.
> ④ 증여와 양도소득의 차이는 자산의 양도가 무상이냐, 유상이냐를 기준으로 구분된다. 대가를 받고 자산을 양도할 때는 양도소득세, 대가를 받지 않고 양도할 때는 증여세가 각각 부과된다.
>
> 정답 : ③

44 우체국보험 관련 세제에 대한 내용으로 옳지 <u>않은</u> 것은?

① 보험차익은 소득세법상 이자소득으로 분류되어 이자소득세(지방소득세 포함 15.4%)가 과세된다.

② 우체국보험 중 비과세종합저축에 해당하는 상품으로는 (무)그린보너스저축보험플러스(비과세종합저축)이 있다.

③ 순금융재산금액이 2천만원 이하인 경우 금융재산 상속공제액은 순금융재산가액의 20%이다.

④ 증여재산에 대하여는 상속세에 준하는 세금이 부과된다.

해설 순금융재산금액이 2천만 원 이하인 경우 금융재산 상속공제액은 순금융재산가액이다. 반면, 순금융재산금액이 2천만 원 초과에 대해서는 순금융재산가액의 20% 또는 2천만 원 중 큰 금액(한도 2억 원)을 적용한다.

① 보험차익은 소득세법상 이자소득으로 분류되어 이자소득세(지방소득세 포함 15.4%)가 과세되지만, 저축성보험의 보험차익 비과세 요건을 충족할 경우 이자소득세가 비과세 된다. 보험차익이란 보험계약에 따라 만기에 받는 보험금·공제금 또는 계약기간 중도에 해당 보험계약이 해지됨에 따라 받는 환급금에서 납입보험료를 뺀 금액을 의미한다.

② 노인 및 장애인 등을 대상으로 하는 비과세저축상품에 대해 「조세특례제한법 제88조의2(비과세종합저축에 대한 과세특례)」의거 비과세종합저축 가입 대상자는 1인당 저축원금 5,000만 원(세금우대종합저축을 해지 또는 해약하지 아니한 경우에는 5,000만 원에서 세금우대종합저축의 계약금액 총액을 뺀 금액) 이내에서 비과세가 적용(직전 3개 과세기간 중 소득세법 제14조 제3항 제6호에 따른 소득의 합계액이 1회 이상 연 2천만 원을 초과한 자 제외)된다. 단, 2025년 12월 31일까지 가입하는 경우에 한하며 해당 저축에서 발생하는 이자소득 또는 배당소득에 대해서는 소득세를 부과하지 아니하며, 만기뿐 아니라 중도해지 시에도 비과세가 적용된다.

④ 증여재산에 대하여는 상속세에 준하는 세금이 부과되는데, 증여재산의 공제금액은 다음과 같다.

증여자	공제한도액(10년간)
배우자	6억 원
직계존속	5,000만 원(미성년자는 2,000만 원)
직계비속	5,000만 원
직계 존·비속 이외 4촌 이내의 혈족, 3촌 이내의 인척	1,000만 원

정답 : ③

2026 계리직 공무원시험 대비

북적북적 저절로 암기노트 & 실전문풀 - 보험일반

초판 1쇄 발행 • 2026년 3월 5일

저자 • 이종학

발행인 • 최성훈

발행처 • 작품미디어

신고번호 • 제2020-000047호

주소 • 서울시 동작구 상도로 62가길 15-5(상도동)

메일 • jakpoommedia@gmail.com

블로그 • https://blog.naver.com/cshbulldog

전화 • 010-8991-1060

ISBN • 979-11-991417-7-3 (13350)

ⓒ 이종학·작품미디어, 2026